MANUEL

DE

CONNAISSANCES USUELLES,

COMMERCIALES, JUDICIAIRES ET CIVILES,

AVEC

Un commentaire des coutumes, règlements et usages dont l'origine remonte à des temps antérieurs au régime actuel et qui, néanmoins, ont conservé force de loi.

OFFERT

Aux Juges-de-Paix, Administrateurs, Notaires, Négociants, Géomètres-Experts et Propriétaires,

PAR FRANÇOIS BERODE,

Ancien maire de Lillers et ancien notaire.

ARRAS,

TYPOGRAPHIE ET LITHOGRAPHIE DE A. COURTIN, RUE DU 29 JUILLET.

1860.

MANUEL DE CONNAISSANCES USUELLES.

MANUEL

DE

CONNAISSANCES USUELLES,

COMMERCIALES, JUDICIAIRES ET CIVILES,

AVEC

Un commentaire des coutumes, règlements et usages dont l'origine remonte à des temps antérieurs au régime actuel et qui, néanmoins, ont conservé force de loi.

OFFERT

Aux Juges-de-Paix, Administrateurs, Notaires, Négociants, Géomètres-Experts et Propriétaires,

Par François BERODE,

Ancien maire de Lillers et ancien notaire.

ARRAS,

TYPOGRAPHIE ET LITHOGRAPHIE DE A. COURTIN, RUE DU 29 JUILLET.

1860.

PRÉFACE.

Les hommes nés de 1780 à 1796 ne conservent, de l'ancien régime, que de vagues souvenirs, résultat d'impressions produites par les récits et les discours tenus, dans l'intérieur de leur famille, pendant leurs premières années.

Les hommes à la fleur de l'âge et les adolescents, loin d'en avoir le moindre souvenir, sont, pour la plupart, ignorants des choses de cette époque.

Le plus grand nombre d'entre eux s'imaginent que toute organisation dans l'ordre civil et judiciaire date de 1789, et que tout ce qui existait auparavant a disparu.

Il ne vient certainement à l'esprit de personne de nier les bienfaits des changements survenus et appliqués uniformément à toutes les provinces de France; toutefois, pour être juste, il faut faire la part aussi de la sagesse des dispositions de quelques-unes de nos anciennes coutumes et ordonnances et des anciens règlements régissant les usages locaux et généraux sur les chemins, l'agriculture et les questions de voisinage.

La révolution, non pas celle de 1788 et 1789, dont les réformes étaient non seulement dans l'esprit de tous les hommes éclairés, mais encore le but des actes publics et privés de l'infortuné Louis XVI; mais celle de 1793, qui a laissé des traces si sanglantes de son passage, voulut qu'il ne restât rien du passé; elle s'attaqua non seulement aux abus et aux priviléges que les bons citoyens désiraient également voir disparaître, mais, en outre, elle espéra, au moyen d'un nivellement insensé, faire table rase des titres et des fortunes qui lui portaient ombrage et excitaient son envie.

Pour atteindre ce but, les révolutionnaires sapèrent l'ordre social par toutes sortes de mesures arbitraires et immorales, et s'efforcèrent de détruire tout ce qui existait, sans aucune prévision de l'avenir.

Un état de choses aussi violent ne pouvait se prolonger : des idées plus calmes succédèrent aux emportements et aux passions révolutionnaires, et on s'occupa alors de règlementer les idées nouvelles.

De cette époque, datent les lois et arrêtés qui consacrent et enseignent la pratique des principes établis par le décret de la constituante du 22 août 1790, sur le système décimal, l'unité et la conformité des lois dans toute la France. Ces premiers travaux furent suivis de la discussion et de l'adoption des cinq codes qui donnèrent aux différentes provinces les mêmes lois et la même juridiction.

Néanmoins, à la refonte générale de notre système administratif et judiciaire, survécurent les coutumes, ordonnances et règlements dont nous avons parlé plus haut et qui ne furent remplacés ni par le code rural de 1791, ni par les arrêtés sur l'administration des choses dépendant du domaine public, ni par les cinq codes ; car, les rédacteurs de ces diverses lois, convaincus qu'elles ne pourraient entrer dans les détails qu'entraînait la pratique des principes généraux posés en plusieurs de leurs dispositions, ont cru devoir, tant dans les lois civiles qu'administratives, renvoyer à l'usage des lieux pour le mode d'exécution, et consacrer la continuation d'existence légale des coutumes, règlements et même des usages constants et reconnus sur ces diverses matières ; de sorte que le passé, ou, en d'autres termes, l'ancien régime, n'est pas, en ce qui concerne la plupart des choses d'une application presque journalière, passé à l'état de lettres mortes.

C'est ce motif qui m'a fait entreprendre cet ouvrage afin que le public puisse, en le consultant, se renseigner sur les règles qu'il doit suivre en certains cas, règles qu'il chercherait en vain dans les cinq codes et les autres lois promulgués depuis 1789.

Les personnes, qui se donneront la peine de le parcourir, verront que je me suis efforcé de relier le passé au présent dans le désir : 1° de mettre chacun en position de connaître ses droits; 2° de fournir aux administrateurs, négociants (A), notaires, géomètres, experts et juges-de-paix, des notions utiles dans l'exercice de leurs professions et de leurs fonctions; et 3° de tendre une main secourable aux propriétaires en ce qui a rapport aux questions de voisinage, véritable cauchemar de ceux qui possèdent des habitations et des héritages contigus !

BERODE,

Ancien maire et ancien notaire.

Lillers, le 25 avril 1860.

(A) Pour faciliter la vérification des comptes d'intérêts les plus compliqués, on trouvera en tête de ce *Manuel* des tableaux très intelligibles et peu nombreux qui établissent, au moyen des nombres et avec une précision mathématique, les intérêts sur toutes sommes à tel nombre de jours et à tel taux d'intérêts que ce soit, suivis d'un tableau-tarif pour le prix des tissus à tous aunages, tant au mètre qu'aux aunes de France et d'Artois comparées au mètre.

1er TABLEAU.

Du 1er janvier à toutes les époques de l'année, le 31 décembre compris.

Janvier.	Février.	Mars.	Avril.	Mai.	Juin.	Juillet.	Août.	Septemb.	Octobre.	Novembr.	Décembr.
1	32	60	91	121	152	182	213	244	274	305	335
2	33	61	92	122	153	183	214	245	275	306	336
3	34	62	93	123	154	184	215	246	276	307	337
4	35	63	94	124	155	185	216	247	277	308	338
5	36	64	95	125	156	186	217	248	278	309	339
6	37	65	96	126	157	187	218	249	279	310	340
7	38	66	97	127	158	188	219	250	280	311	341
8	39	67	98	128	159	189	220	251	281	312	342
9	40	68	99	129	160	190	221	252	282	313	343
10	41	69	100	130	161	191	222	253	283	314	344
11	42	70	101	131	162	192	223	254	284	315	345
12	43	71	102	132	163	193	224	255	285	316	346
13	44	72	103	133	164	194	225	256	286	317	347
14	45	73	104	134	165	195	226	257	287	318	348
15	46	74	105	135	166	196	227	258	288	319	349
16	47	75	106	136	167	197	228	259	289	320	350
17	48	76	107	137	168	198	229	260	290	321	351
18	49	77	108	138	169	199	230	261	291	322	352
19	50	78	109	139	170	200	231	262	292	323	353
20	51	79	110	140	171	201	232	263	293	324	354
21	52	80	111	141	172	202	233	264	294	325	355
22	53	81	112	142	173	203	234	265	295	326	356
23	54	82	113	143	174	204	235	266	296	327	357
24	55	83	114	144	175	205	236	267	297	328	358
25	56	84	115	145	176	206	237	368	298	329	359
26	57	85	116	146	177	207	238	369	299	330	360
27	58	86	117	147	178	208	239	270	300	331	361
28	59	87	118	148	179	209	240	271	301	332	362
29	»	88	119	149	180	210	241	272	302	333	363
30	»	89	120	150	181	211	242	273	205	334	364
31	»	90	»	151	»	212	243	»	304	»	365

2e TABLEAU

POUR COMPTER LE NOMBRE DE JOURS,

Du 1er février à toutes les époques de l'année, le 31 janvier compris.

Février.	Mars.	Avril.	Mai.	Juin.	Juillet.	Août.	Septemb.	Octobre.	Novembr.	Décembr.	Janvier.
1	29	60	90	121	151	182	213	243	274	304	335
2	30	61	91	122	152	183	214	244	275	305	336
3	31	62	92	123	153	184	215	245	276	306	337
4	32	63	93	124	154	185	216	246	277	307	338
5	33	64	94	125	155	186	217	247	278	308	339
6	34	65	95	126	156	187	218	248	279	309	340
7	35	66	96	127	157	188	219	249	280	310	341
8	36	67	97	128	158	189	220	250	281	311	342
9	37	68	98	129	159	190	221	251	282	312	343
10	38	69	99	130	160	191	222	252	283	313	344
11	39	70	100	131	161	192	223	253	284	314	345
12	40	71	101	132	162	193	224	254	285	315	346
13	41	72	102	133	163	194	225	255	286	316	347
14	42	73	103	134	164	195	226	256	287	317	348
15	43	74	104	135	165	196	227	257	288	318	349
16	44	75	105	136	166	197	228	258	289	319	350
17	45	76	106	137	167	198	229	259	290	320	351
18	46	77	107	138	168	199	230	260	291	321	352
19	47	78	108	139	169	200	231	261	292	322	353
20	48	79	109	140	170	201	232	262	293	323	354
21	49	80	110	141	171	202	233	263	294	324	355
22	50	81	111	142	172	203	234	264	295	325	356
23	51	82	112	143	173	204	235	265	296	326	357
24	52	83	113	144	174	205	236	266	297	327	358
25	53	84	114	145	175	206	237	267	298	328	359
26	54	85	115	146	176	207	238	268	299	329	360
27	55	86	116	147	177	208	239	269	300	330	361
28	56	87	117	148	178	209	240	270	301	331	362
29	57	88	118	149	179	210	241	271	302	332	363
30	58	89	119	150	180	211	242	272	303	333	364
31	59	»	120	»	181	212	»	273	»	334	365

3e TABLEAU,

POUR COMPTER LE NOMBRE DE JOURS,

Du 1er mars à toutes les époques d'une année, le 28 février compris.

Mars.	Avril.	Mai.	Juin.	Juillet.	Août.	Septemb.	Octobre.	Novembr.	Décembr.	Janvier.	Février.
1	32	62	93	123	154	185	215	246	276	307	338
2	33	63	94	124	155	186	216	247	277	308	339
3	34	64	95	125	156	187	217	248	278	309	340
4	35	65	96	126	157	188	218	249	279	310	341
5	36	66	97	127	158	189	219	250	280	311	342
6	37	67	98	128	159	190	220	251	281	312	343
7	38	68	99	129	160	191	221	252	282	313	344
8	39	69	100	130	161	192	222	253	283	314	345
9	40	70	101	131	162	193	223	254	284	315	346
10	41	71	102	132	163	194	224	255	285	316	347
11	42	72	103	133	164	195	225	256	286	317	348
12	43	73	104	134	165	196	226	257	287	318	349
13	44	74	105	135	166	197	227	258	288	319	350
14	45	75	106	136	167	198	228	259	289	320	351
15	46	76	107	137	168	199	229	260	290	321	352
16	47	77	108	138	169	200	230	261	291	322	353
17	48	78	109	139	170	201	231	262	292	323	354
18	49	79	110	140	171	202	232	263	293	324	355
19	50	80	111	141	172	203	233	264	294	325	356
20	51	81	112	142	173	204	234	265	295	326	357
21	52	82	113	143	174	205	235	266	496	327	358
22	53	83	114	144	175	206	236	267	297	328	359
23	54	84	115	145	176	207	237	268	298	329	360
24	55	85	116	146	177	208	238	269	299	330	361
25	56	86	117	147	178	209	239	270	300	331	362
26	57	87	118	148	179	210	240	271	301	332	363
27	58	88	119	149	180	211	241	272	302	333	364
28	59	89	120	150	181	212	242	273	303	334	365
29	60	90	121	151	182	213	243	274	304	335	»
30	61	91	122	152	183	214	244	275	305	336	»
31	»	92	»	153	184	»	245	»	306	337	»

4e TABLEAU,

POUR COMPTER LE NOMBRE DE JOURS,

Du 1er avril à toutes les époques d'une année, le 31 mars compris.

Avril.	Mai.	Juin.	Juillet.	Août.	Septemb.	Octobre.	Novembr.	Décembr.	Janvier.	Février.	Mars.
1	31	62	92	123	154	184	215	245	276	307	335
2	32	63	93	124	155	185	216	246	277	308	336
3	33	64	94	125	156	186	217	247	278	309	337
4	34	65	95	126	157	187	218	248	279	310	338
5	35	66	96	127	158	188	219	249	280	311	339
6	36	67	97	128	159	189	220	250	281	312	340
7	37	68	98	129	160	190	221	251	282	313	341
8	38	69	99	130	161	191	222	252	283	314	342
9	39	70	100	131	162	192	223	253	284	315	343
10	40	71	101	132	163	193	224	254	285	316	344
11	41	72	102	133	164	194	225	255	286	317	345
12	42	73	103	134	165	195	226	256	287	318	346
13	43	74	104	135	166	196	227	257	288	319	347
14	44	75	105	136	167	197	228	258	289	320	348
15	45	76	106	137	168	198	229	259	290	321	349
16	46	77	107	138	169	199	230	260	291	322	350
17	47	78	108	139	170	200	231	261	292	323	351
18	48	79	109	140	171	201	232	262	293	324	352
19	49	80	110	141	172	202	233	263	294	325	353
20	50	81	111	142	173	203	234	264	295	326	354
21	51	82	112	143	174	204	235	265	296	327	355
22	52	83	113	144	175	205	236	266	297	328	356
23	53	84	114	145	176	206	237	267	298	329	357
24	54	85	115	146	177	207	238	268	299	330	358
25	55	86	116	147	178	208	239	269	300	331	359
26	56	87	117	148	179	209	240	270	301	332	360
27	57	88	118	149	180	210	241	271	302	333	361
28	58	89	119	150	181	211	242	272	303	334	362
29	59	90	120	151	182	212	243	273	304	»	363
30	60	91	121	152	183	213	244	274	305	»	364
31	61	»	122	153	»	214	»	275	306	»	365

5e TABLEAU,

POUR COMPTER LE NOMBRE DE JOURS,

Du 1er mai à toutes les époques d'une année, le 30 avril compris.

Mai.	Juin.	Juillet	Août.	Septemb.	Octobre.	Novembr.	Décembr.	Janvier.	Février.	Mars.	Avril.
1	32	62	93	124	154	185	215	246	277	305	336
2	33	63	94	125	155	186	216	247	278	306	337
3	34	64	95	126	156	187	217	248	279	307	338
4	35	65	96	127	157	188	218	249	280	308	339
5	36	66	97	128	158	189	219	250	281	309	340
6	37	67	98	129	159	190	220	251	282	310	341
7	38	68	99	130	160	191	221	252	283	311	342
8	39	69	100	131	161	192	222	253	284	312	343
9	40	70	101	132	162	193	223	254	285	313	344
10	41	71	102	133	163	194	224	255	286	314	345
11	42	72	103	134	164	195	225	256	287	315	346
12	43	73	104	135	165	196	226	257	288	316	347
13	44	74	105	136	166	197	227	258	289	317	348
14	45	75	106	137	167	198	228	259	290	318	349
15	46	76	107	138	168	199	229	260	291	319	350
16	47	77	108	139	169	200	230	261	292	320	351
17	48	78	109	140	170	201	231	262	293	321	352
18	49	79	110	141	171	202	232	263	294	322	353
19	50	80	111	142	172	203	233	264	295	323	354
20	51	81	112	143	173	204	234	265	296	324	355
21	52	82	113	144	174	205	235	266	297	325	356
22	53	83	114	145	175	206	236	267	298	326	357
23	54	84	115	146	176	207	237	268	299	327	358
24	55	85	116	147	177	208	238	269	300	328	359
25	56	86	117	148	178	209	239	270	301	329	360
26	57	87	118	149	179	210	240	271	302	330	361
27	58	88	119	150	180	211	241	272	303	331	362
28	59	89	120	151	181	212	242	273	304	332	363
29	60	90	121	152	182	213	243	274	»	333	364
30	61	91	122	153	183	214	244	275	»	334	365
31	»	92	123	»	184	»	245	276	»	335	»

6e TABLEAU,

POUR COMPTER LE NOMBRE DE JOURS,

Du 1er Juin à toutes les époques d'une année, le 31 mai compris

Juin.	Juillet.	Août.	Septemb.	Octobre.	Novemb.	Décembr.	Janvier.	Février.	Mars.	Avril.	Mai.
1	31	62	93	123	154	184	215	246	274	305	335
2	32	63	94	124	155	185	216	247	275	306	336
3	33	64	95	125	156	186	217	248	276	307	337
4	34	65	96	126	157	187	218	249	277	308	338
5	35	66	97	123	158	188	219	250	278	309	339
6	36	67	98	128	159	189	220	251	279	310	340
7	37	68	99	129	160	190	221	252	280	311	341
8	38	69	100	130	161	191	222	253	281	312	342
9	39	70	101	131	162	192	223	254	282	313	343
10	40	71	102	132	163	193	224	255	283	314	344
11	41	72	103	133	164	194	225	256	284	315	345
12	42	73	104	134	165	195	226	257	285	316	346
13	43	74	105	135	166	196	227	258	286	317	347
14	44	75	106	136	167	197	228	259	287	318	348
15	45	76	107	137	168	198	229	260	288	319	349
16	46	77	108	138	169	199	230	261	289	320	350
17	47	78	109	139	170	200	231	262	290	321	351
18	48	79	110	140	171	201	232	263	291	322	552
19	49	80	111	141	172	202	233	264	292	323	353
20	50	81	112	142	173	203	234	265	293	324	354
21	51	82	113	143	174	204	235	266	294	325	455
22	52	83	114	144	175	205	236	267	295	326	456
23	53	84	115	145	176	206	237	268	296	327	457
24	54	85	116	146	177	207	238	269	297	328	358
25	55	86	117	147	178	208	339	270	298	329	359
26	56	87	118	148	179	209	340	271	299	330	360
27	57	88	119	149	180	210	341	272	300	331	361
28	58	89	120	150	181	211	242	273	301	332	362
29	59	90	121	151	182	212	243	»	302	333	363
30	60	91	122	152	183	213	244	»	303	334	364
31	61	92	»	153	»	214	245	»	304	»	365

7e TABLEAU,

POUR COMPTER LE NOMBRE DE JOURS,

Du 1er juillet à toutes les époques d'une année, le 30 juin compris.

Juillet.	Août.	Septemb.	Octobre.	Novemb.	Décembr.	Janvier.	Février.	Mars.	Avril.	Mai	Juin.
1	32	63	93	124	154	185	216	244	275	305	336
2	33	64	94	125	155	186	217	245	276	306	337
3	34	65	95	126	156	187	218	246	277	307	338
4	35	66	96	127	157	188	219	247	278	308	339
5	36	67	97	128	158	189	220	248	279	309	340
6	37	68	98	129	159	190	221	249	280	310	341
7	38	69	99	130	160	191	222	250	281	311	342
8	39	70	100	131	161	192	223	251	282	312	343
9	40	71	101	132	162	193	224	252	283	313	344
10	41	72	102	133	163	194	225	253	284	314	345
11	42	73	103	134	164	195	226	254	285	315	346
12	43	74	104	135	165	196	227	255	286	316	347
13	44	75	105	136	166	197	228	256	287	317	348
14	45	76	106	137	167	198	229	257	288	318	349
15	46	77	107	138	168	199	230	258	289	319	350
16	47	78	108	139	169	200	231	259	290	320	351
17	48	79	109	140	170	201	232	260	291	321	352
18	49	80	110	141	171	202	233	261	292	322	353
19	50	81	111	142	172	203	234	262	293	323	354
20	51	82	112	143	173	204	235	263	294	324	355
21	52	83	113	144	174	205	236	264	295	325	356
22	53	84	114	145	175	206	237	265	296	326	357
23	54	85	115	146	176	207	238	266	297	327	358
24	55	86	116	147	177	208	239	267	298	328	359
25	56	87	117	148	178	209	240	268	299	329	360
26	57	88	118	149	179	210	241	269	300	330	361
27	58	89	119	150	180	211	242	270	301	331	362
28	59	90	120	151	181	212	243	271	302	332	363
29	60	91	121	152	182	213	»	272	303	333	364
30	61	92	122	153	183	214	»	273	304	334	365
31	62	»	123	»	184	215	»	274	»	335	»

8e TABLEAU,

POUR COMPTER LE NOMBRE DE JOURS,

Du 1er août à toutes les époques d'une année, le 31 juillet compris.

Août.	Septemb.	Octobre.	Novemb.	Décembr.	Janvier.	Février.	Mars.	Avril.	Mai.	Juin.	Juillet.
1	32	62	93	123	154	185	213	244	274	305	335
2	33	63	94	124	155	186	214	245	275	306	336
3	34	64	95	125	156	187	215	246	276	307	337
4	35	65	96	126	157	188	216	247	277	308	338
5	36	66	97	127	158	189	217	248	278	309	339
6	37	67	98	128	159	190	218	249	279	310	340
7	38	68	99	129	160	191	219	250	280	311	341
8	39	69	100	130	161	192	220	251	281	312	342
9	40	70	101	131	162	193	221	252	282	313	343
10	41	71	102	132	163	194	222	253	283	314	344
11	42	72	103	133	164	195	223	254	284	315	345
12	43	73	104	134	165	196	224	255	285	316	346
13	44	74	105	135	166	197	225	256	286	317	347
14	45	75	106	136	167	198	226	257	287	318	348
15	46	76	107	137	168	199	227	258	288	319	349
16	47	77	108	138	169	200	228	259	289	320	350
17	48	78	109	139	170	201	229	260	290	321	351
18	49	79	110	140	171	202	230	261	291	322	352
19	50	80	111	141	172	203	231	262	292	323	353
20	51	81	112	142	173	204	232	263	293	324	354
21	52	82	113	143	174	205	233	264	294	325	355
22	53	83	114	144	175	206	234	265	295	326	356
23	54	84	115	145	176	207	235	266	296	327	357
24	55	85	116	146	177	208	236	267	297	328	358
25	56	86	117	147	178	209	237	268	298	329	359
26	57	87	118	148	179	210	238	269	299	330	360
27	58	88	119	149	180	211	239	270	300	331	361
28	59	89	120	150	181	212	240	271	301	332	362
29	60	90	121	151	182	»	241	272	302	333	363
30	61	91	122	152	183	»	242	273	303	334	364
31	»	92	»	153	184	»	243	»	304	»	365

9e TABLEAU,

POUR COMPTER LE NOMBRE DE JOURS,

Du 1er septembre à toutes les époques d'une année, le 31 août compris.

Septemb.	Octobre.	Novemb.	Décembr.	Janvier.	Février.	Mars.	Avril.	Mai.	Juin.	Juillet.	Août.
1	31	62	92	123	154	182	213	243	274	304	335
2	32	63	93	124	155	183	214	244	275	305	336
3	33	64	94	125	156	184	215	245	276	306	337
4	34	65	95	126	157	185	216	246	277	307	338
5	35	66	96	127	158	186	217	247	278	308	339
6	36	67	97	128	159	187	218	248	279	309	340
7	37	68	98	129	160	188	219	249	280	310	341
8	38	69	99	130	161	189	220	250	281	311	342
9	39	70	100	131	162	190	221	251	282	312	343
10	40	71	101	132	163	191	222	252	283	313	344
11	41	72	102	133	164	192	223	253	284	314	345
12	42	73	103	134	165	193	224	254	285	315	346
13	43	74	104	135	166	194	225	255	286	316	347
14	44	75	105	136	167	195	226	256	287	317	348
15	45	76	106	137	168	196	227	257	288	318	349
16	46	77	107	138	169	197	228	258	289	319	350
17	47	78	108	139	170	198	229	259	290	320	351
18	48	79	109	140	171	199	230	260	291	321	352
19	49	80	110	141	172	200	231	261	292	322	353
20	50	81	111	142	173	201	232	262	293	323	354
21	51	82	112	143	174	202	233	263	294	324	355
22	52	83	113	144	175	203	234	264	295	325	356
23	53	84	114	145	176	204	235	265	296	326	357
24	54	85	115	146	177	205	236	266	297	327	358
25	55	86	116	147	178	206	237	267	298	328	359
26	56	87	117	148	179	207	238	268	299	329	360
27	57	88	118	149	180	208	239	269	300	330	361
28	58	89	119	150	181	209	240	270	301	331	362
29	59	90	120	151	»	210	241	271	302	332	363
30	60	91	121	152	»	211	242	272	303	333	364
31	61	»	122	153	»	212	»	273	»	334	365

10e TABLEAU,

POUR COMPTER LE NOMBRE DE JOURS,

Du 1er octobre à toutes les époques d'une année, le 30 septembre compris.

Octobre.	Novembr.	Décembr.	Janvier.	Février.	Mars.	Avril.	Mai.	Juin.	Juillet.	Août.	Septemb.
1	32	62	93	124	152	183	213	244	274	305	336
2	33	63	94	125	153	184	214	245	275	306	337
3	34	64	95	126	154	185	215	246	276	307	338
4	35	65	96	127	155	186	216	247	277	308	339
5	36	66	97	128	156	187	217	248	278	309	340
6	37	67	98	129	157	188	218	249	279	310	341
7	38	68	99	130	158	189	219	250	280	311	342
8	39	69	100	131	159	190	220	251	281	312	343
9	40	70	101	132	160	191	221	252	282	313	344
10	41	71	102	133	161	192	222	253	283	314	345
11	42	72	103	134	162	193	223	254	284	315	346
12	43	73	104	135	163	194	224	255	285	316	347
13	44	74	105	136	164	195	225	256	286	317	348
14	45	75	106	137	165	196	226	257	287	318	349
15	46	76	107	138	166	197	227	258	288	319	350
16	47	77	108	139	167	198	228	259	289	320	351
17	48	78	109	140	168	199	229	260	290	321	352
18	49	79	110	141	169	200	230	261	291	322	353
19	50	80	111	142	170	201	231	262	292	323	354
20	51	81	112	143	171	202	232	263	293	324	355
21	52	82	113	144	172	203	233	264	294	325	356
22	53	83	114	145	173	204	234	265	295	326	357
23	54	84	115	146	174	205	235	266	296	327	358
24	55	85	116	147	175	206	236	267	297	328	359
25	56	86	117	148	176	207	237	268	298	329	360
26	57	87	118	149	177	208	238	269	299	330	361
27	58	88	119	150	178	209	239	270	300	331	362
28	59	89	120	151	179	210	240	271	301	332	363
29	60	90	121	»	180	211	241	272	302	333	364
30	61	91	122	»	181	212	242	273	303	334	365
31	»	92	123	»	182	»	243	»	304	335	»

11e TABLEAU,

POUR COMPTER LE NOMBRE DE JOURS,

Du 1er novembre à toutes les époques d'une année, le 31 octobre compris.

Novemb.	Décembr.	Janvier.	Février.	Mars.	Avril.	Mai.	Juin.	Juillet.	Août.	Septemb.	Octobre.
1	31	62	93	121	152	182	213	243	274	305	335
2	32	63	94	122	153	183	214	244	275	306	336
3	33	64	95	123	154	184	215	245	276	307	337
4	34	65	96	124	155	185	216	246	277	308	338
5	35	66	97	125	156	186	217	247	278	309	339
6	36	67	98	126	157	187	218	248	279	310	340
7	37	68	99	127	158	188	219	249	280	311	341
8	38	69	100	128	159	189	220	250	281	312	342
9	39	70	101	129	160	190	221	251	282	313	343
10	40	71	102	130	161	191	222	252	283	314	344
11	41	72	103	131	162	192	223	253	284	315	345
12	42	73	104	132	163	193	224	254	285	316	346
13	43	74	105	133	164	194	225	255	286	317	347
14	44	75	106	134	165	195	226	256	287	318	348
15	45	76	107	135	166	196	227	257	288	319	349
16	46	77	108	136	167	197	228	258	289	320	350
17	47	78	109	137	168	198	229	259	290	321	351
18	48	79	110	138	169	199	230	260	291	322	352
19	49	80	111	139	170	200	231	261	292	323	353
20	50	81	112	140	171	201	232	262	293	324	354
21	51	82	113	141	172	202	233	263	294	325	355
22	52	83	114	142	173	203	234	264	295	326	356
23	53	84	115	143	174	204	235	265	296	327	357
24	54	85	116	144	175	205	236	266	297	528	358
25	55	86	117	145	176	206	237	367	298	329	359
26	56	87	118	146	177	207	238	368	299	330	360
27	57	88	119	147	178	208	239	269	300	331	361
28	58	89	120	148	179	209	240	270	301	332	362
29	59	90	»	149	180	210	241	271	302	333	363
30	60	91	»	150	181	211	242	272	303	334	364
31	61	92	»	151	»	212	»	273	304	»	365

12e TABLEAU,

POUR COMPTER LE NOMBRE DE JOURS,

Du 1er décembre à toutes les époques d'une année, le 30 novembre compris.

Décembr.	Janvier.	Février.	Mars.	Avril.	Mai.	Juin.	Juillet.	Août.	Septemb.	Octobre.	Novembr.
1	32	63	91	122	152	183	213	244	275	305	336
2	33	64	92	123	153	184	214	245	276	306	337
3	34	65	93	124	154	185	215	246	277	307	338
4	35	66	94	125	155	186	216	247	278	308	339
5	36	67	95	126	156	187	217	248	279	309	340
6	37	68	96	127	157	188	218	249	280	310	341
7	38	69	97	128	158	189	219	250	281	311	342
8	39	70	98	129	159	190	220	251	282	312	343
9	40	71	99	130	160	191	221	252	283	313	344
10	41	72	100	131	161	192	222	253	284	314	345
11	42	73	101	132	162	193	223	254	285	315	346
12	43	74	102	133	163	194	224	255	286	316	347
13	44	75	103	134	164	195	225	256	287	317	348
14	45	76	104	135	165	196	226	257	288	318	349
15	46	77	105	136	166	197	227	258	289	319	350
16	47	78	106	137	167	198	228	259	290	320	351
17	48	79	107	138	168	199	229	260	291	321	352
18	49	80	108	139	169	200	230	261	292	322	353
19	50	81	109	140	170	201	231	262	293	323	354
20	51	82	110	141	171	202	232	263	294	324	355
21	52	83	111	142	172	203	233	264	295	325	356
22	53	84	112	143	173	204	234	265	296	326	357
23	54	85	113	144	174	205	235	266	297	327	358
24	55	86	114	145	175	206	236	267	298	328	359
25	56	87	115	146	176	207	237	268	299	329	360
26	57	88	116	147	177	208	238	269	300	330	361
27	58	89	117	148	178	209	239	270	301	331	362
28	59	90	118	149	179	210	240	271	302	332	363
29	60	»	119	150	180	211	241	272	303	333	364
30	61	»	120	151	181	212	242	273	304	334	365
31	62	»	121	»	182	»	243	274	»	335	»

13e TABLEAU

POUR COMPTER LE NOMBRE DE JOURS

Du 1er janvier à toutes les époques d'une année bissextile (le 31 décembre compris).

Les 3e, 4e, 5e, 6e, 7e, 8e, 9e, 10e, 11e et 12e tableaux qui précèdent peuvent servir à compter le nombre de jours jusque et y compris le 28 février de chaque tableau ; après cette époque il suffit d'ajouter un jour au nombre indiqué auxdits tableaux pour les appliquer aux années bissextiles.

Janvier.	Février.	Mars.	Avril.	Mai.	Juin.	Juillet.	Août.	Septemb.	Octobre.	Novembr.	Décembr.
1	32	61	92	122	153	183	214	245	275	306	336
2	33	62	93	123	154	184	215	246	276	307	337
3	34	63	94	124	155	185	216	247	277	308	338
4	35	64	95	125	156	186	217	248	278	309	339
5	36	65	96	126	157	187	218	249	279	310	340
6	37	66	97	127	158	188	219	250	280	311	341
7	38	67	98	128	159	189	220	251	281	312	342
8	39	68	99	129	160	190	221	252	282	313	343
9	40	69	100	130	161	191	222	253	283	314	344
10	41	70	101	131	162	192	223	254	284	315	345
11	42	71	102	132	163	193	224	255	285	316	346
12	43	72	103	133	164	194	225	256	286	317	347
13	44	73	104	134	165	195	226	257	287	318	348
14	45	74	105	135	166	196	227	258	288	319	349
15	46	75	106	136	167	197	228	259	289	320	350
16	47	76	107	137	168	198	229	260	290	321	351
17	48	77	108	138	169	199	230	261	291	322	352
18	49	78	109	139	170	200	231	262	292	323	353
19	50	79	110	140	171	201	232	263	293	324	354
20	51	80	111	141	172	202	233	264	294	325	355
21	52	81	112	142	173	203	234	265	295	326	356
22	53	82	113	143	174	204	235	266	296	327	357
23	54	83	114	144	175	205	236	267	297	328	358
24	55	84	115	145	176	206	237	268	298	329	359
25	56	85	116	146	177	207	238	269	299	330	360
26	57	86	117	147	178	208	239	270	300	331	361
27	58	87	118	148	179	209	240	271	301	332	362
28	59	88	119	149	180	210	241	272	302	333	363
29	60	89	120	150	181	211	242	273	303	334	364
30	»	90	121	151	182	212	243	274	304	335	365
31	»	91	»	152	»	213	244	»	305	»	366

14e TABLEAU,

POUR COMPTER LE NOMBRE DE JOURS,

Du 1er février à toutes les époques d'une année bissextile, le 31 janvier compris.

Les 3e, 4e, 5e, 6e, 7e, 8e, 9e, 10e, 11e et 12e tableaux qui précèdent peuvent servir à compter le nombre de jours jusque et y compris le 28 février de chaque tableau ; après cette époque il suffit d'ajouter un jour au nombre indiqué auxdits tableaux pour les appliquer aux années bissextiles.

Février.	Mars.	Avril.	Mai.	Juin.	Juillet.	Août.	Septemb.	Octobre.	Novemb.	Décembr.	Janvier.
1	30	61	91	122	152	183	214	244	275	305	336
2	31	62	92	123	153	184	215	245	276	306	337
3	32	63	93	124	154	185	216	246	277	307	338
4	33	64	94	125	155	186	217	247	278	308	339
5	34	65	95	126	156	187	218	248	279	309	340
6	35	66	96	127	157	188	219	249	280	310	341
7	36	67	97	128	158	189	220	250	281	311	342
8	37	68	98	129	159	190	221	251	282	312	343
9	38	69	99	130	160	191	222	252	283	313	344
10	39	70	100	131	161	192	223	253	284	314	345
11	40	71	101	132	162	193	224	254	285	315	346
12	41	72	102	133	163	194	225	255	286	316	347
13	42	73	103	134	164	195	226	256	287	317	348
14	43	74	104	135	165	196	227	257	288	318	349
15	44	75	105	136	166	197	228	258	289	319	350
16	45	76	106	137	167	198	229	259	290	320	351
17	46	77	107	138	168	199	230	260	291	321	352
18	47	78	108	139	169	200	231	261	292	322	353
19	48	79	109	140	170	201	232	262	293	323	354
20	49	80	110	141	171	202	233	263	294	324	355
21	50	81	111	142	172	203	234	264	295	325	356
22	51	82	112	143	173	204	235	265	296	326	357
23	52	83	113	144	174	205	236	266	297	327	358
24	53	84	114	145	175	206	237	267	298	328	359
25	54	85	115	146	176	207	238	268	299	329	360
26	55	86	116	147	177	208	239	269	300	330	361
27	56	87	117	148	178	209	240	270	301	331	362
28	57	88	118	149	179	210	241	271	302	332	363
29	58	89	119	150	180	211	242	272	303	333	364
30	59	90	120	151	181	212	243	273	304	334	365
31	60	»	121	»	182	213	»	274	»	335	366

Les quotités indiquées à la colonne des jours, pour des sommes en tête des colonnes ci-dessous, DONNENT EN NOMBRES.

Colonne des jours.	0,50c	1f	2f	3f	4f	5f	6f	7f	8f	9f	10f	20f	30f	40f	50f
	Centièmes de nombres	Nombres centièmes.	Nombres centièmes.	Nombres centièmes.	Nombres centièmes.	Nombres centièmes.	Nombres centièmes.	Nombres centièmes.	Nombres centièmes.	Nombres centièmes.	Nombres centièmes.	Nombres centièmes.	Nombres centièmes.	Nombres centièmes.	Nombres centièmes.
1	» »½	» 01	» 02	» 03	» 04	» 05	» 06	» 07	» 08	» 09	» 10	» 20	» 30	» 40	» 50
2	» 01	» 02	» 04	» 06	» 08	» 10	» 12	» 14	» 16	» 18	» 20	» 40	» 60	» 80	1 »
3	» 01½	» 03	» 06	» 09	» 12	» 15	» 18	» 21	» 24	» 27	» 30	» 60	» 90	1 20	1 50
4	» 02	» 04	» 08	» 12	» 16	» 20	» 24	» 28	» 32	» 36	» 40	» 80	1 20	1 60	2 »
5	» 02½	» 05	» 10	» 15	» 20	» 25	» 30	» 35	» 40	» 45	» 50	1 »	1 50	2 »	2 50
6	» 03	» 06	» 12	» 18	» 24	» 30	» 36	0 42	» 48	» 54	» 60	1 20	1 80	2 40	3 »
7	» 03½	» 07	» 14	» 21	» 28	» 35	» 42	» 49	» 56	» 63	» 70	1 40	2 10	2 80	3 50
8	» 04	» 08	» 16	» 24	» 32	» 40	» 48	» 56	» 64	» 72	» 80	1 60	2 40	3 20	4 »
9	» 04½	» 09	» 18	» 27	» 36	» 45	» 54	» 63	» 72	» 81	» 90	1 80	2 70	3 60	4 50
10	» 05	» 10	» 20	» 30	» 40	» 50	» 60	» 70	» 80	» 90	1 »	2 »	3 »	4 »	5 »
11	» 05½	» 11	» 22	» 33	» 44	» 55	» 66	» 77	» 88	» 99	1 10	2 20	3 30	4 40	5 50
12	» 06	» 12	» 24	» 36	» 48	» 60	» 72	» 84	» 96	1 08	1 20	2 40	3 60	4 80	6 »
13	» 06½	» 13	» 26	» 39	» 52	» 65	» 78	» 91	1 04	1 17	1 30	2 60	3 90	5 20	6 50
14	» 07	» 14	» 28	» 42	» 56	» 70	» 84	» 98	1 12	1 26	1 40	2 80	4 20	5 60	7 »
15	» 07½	» 15	» 30	» 45	» 60	» 75	» 90	1 05	1 20	1 35	1 50	3 »	4 50	6 »	7 50
16	» 08	» 16	» 32	» 48	» 64	» 80	» 96	1 12	1 28	1 44	1 60	3 20	4 80	6 40	8 »
17	» 08½	» 17	» 34	» 51	» 68	» 85	1 02	1 19	1 36	1 53	1 70	3 40	5 10	6 80	8 50
18	» 09	» 18	» 36	» 54	» 72	» 90	1 08	1 26	1 44	1 62	1 80	3 60	5 40	7 20	9 »
19	» 09½	» 19	» 38	» 57	» 76	» 95	1 14	1 33	1 52	1 71	1 90	3 80	5 70	7 60	9 50
20	» 10	» 20	» 40	» 60	» 80	1 »	1 20	1 40	1 60	1 80	2 »	4 »	6 »	8 »	10 »
21	» 10½	» 21	» 42	» 63	» 84	1 05	1 26	1 47	1 68	1 89	2 10	4 20	6 30	8 40	10 50
22	» 11	» 22	» 44	» 66	» 88	1 10	1 32	1 54	1 76	1 98	2 20	4 40	6 60	8 80	11 »
23	» 11½	» 23	» 46	» 69	» 92	1 15	1 38	1 61	1 84	2 07	2 30	4 60	6 90	9 20	11 50
24	» 12	» 24	» 48	» 72	» 96	1 20	1 44	1 68	1 92	2 16	2 40	4 80	7 20	9 60	12 »
25	» 12½	» 25	» 50	» 75	1 »	1 25	1 50	1 75	2 »	2 25	2 50	5 »	7 50	10 »	12 50
26	» 13	» 26	» 52	» 78	1 04	1 30	1 56	1 82	2 08	2 34	2 60	5 20	7 80	10 40	13 »
27	» 13½	» 27	» 54	» 81	1 08	1 35	1 62	1 89	2 16	2 43	2 70	5 40	8 10	10 80	13 50
28	» 14	» 28	» 56	» 84	1 12	1 40	1 68	1 96	2 24	2 52	2 80	5 60	8 40	11 20	14 »
29	» 14½	» 29	» 58	» 87	1 16	1 45	1 74	2 03	2 32	2 61	2 90	5 80	8 70	11 60	14 50
30	» 15	» 30	» 60	» 90	1 20	1 50	1 80	2 10	2 40	2 70	3 »	6 »	9 »	12 »	15 »
31	» 15½	» 31	» 62	» 93	1 24	1 55	1 86	2 17	2 48	2 79	3 10	6 20	9 30	12 40	15 50
32	» 16	» 32	» 64	» 96	1 28	1 60	1 92	2 24	2 56	2 88	3 20	6 40	9 60	12 80	16 »
33	» 16½	» 33	» 66	» 99	1 32	1 65	1 98	2 31	2 64	2 97	3 30	6 60	9 90	13 20	16 50
34	» 17	» 34	» 68	1 02	1 36	1 70	2 04	2 38	2 72	3 06	3 40	6 80	10 20	13 60	17 »
35	» 17½	» 35	» 70	1 05	1 40	1 75	2 10	2 45	2 80	3 15	3 50	7 »	10 50	14 »	17 50
36	» 18	» 36	» 72	1 08	1 44	1 80	2 16	2 52	2 88	3 24	3 60	7 20	10 80	14 40	18 »
37	» 18½	» 37	» 74	1 11	1 48	1 85	2 22	2 59	2 96	3 33	3 70	7 40	11 10	14 80	18 50
38	» 19	» 38	» 76	1 14	1 52	1 90	2 28	2 66	3 04	3 42	3 80	7 60	11 40	15 20	19 »
39	» 19½	» 39	» 78	1 17	1 56	1 95	2 34	2 73	3 12	3 51	3 90	7 80	11 70	15 60	19 50
40	» 20	» 40	» 80	1 20	1 60	2 »	2 40	2 80	3 20	3 60	4 »	8 »	12 »	16 »	20 »

Colonne des jours.	60f	70f	80f	90f	100f	200f	300f	400f	500f	600f	700f	800f	900f	1000f	2000f	3000f
	Nombres centièmes.	Nombres centièmes.	Nombres centièmes.	Nombres centièmes.	Nombres.	Nombres.	Nombres.	Nombres.	Nombres.	Nombres.	Nombres.	Nombres.	Nombres.	Nombres.	Nombres.	Nombres.
1	» 60	» 70	» 80	» 90	1	2	3	4	5	6	7	8	9	10	20	30
2	1 20	1 40	1 60	1 80	2	4	6	8	10	12	14	16	18	20	40	60
3	1 80	2 10	2 40	2 70	3	6	9	12	15	18	21	24	27	30	60	90
4	2 40	2 80	3 20	3 60	4	8	12	16	20	24	28	32	36	40	80	120
5	3 »	3 50	4 »	4 50	5	10	15	20	25	30	35	40	45	50	100	150
6	3 60	4 20	4 80	5 40	6	12	18	24	30	36	42	48	54	60	120	180
7	4 20	4 90	5 60	6 30	7	14	21	28	35	42	49	56	63	70	140	210
8	4 80	5 60	6 40	7 20	8	16	24	32	40	48	56	64	72	80	160	240
9	5 40	6 30	7 20	8 10	9	18	27	36	45	54	63	72	81	90	180	270
10	6 »	7 »	8 »	9 »	10	20	30	40	50	60	70	80	90	100	200	300
11	6 60	7 70	8 80	9 90	11	22	33	44	55	66	77	88	99	110	220	330
12	7 20	8 40	9 60	10 80	12	24	36	48	60	72	84	96	108	120	240	360
13	7 80	9 10	10 40	11 70	13	26	39	52	65	78	91	104	117	130	260	390
14	8 40	9 80	11 20	12 60	14	28	42	56	70	84	98	112	126	140	280	420
15	9 »	10 50	12 »	13 50	15	30	45	60	75	90	105	120	135	150	300	450
16	9 60	11 20	12 80	14 40	16	32	48	64	80	96	112	128	144	160	320	480
17	10 20	11 90	13 60	15 30	17	34	51	68	85	102	119	136	153	170	340	510
18	10 80	12 60	14 40	16 20	18	36	54	72	90	108	126	144	162	180	360	540
19	11 40	13 30	15 20	17 10	19	38	57	76	95	114	133	152	171	190	380	570
20	12 »	14 »	16 »	18 »	20	40	60	80	100	120	140	160	180	200	400	600
21	12 60	14 70	16 80	18 90	21	42	63	84	105	126	147	168	189	210	420	630
22	13 20	15 40	17 60	19 80	22	44	66	88	110	132	154	170	198	220	440	660
23	13 80	16 10	18 40	20 70	23	46	69	92	115	138	161	184	207	230	460	690
24	14 40	16 80	19 20	21 60	24	48	72	96	120	144	168	192	216	240	480	720
25	15 »	17 50	20 »	22 50	25	50	75	100	125	150	175	200	225	250	500	750
26	15 60	18 20	20 80	23 40	26	52	78	104	130	156	182	208	234	260	520	780
27	16 20	18 90	21 60	24 30	27	54	81	108	135	162	189	216	243	270	540	810
28	16 80	19 60	22 40	25 20	28	56	84	112	140	168	196	224	252	280	560	840
29	17 40	20 30	23 20	26 10	29	58	87	116	145	174	203	232	261	290	580	870
30	18 »	21 »	24 »	27 »	30	60	90	120	150	180	210	240	270	300	600	900
31	18 60	21 70	24 80	27 90	31	62	93	124	155	186	217	248	279	310	620	980
32	19 20	22 40	25 60	28 80	32	64	96	128	160	192	224	256	288	320	640	960
33	19 80	23 10	26 40	29 70	33	66	99	132	165	198	231	264	297	330	660	990
34	20 40	23 80	27 20	30 60	34	68	102	136	170	204	238	272	306	340	680	1020
35	21 »	24 50	28 »	31 50	35	70	105	140	175	210	245	280	315	350	700	1050
36	21 60	25 20	28 80	32 40	36	72	108	144	180	216	252	288	324	360	720	1060
37	22 20	25 90	29 60	33 30	37	74	111	148	185	222	259	296	333	370	740	1110
38	22 80	26 60	30 40	34 20	38	76	114	152	190	228	266	304	342	380	760	1140
39	23 40	27 30	31 20	35 10	39	78	117	156	195	234	273	312	351	390	780	1170
40	24 »	28 »	32 »	36 »	40	80	120	160	200	240	280	320	360	400	800	1200

Les quotités indiquées à la colonne des jours pour

Colonne des jours.	0,50ᶜ (Centièmes de nombres)	1ᶠ (Nombres, centièmes)	2ᶠ (Nombres, centièmes)	3ᶠ (Nombres, centièmes)	4ᶠ (Nombres, centièmes)	5ᶠ (Nombres, centièmes)	6ᶠ (Nombres, centièmes)	7ᶠ (Nombres, centièmes)	8ᶠ (Nombres, centièmes)	9ᶠ (Nombres, centièmes)	10ᶠ (Nombres, centièmes)	20ᶠ (Nombres, centièmes)	30ᶠ (Nombres, centièmes)	40ᶠ (Nombres, centièmes)	50ᶠ (Nombres, centièmes)
	DONNENT														
41	» 20 1/2	» 41	» 82	1 23	1 64	2 05	2 46	2 87	3 28	3 69	4 10	8 20	12 30	16 40	20 50
42	» 21	» 42	» 84	1 26	1 68	2 10	2 52	2 94	3 36	3 78	4 20	8 40	12 60	16 80	21 »
43	» 21 1/2	» 43	» 86	1 29	1 72	2 15	2 58	3 01	3 44	3 87	4 30	8 60	12 90	17 20	21 50
44	» 22	» 44	» 88	1 32	1 76	2 20	2 64	3 08	3 52	3 96	4 40	8 80	13 20	17 60	22 »
45	» 22 1/2	» 45	» 90	1 35	1 80	2 25	2 70	3 15	3 60	4 05	4 50	9 »	13 50	18 »	22 50
46	» 23	» 46	» 92	1 38	1 84	2 30	2 76	3 22	3 68	4 14	4 60	9 20	13 80	18 40	23 »
47	» 23 1/2	» 47	» 94	1 41	1 88	2 35	2 82	3 29	3 76	4 23	4 70	9 40	14 10	18 80	23 50
48	» 24	» 48	» 96	1 44	1 92	2 40	2 88	3 36	3 84	4 32	4 80	9 60	14 40	19 20	24 »
49	» 24 1/2	» 49	» 98	1 47	1 96	2 45	2 94	3 43	3 92	4 41	4 90	9 80	14 70	19 60	24 50
50	» 25	» 50	1 »	1 50	2 »	2 50	3 »	3 50	4 »	4 50	5 »	10 »	15 »	20 »	25 »
51	» 25 1/2	» 51	1 02	1 53	2 04	2 55	3 06	3 57	4 08	4 59	5 10	10 20	15 30	20 40	25 50
52	» 26	» 52	1 04	1 56	2 08	2 60	3 12	3 64	4 16	4 68	5 20	10 40	15 60	20 80	26 »
53	» 26 1/2	» 53	1 06	1 59	2 12	2 65	3 18	3 71	4 24	4 77	5 30	10 60	15 90	21 20	26 50
54	» 27	» 54	1 08	1 62	2 16	2 70	3 24	3 78	4 32	4 86	5 40	10 80	16 20	21 60	27 »
55	» 27 1/2	» 55	1 10	1 65	2 20	2 75	3 30	3 85	4 40	4 95	5 50	11 »	16 50	22 »	27 50
56	» 28	» 56	1 12	1 68	2 24	2 80	3 36	3 92	4 48	5 04	5 60	11 20	16 80	22 40	28 »
57	» 28 1/2	» 57	1 14	1 71	2 28	2 85	3 42	3 99	4 56	5 13	5 70	11 40	17 10	22 80	28 50
58	» 29	» 58	1 16	1 74	2 32	2 90	3 48	4 06	4 64	5 22	5 80	11 60	17 40	23 20	29 »
59	» 29 1/2	» 59	1 18	1 77	2 36	2 95	3 54	4 13	4 72	5 31	5 90	11 80	17 70	23 60	29 50
60	» 30	» 60	1 20	1 80	2 40	3 »	3 60	4 20	4 80	5 40	6 »	12 »	18 »	24 »	30 »
61	» 30 1/2	» 61	1 22	1 83	2 44	3 05	3 66	4 27	4 88	5 49	6 10	12 20	18 30	24 40	30 50
62	» 31	» 62	1 24	1 86	2 48	3 10	3 72	4 34	4 96	5 58	6 20	12 40	18 60	24 80	31 »
63	» 31 1/2	» 63	1 26	1 89	2 52	3 15	3 78	4 41	5 04	5 67	6 30	12 60	18 90	25 20	31 50
64	» 32	» 64	1 28	1 92	2 56	3 20	3 84	4 48	5 12	5 76	6 40	12 80	19 20	25 60	32 »
65	» 32 1/2	» 65	1 30	1 95	2 60	3 25	3 90	4 55	5 20	5 85	6 50	13 »	19 50	26 »	32 50
66	» 33	» 66	1 32	1 98	2 64	3 30	3 96	4 62	5 28	5 94	6 60	13 20	19 80	26 40	33 »
67	» 33 1/2	» 67	1 34	2 01	2 68	3 35	4 02	4 69	5 36	6 03	6 70	13 40	20 10	26 80	33 50
68	» 34	» 68	1 36	2 04	2 72	3 40	4 08	4 76	5 44	6 12	6 80	13 60	20 40	27 20	34 »
69	» 34 1/2	» 69	1 38	2 07	2 76	3 45	4 14	4 83	5 52	6 21	6 90	13 80	20 70	27 60	34 50
70	» 35	» 70	1 40	2 10	2 80	3 50	4 20	4 90	5 60	6 30	7 »	14 »	21 »	28 »	35 »
71	» 35 1/2	» 71	1 42	2 13	2 84	3 55	4 26	4 97	5 68	6 39	7 10	14 20	21 30	28 40	35 50
72	» 36	» 72	1 44	2 16	2 88	3 60	4 32	5 04	5 76	6 48	7 20	14 40	21 60	28 80	36 »
73	» 36 1/2	» 73	1 46	2 19	2 92	3 65	4 38	5 11	5 84	6 57	7 30	14 60	21 90	29 20	36 50
74	» 37	» 74	1 48	2 22	2 96	3 70	4 44	5 18	5 92	6 66	7 40	14 80	22 20	29 60	37 »
75	» 37 1/2	» 75	1 50	2 25	3 »	3 75	4 50	5 25	6 »	6 75	7 50	15 »	22 50	30 »	37 50
76	» 38	» 76	1 52	2 28	3 04	3 80	4 56	5 32	6 08	6 84	7 60	15 20	22 80	30 40	38 »
77	» 38 1/2	» 77	1 54	2 31	3 08	3 85	4 62	5 39	6 16	6 93	7 70	15 40	23 10	30 80	38 50
78	» 39	» 78	1 56	2 34	3 12	3 90	4 68	5 46	6 24	7 02	7 80	15 60	23 40	31 20	39 »
79	» 39 1/2	» 79	1 58	2 37	3 16	3 95	4 74	5 53	6 32	7 11	7 90	15 80	23 70	31 60	39 50
80	» 40	» 80	1 60	2 40	3 20	4 »	4 80	5 60	6 40	7 20	8 »	16 »	24 »	32 »	40 »

les sommes en tête des colonnes ci-dessus.

60ᶠ (Nombres, centièmes)	70ᶠ (Nombres, centièmes)	80ᶠ (Nombres, centièmes)	90ᶠ (Nombres, centièmes)	100ᶠ (Nombres)	200ᶠ (Nombres)	300ᶠ (Nombres)	400ᶠ (Nombres)	500ᶠ (Nombres)	600ᶠ (Nombres)	700ᶠ (Nombres)	800ᶠ (Nombres)	900ᶠ (Nombres)	1000ᶠ (Nombres)	2000ᶠ (Nombres)	3000ᶠ (Nombres)
EN NOMBRES.															
24 60	28 70	32 80	36 90	41	82	123	164	205	246	287	328	369	410	820	1230
25 20	29 40	33 60	37 80	42	84	126	168	210	252	294	336	378	420	840	1260
25 80	30 10	34 40	38 70	43	86	129	172	215	258	301	344	387	430	860	1290
26 40	30 80	35 20	39 60	44	88	132	176	220	264	308	352	396	440	880	1320
27 »	31 50	36 »	40 50	45	90	135	180	225	270	315	360	405	450	900	1350
27 60	32 20	36 80	41 40	46	92	138	184	230	276	322	368	414	460	920	1380
28 20	32 90	37 60	42 30	47	94	141	188	235	282	329	376	423	470	940	1410
28 80	33 60	38 40	43 20	48	96	144	192	240	288	336	384	432	480	960	1440
29 40	34 30	39 20	44 10	49	98	147	196	245	294	343	392	441	490	980	1470
30 »	35 »	40 »	45 »	50	100	150	200	250	300	350	400	450	500	1000	1500
30 60	35 70	40 80	45 90	51	102	153	204	255	306	357	408	459	510	1020	1530
31 20	36 40	41 60	46 80	52	104	156	208	260	312	364	416	468	520	1040	1560
31 80	37 10	42 40	47 70	53	106	159	212	265	318	371	424	477	530	1060	1590
32 40	37 80	43 20	48 60	54	108	162	216	270	324	378	432	486	540	1080	1620
33 »	38 50	44 »	49 50	55	110	165	220	275	330	385	440	495	550	1100	1650
33 60	39 20	44 80	50 40	56	112	168	224	280	336	392	448	504	560	1120	1680
34 20	39 90	45 60	51 30	57	114	171	228	285	342	399	456	513	570	1140	1710
34 80	40 60	46 40	52 20	58	116	174	232	290	348	406	464	522	580	1160	1740
35 40	41 30	47 20	53 10	59	118	177	236	295	354	413	472	531	590	1180	1770
36 »	42 »	48 »	54 »	60	120	180	240	300	360	420	480	540	600	1200	1800
36 60	42 70	48 80	54 90	61	122	183	244	305	366	427	488	549	610	1220	1830
37 20	43 40	49 60	55 80	62	124	186	248	310	372	434	496	558	620	1240	1860
37 80	44 10	50 40	56 70	63	126	189	252	315	378	441	504	567	630	1260	1890
38 40	44 80	51 20	57 60	64	128	192	256	320	384	448	512	576	640	1280	1920
39 »	45 50	52 »	58 50	65	130	195	260	325	390	455	520	585	650	1300	1950
39 60	46 20	52 80	59 40	66	132	198	264	330	396	462	528	594	660	1320	1980
40 20	46 90	53 60	60 30	67	134	201	268	335	402	469	536	603	670	1340	2010
40 80	47 60	54 40	61 20	68	136	204	272	340	408	476	544	612	680	1360	2040
41 40	48 30	55 20	62 10	69	138	207	276	345	414	483	552	621	690	1380	2070
42 »	49 »	56 »	63 »	70	140	210	280	350	420	490	560	630	700	1400	2100
42 60	49 70	56 80	63 90	71	142	213	284	355	426	497	568	639	710	1420	2130
43 20	50 40	57 60	64 80	72	144	216	288	360	432	504	576	648	720	1440	2160
43 80	51 10	58 40	65 70	73	146	219	292	365	438	511	584	657	730	1460	2190
44 40	51 80	59 20	66 60	74	148	222	296	370	444	518	592	666	740	1480	2220
45 »	52 50	60 »	67 50	75	150	225	300	375	450	525	600	675	750	1500	2250
45 60	53 20	60 80	68 40	76	152	228	304	380	456	532	608	684	760	1520	2280
46 20	53 90	61 60	69 30	77	154	231	308	385	462	539	616	693	770	1540	2310
46 80	54 60	62 40	70 20	78	156	234	312	390	468	546	624	702	780	1560	2340
47 40	55 30	63 20	71 10	79	158	237	316	395	474	553	632	711	790	1580	2370
48 »	56 »	64 »	72 »	80	160	240	320	400	480	560	640	720	800	1600	2400

3e TABLEAU DE RÉDUCTION DES JOURS EN NOMBRES.

Les quotités indiquées à la colonne des jours, pour les sommes en tête des colonnes ci-dessous,

DONNENT EN NOMBRES.

0,50c Centièmes de nombres	1f Nombres centièmes	2f Nombres centièmes	3f Nombres centièmes	4f Nombres centièmes	5f Nombres centièmes	6f Nombres centièmes	7f Nombres centièmes	8f Nombres centièmes	9f Nombres centièmes	10f Nombres centièmes	20f Nombres centièmes	30f Nombres centièmes	40f Nombres centièmes	50f Nombres centièmes
» 40½	» 81	1 62	2 43	3 24	4 05	4 86	5 67	6 48	7 29	8 10	16 20	24 30	32 40	40 50
» 41	» 82	1 64	2 46	3 28	4 10	4 92	5 74	6 56	7 38	8 20	16 40	24 60	32 80	41 »
» 41½	» 83	1 66	2 49	3 32	4 15	4 98	5 81	6 64	7 47	8 30	16 60	24 90	33 20	41 50
» 42	» 84	1 68	2 52	3 36	4 20	5 04	5 88	6 72	7 56	8 40	16 80	25 20	33 60	42 »
» 42½	» 85	1 70	2 55	3 40	4 25	5 10	5 95	6 80	7 65	8 50	17 »	25 50	34 »	42 50
» 43	» 86	1 72	2 58	3 44	4 30	5 16	6 02	6 88	7 74	8 60	17 20	25 80	34 40	43 »
» 43½	» 7	1 74	2 61	3 48	4 35	5 22	6 09	6 96	7 83	8 70	17 40	26 10	34 80	43 50
» 44	» 88	1 76	2 64	3 52	4 40	5 28	6 16	7 04	7 92	8 80	17 60	26 40	35 20	44 »
» 44½	» 89	1 78	2 67	3 56	4 45	5 34	6 23	7 12	8 01	8 90	17 80	26 70	35 60	44 50
» 45	» 90	1 80	2 70	3 60	4 50	5 40	6 30	7 20	8 10	9 »	18 »	27 »	36 »	45 »
» 45½	» 91	1 82	2 73	3 64	4 55	5 46	6 37	7 28	8 19	9 10	18 20	27 30	36 40	45 50
» 46	» 92	1 84	2 76	3 68	4 60	5 52	6 44	7 36	8 28	9 20	18 40	27 60	36 80	46 »
» 46½	» 93	1 86	2 79	3 72	4 65	5 58	6 51	7 44	8 37	9 30	18 60	27 90	37 20	46 50
» 47	» 94	1 88	2 82	3 76	4 70	5 64	6 58	7 52	8 46	9 40	18 80	28 20	37 60	47 »
» 47½	» 95	1 90	2 85	3 80	4 75	5 70	6 65	7 60	8 55	9 50	19 »	28 50	38 »	47 50
» 48	» 96	1 92	2 88	3 84	4 80	5 76	6 72	7 68	8 64	9 60	19 20	28 80	38 40	48 »
» 48½	» 97	1 94	2 91	3 88	4 85	5 82	6 79	7 76	8 73	9 70	19 40	29 10	38 80	48 50
» 49	» 98	1 96	2 94	3 92	4 90	5 88	6 86	7 84	8 82	9 80	19 60	29 40	39 20	49 »
» 49½	» 99	1 98	2 97	3 96	4 95	5 94	6 93	7 92	8 91	9 90	19 80	29 70	39 60	49 50
» 50	1 »	2 »	3 »	4 »	5 »	6 »	7 »	8 »	9 »	10 »	20 »	30 »	40 »	50 »
» 50½	1 01	2 02	3 03	4 04	5 05	6 06	7 07	8 08	9 09	10 10	20 20	30 30	40 40	50 50
» 51	1 02	2 04	3 06	4 08	5 10	6 12	7 14	8 16	9 18	10 20	20 40	30 60	40 80	51 »
» 51½	1 03	2 06	3 09	4 12	5 15	6 18	7 21	8 24	9 27	10 30	20 60	30 90	41 20	51 50
» 52	1 04	2 08	3 12	4 16	5 20	6 24	7 28	8 32	9 36	10 40	20 80	31 20	41 60	52 »
» 52½	1 05	2 10	3 15	4 20	5 25	6 30	7 35	8 40	9 45	10 50	21 »	31 50	42 »	52 50
» 53	1 06	2 12	3 18	4 24	5 30	6 36	7 42	8 48	9 54	10 60	21 20	31 80	42 40	53 »
» 53½	1 07	2 14	3 21	4 28	5 35	6 42	7 49	8 56	9 63	10 70	21 40	32 10	42 80	53 50
» 54	1 08	2 16	3 24	4 32	5 40	6 48	7 56	8 64	9 72	10 80	21 60	32 40	43 20	54 »
» 54½	1 09	2 18	3 27	4 36	5 45	6 54	7 63	8 72	9 81	10 90	21 80	32 70	43 60	54 50
» 55	1 10	2 20	3 30	4 40	5 50	6 60	7 70	8 80	9 90	11 »	22 »	33 »	44 »	55 »
» 55½	1 11	2 22	3 33	4 44	5 55	6 66	7 77	8 88	9 99	11 10	22 20	33 30	44 40	55 50
» 56	1 12	2 24	3 36	4 48	5 60	6 72	7 84	8 96	10 08	11 20	22 40	33 60	44 80	56 »
» 56½	1 13	2 26	3 39	4 52	5 65	6 78	7 91	9 04	10 17	11 30	22 60	33 90	45 20	56 50
» 57	1 14	2 28	3 42	4 56	5 70	6 84	7 98	9 12	10 26	11 40	22 80	34 20	45 60	57 »
» 57½	1 15	2 30	3 45	4 60	5 75	6 90	8 05	9 20	10 35	11 50	23 »	34 50	46 »	57 50
» 58	1 16	2 32	3 48	4 64	5 80	6 96	8 12	9 28	10 44	11 60	23 20	34 80	46 40	58 »
» 58½	1 17	2 34	3 51	4 68	5 85	7 02	8 19	9 36	10 53	11 70	23 40	35 10	46 80	58 50
» 59	1 18	2 36	3 54	4 72	5 90	7 08	8 26	9 44	10 62	11 80	23 60	35 40	47 20	59 »
» 59½	1 19	2 38	3 57	4 76	5 95	7 14	8 33	9 52	10 71	11 90	23 80	35 70	47 60	59 50
» 60	1 20	2 40	3 60	4 80	6 »	7 20	8 40	9 60	10 80	12 »	24 »	36 »	48 »	60 »

60f Nombres centièmes	70f Nombres centièmes	80f Nombres centièmes	90f Nombres centièmes	100f Nombres	200f Nombres	300f Nombres	400f Nombres	500f Nombres	600f Nombres	700f Nombres	800f Nombres	900f Nombres	1000f Nombres	2000f Nombres	3000f Nombres
48 60	56 70	64 80	72 90	81	162	243	324	405	486	567	648	729	810	1620	2430
49 20	57 40	65 60	73 80	82	164	246	328	410	492	574	656	738	820	1640	2460
49 80	58 10	66 40	74 70	83	166	249	332	415	498	581	664	747	830	1660	2490
50 40	58 80	67 20	75 60	84	168	252	336	420	504	588	672	756	840	1680	2520
51 »	59 50	68 »	76 50	85	170	255	340	425	510	595	680	765	850	1700	2550
51 60	60 20	68 80	77 40	86	172	258	344	430	516	602	688	774	860	1720	2580
52 20	60 90	69 60	78 30	87	174	261	348	435	522	609	696	783	870	1740	2610
52 80	61 60	70 40	79 20	88	176	264	352	440	528	616	704	792	880	1760	2640
53 40	62 30	71 20	80 10	89	178	267	356	445	534	623	712	801	890	1780	2670
54 »	63 »	72 »	81 »	90	180	270	360	450	540	630	720	810	900	1800	2700
54 60	63 70	72 80	81 90	91	182	273	364	455	546	637	728	819	910	1820	2730
55 20	64 40	73 60	82 80	92	184	276	368	460	552	644	736	828	920	1840	2760
55 80	65 10	74 40	83 70	93	186	279	372	465	558	651	744	837	930	1860	2790
56 40	65 80	75 20	84 60	94	188	282	376	470	564	658	752	846	940	1880	2820
57 »	66 50	76 »	85 50	95	190	285	380	475	570	665	760	855	950	1900	2850
57 60	67 20	76 80	86 40	96	192	288	384	480	576	672	768	864	960	1920	2880
58 20	67 90	77 60	87 30	97	194	291	388	485	582	679	776	873	970	1940	2910
58 80	68 60	78 40	88 20	98	196	294	392	490	588	686	784	882	980	1960	2940
59 40	69 30	79 20	89 10	99	198	297	396	495	594	693	792	891	990	1980	2970
60 »	70 »	80 »	90 »	100	200	300	400	500	600	700	800	900	1000	2000	3000
60 60	70 70	80 80	90 90	101	202	303	404	505	606	707	808	909	1010	2020	3030
61 20	71 40	81 60	91 80	102	204	306	408	510	612	714	816	918	1020	2040	3060
61 80	72 10	82 40	92 70	103	206	309	412	515	618	721	824	927	1030	2060	3090
62 40	72 80	83 20	93 60	104	208	312	416	520	624	728	832	936	1040	2080	3120
63 »	73 50	84 »	94 50	105	210	315	420	525	630	735	840	945	1050	2100	3150
63 60	74 20	84 80	95 40	106	212	318	424	530	636	742	848	954	1060	2120	3180
64 20	74 90	85 60	96 30	107	214	321	428	535	642	749	856	963	1070	2140	3210
64 80	75 60	86 40	97 20	108	216	324	432	540	648	756	864	972	1080	2160	3240
65 40	76 30	87 20	98 10	109	218	327	436	545	654	763	872	981	1090	2180	3270
66 »	77 »	88 »	99 »	110	220	330	440	550	660	770	880	990	1100	2200	3300
66 60	77 70	88 80	99 90	111	222	333	444	555	666	777	888	999	1110	2220	3330
67 20	78 40	89 60	100 80	112	224	336	448	560	672	784	896	1008	1120	2240	3360
67 80	79 10	90 40	101 70	113	226	339	452	565	678	791	904	1017	1130	2260	3390
68 40	79 80	91 20	102 60	114	228	342	456	570	684	798	912	1026	1140	2280	3420
69 »	80 50	92 »	103 50	115	230	345	460	575	690	805	920	1035	1150	2300	3450
69 60	81 20	92 80	104 40	116	232	348	464	580	696	812	928	1044	1160	2320	3480
70 20	81 90	93 60	105 30	117	234	351	468	585	702	819	936	1053	1170	2340	3510
70 80	82 60	94 40	106 20	118	236	354	472	590	708	826	944	1062	1180	2360	3540
71 40	83 30	95 20	107 10	119	238	357	476	595	714	833	952	1071	1190	2380	3570
72 »	84 »	96 »	108 »	120	240	360	480	600	720	840	960	1080	1200	2400	3600

Les quotités indiquées à la colonne des jours pour les sommes en tête des colonnes ci-dessus DONNENT EN NOMBRES.

Colonne des jours.	0,50c Centièmes de nombres	1f Nombres	1f centièmes	2f Nombres	2f centièmes	3f Nombres	3f centièmes	4f Nombres	4f centièmes	5f Nombres	5f centièmes	6f Nombres	6f centièmes	7f Nombres	7f centièmes	8f Nombres	8f centièmes	9f Nombres	9f centièmes	10f Nombres	10f centièmes	20f Nombres	20f centièmes	30f Nombres	30f centièmes	40f Nombres	40f centièmes	50f Nombres	50f centièmes
121	» 60 1/2	1	21	2	42	3	63	4	84	6	05	7	26	8	47	9	68	10	89	12	10	24	20	36	30	48	40	60	50
122	» 61	1	22	2	44	3	66	4	88	6	10	7	32	8	54	9	76	10	98	12	20	24	40	36	60	48	80	61	»
123	» 61 1/2	1	23	2	46	3	69	4	92	6	15	7	38	8	61	9	84	11	07	12	30	24	60	36	90	49	20	61	50
124	» 62	1	24	2	48	3	72	4	96	6	20	7	44	8	68	9	92	11	16	12	40	24	80	37	20	49	60	62	»
125	» 62 1/2	1	25	2	50	3	75	5	»	6	25	7	50	8	75	10	»	11	25	12	50	25	»	37	50	50	»	62	50
126	» 63	1	26	2	52	3	78	5	04	6	30	7	56	8	82	10	08	11	34	12	60	25	20	37	80	50	40	63	»
127	» 63 1/2	1	27	2	54	3	81	5	08	6	35	7	62	8	89	10	16	11	43	12	70	25	40	38	10	50	80	63	50
128	» 64	1	28	2	56	3	84	5	12	6	40	7	68	8	96	10	24	11	52	12	80	25	60	38	40	51	20	64	»
129	» 64 1/2	1	29	2	58	3	87	5	16	6	45	7	74	9	03	10	32	11	61	12	90	25	80	38	70	51	60	64	50
130	» 65	1	30	2	60	3	90	5	20	6	50	7	80	9	10	10	40	11	70	13	»	26	»	39	»	52	»	65	»
131	» 65 1/2	1	31	2	62	3	93	5	24	6	55	7	86	9	17	10	48	11	79	13	10	26	20	39	30	52	40	65	50
132	» 66	1	32	2	64	3	96	5	28	6	60	7	92	9	24	10	56	11	88	13	20	26	40	39	60	52	80	66	»
133	» 66 1/2	1	33	2	66	3	99	5	32	6	65	7	98	9	31	10	64	11	97	13	30	26	60	39	90	53	20	66	50
134	» 67	1	34	2	68	4	02	5	36	6	70	8	04	9	38	10	72	12	06	13	40	26	80	40	20	53	60	67	»
135	» 67 1/2	1	35	2	70	4	05	5	40	6	75	8	10	9	45	10	80	12	15	13	50	27	»	40	50	54	»	67	50
136	» 68	1	36	2	72	4	08	5	44	6	80	8	16	9	52	10	88	12	24	13	60	27	20	40	80	54	40	68	»
137	» 68 1/2	1	37	2	74	4	11	5	48	6	85	8	22	9	59	10	96	12	33	13	70	27	40	41	10	54	80	68	50
138	» 69	1	38	2	76	4	14	5	52	6	90	8	28	9	66	11	04	12	42	13	80	27	60	41	40	55	20	69	»
139	» 69 1/2	1	39	2	78	4	17	5	56	6	95	8	34	9	73	11	12	12	51	13	90	27	80	41	70	55	60	69	50
140	» 70	1	40	2	80	4	20	5	60	7	»	8	40	9	80	11	20	12	60	14	»	28	»	42	»	56	»	70	»
141	» 70 1/2	1	41	2	82	4	23	5	64	7	05	8	46	9	87	11	28	12	69	14	10	28	20	42	30	56	40	70	50
142	» 71	1	42	2	84	4	26	5	68	7	10	8	52	9	94	11	36	12	78	14	20	28	40	42	60	56	80	71	»
143	» 71 1/2	1	43	2	86	4	29	5	72	7	15	8	58	10	01	11	44	12	87	14	30	28	60	42	90	57	20	71	50
144	» 72	1	44	2	88	4	32	5	76	7	20	8	64	10	08	11	52	12	96	14	40	28	80	43	20	57	60	72	»
145	» 72 1/2	1	45	2	90	4	35	5	80	7	25	8	70	10	15	11	60	13	05	14	50	29	»	43	50	58	»	72	50
146	» 73	1	46	2	92	4	38	5	84	7	30	8	76	10	22	11	68	13	14	14	60	29	20	43	80	58	40	73	»
147	» 73 1/2	1	47	2	94	4	41	5	88	7	35	8	82	10	29	11	76	13	23	14	70	29	40	44	10	58	80	73	50
148	» 74	1	48	2	96	4	44	5	92	7	40	8	88	10	36	11	84	13	32	14	80	29	60	44	40	59	20	74	»
149	» 74 1/2	1	49	2	98	4	47	5	96	7	45	8	94	10	43	11	92	13	41	14	90	29	80	44	70	59	60	74	50
150	» 75	1	50	3	»	4	50	6	»	7	50	9	»	10	50	12	»	13	50	15	»	30	»	45	»	60	»	75	»
151	» 75 1/2	1	51	3	02	4	53	6	04	7	55	9	06	10	57	12	08	13	59	15	10	30	20	45	30	60	40	75	50
152	» 76	1	52	3	04	4	56	6	08	7	60	9	12	10	64	12	16	13	68	15	20	30	40	45	60	60	80	76	»
153	» 76 1/2	1	53	3	06	4	59	6	12	7	65	9	18	10	71	12	24	13	77	15	30	30	60	45	90	61	20	76	50
154	» 77	1	54	3	08	4	62	6	16	7	70	9	24	10	78	12	32	13	86	15	40	30	80	46	20	61	60	77	»
155	» 77 1/2	1	55	3	10	4	65	6	20	7	75	9	30	10	85	12	40	13	95	15	50	31	»	46	50	62	»	77	50
156	» 78	1	56	3	12	4	68	6	24	7	80	9	36	10	92	12	48	14	04	15	60	31	20	46	80	62	40	78	»
157	» 78 1/2	1	57	3	14	4	71	6	28	7	85	9	42	10	99	12	56	14	13	15	70	31	40	47	10	62	80	78	50
158	» 79	1	58	3	16	4	74	6	32	7	90	9	48	11	06	12	64	14	22	15	80	31	60	47	40	63	20	79	»
159	» 79 1/2	1	59	3	18	4	77	6	36	7	95	9	54	11	13	12	72	14	31	15	90	31	80	47	70	63	60	79	50
160	» 80	1	60	3	20	4	80	6	40	8	»	9	60	11	20	12	80	14	40	16	»	32	»	48	»	64	»	80	»

60f Nombres	60f centièmes	70f Nombres	70f centièmes	80f Nombres	80f centièmes	90f Nombres	90f centièmes	100f Nombres	200f Nombres	300f Nombres	400f Nombres	500f Nombres	600f Nombres	700f Nombres	800f Nombres	900f Nombres	1000f Nombres	2000f Nombres
72	60	84	70	96	80	108	90	121	242	363	484	605	726	847	968	1089	1210	2420
73	20	85	40	97	60	109	80	122	244	366	488	610	732	854	976	1098	1220	2440
73	80	86	10	98	40	110	70	123	246	369	492	615	738	861	984	1107	1230	2460
74	40	86	80	99	20	111	60	124	248	372	496	620	744	868	992	1116	1240	2480
75	»	87	50	100	»	112	50	125	250	375	500	625	750	875	1000	1125	1250	2500
75	60	88	20	100	80	113	40	126	252	378	504	630	756	882	1008	1134	1260	2520
76	20	88	90	101	60	114	30	127	254	381	508	635	762	889	1016	1143	1270	2540
76	80	89	60	102	40	115	20	128	256	384	512	640	768	896	1024	1152	1280	2560
77	40	90	30	103	20	116	10	129	258	387	516	645	774	903	1032	1161	1290	2580
78	»	91	»	104	»	117	»	130	260	390	520	650	780	910	1040	1170	1300	2600
78	60	91	70	104	80	117	90	131	262	393	524	655	786	917	1048	1179	1310	2620
79	20	92	40	105	60	118	80	132	264	396	528	660	792	924	1056	1188	1320	2640
79	80	93	10	106	40	119	70	133	266	399	532	665	798	931	1064	1197	1330	2660
80	40	93	80	107	20	120	60	134	268	402	536	670	804	938	1072	1206	1340	2680
81	»	94	50	108	»	121	50	135	270	405	540	675	810	945	1080	1215	1350	2700
81	60	95	20	108	80	122	40	136	272	408	544	680	816	952	1088	1224	1360	2720
82	20	95	90	109	60	123	30	137	274	411	548	685	822	959	1096	1233	1370	2740
82	80	96	60	110	40	124	20	138	276	414	552	690	828	966	1104	1242	1380	2760
83	40	97	30	111	20	125	10	139	278	417	556	695	834	973	1112	1251	1390	2780
84	»	98	»	112	»	126	»	140	280	420	560	700	840	980	1120	1260	1400	2800
84	60	98	70	112	80	126	90	141	282	423	564	705	846	987	1128	1269	1410	2820
85	20	99	40	113	60	127	80	142	284	426	568	710	852	994	1136	1278	1420	2840
85	80	100	10	114	40	128	70	143	286	429	572	715	858	1001	1144	1287	1430	2860
86	40	100	80	115	20	129	60	144	288	432	576	720	864	1008	1152	1296	1440	2880
87	»	101	50	116	»	130	50	145	290	435	580	725	870	1015	1160	1305	1450	2900
87	60	102	20	116	80	131	40	146	292	438	584	730	876	1022	1168	1314	1460	2920
88	20	102	90	117	60	132	30	147	294	441	588	735	882	1029	1176	1323	1470	2940
88	80	103	60	118	40	133	20	148	296	444	592	740	888	1036	1184	1332	1480	2960
89	40	104	30	119	20	134	10	149	298	447	596	745	894	1043	1192	1341	1490	2980
90	»	105	»	120	»	135	»	150	300	450	600	750	900	1050	1200	1350	1500	3000
90	60	105	70	120	80	135	90	151	302	453	604	755	906	1057	1208	1359	1510	3020
91	20	106	40	121	60	136	80	152	304	456	608	760	912	1064	1216	1368	1520	3040
91	80	107	10	122	40	137	70	153	306	459	612	765	918	1071	1224	1377	1530	3060
92	40	107	80	123	20	138	60	154	308	462	616	770	924	1078	1232	1386	1540	3080
93	»	108	50	124	»	139	50	155	310	465	620	775	930	1085	1240	1395	1550	3100
93	60	109	20	124	80	140	40	156	312	468	624	780	936	1092	1248	1404	1560	3120
94	20	109	90	125	60	141	30	157	314	471	628	785	942	1099	1256	1413	1570	3140
94	80	110	60	126	40	142	20	158	316	474	632	790	948	1106	1264	1422	1580	3160
95	40	111	30	127	20	143	10	159	318	477	636	795	954	1113	1272	1431	1590	3180
96	»	112	»	128	»	144	»	160	320	480	640	800	960	1120	1280	1440	1600	3200

Les quotités indiquées à la colonne des jours, pour les sommes en tête des colonnes ci-dessous, DONNENT EN NOMBRES.

…rs.	0,50c (Centièmes de nombres)	1f (Nombres centièmes)	2f (Nombres centièmes)	3f (Nombres centièmes)	4f (Nombres centièmes)	5f (Nombres centièmes)	6f (Nombres centièmes)	7f (Nombres centièmes)	8f (Nombres centièmes)	9f (Nombres centièmes)	10f (Nombres centièmes)	20f (Nombres centièmes)	30f (Nombres centièmes)	40f (Nombres centièmes)	50f (Nombres centièmes)
161	» 80 1/2	1 61	3 22	4 83	6 44	8 05	9 66	11 27	12 88	14 49	16 10	32 20	48 30	64 40	80 50
162	» 81	1 62	3 24	4 86	6 48	8 10	9 72	11 34	12 96	14 58	16 20	32 40	48 60	64 80	81 »
163	» 81 1/2	1 63	3 26	4 89	6 52	8 15	9 78	11 41	13 04	14 67	16 30	32 60	48 90	65 20	81 50
164	» 82	1 64	3 28	4 92	6 56	8 20	9 84	11 48	13 12	14 76	16 40	32 80	49 20	65 60	82 »
165	» 82 1/2	1 65	3 30	4 95	6 60	8 25	9 90	11 55	13 20	14 85	16 50	33 »	49 50	66 »	82 50
166	» 83	1 66	3 32	4 98	6 64	8 30	9 96	11 62	13 28	14 94	16 60	33 20	49 80	66 40	83 »
167	» 83 1/2	1 67	3 34	5 01	6 68	8 35	10 02	11 69	13 36	15 03	16 70	33 40	50 10	66 80	83 50
168	» 84	1 68	3 36	5 04	6 72	8 40	10 08	11 76	13 44	15 12	16 80	33 60	50 40	67 20	84 »
169	» 84 1/2	1 69	3 38	5 07	6 76	8 45	10 14	11 83	13 52	15 21	16 90	33 80	50 70	67 60	84 50
170	» 85	1 70	3 40	5 10	6 80	8 50	10 20	11 90	13 60	15 30	17 »	34 »	51 »	68 »	85 »
171	» 85 1/2	1 71	3 42	5 13	6 84	8 55	10 26	11 97	13 68	15 39	17 10	34 20	51 30	68 40	85 50
172	» 86	1 72	3 44	5 16	6 88	8 60	10 32	12 04	13 76	15 48	17 20	34 40	51 60	68 80	86 »
173	» 86 1/2	1 73	3 46	5 19	6 92	8 65	10 38	12 11	13 84	15 57	17 30	34 60	51 90	69 20	86 50
174	» 87	1 74	3 48	5 22	6 96	8 70	10 44	12 18	13 92	15 66	17 40	34 80	52 20	69 60	87 »
175	» 87 1/2	1 75	3 50	5 25	7 »	8 75	10 50	12 25	14 »	15 75	17 50	35 »	52 50	70 »	87 50
176	» 88	1 76	3 52	5 28	7 04	8 80	10 56	12 32	14 08	15 84	17 60	35 20	52 80	70 40	88 »
177	» 88 1/2	1 77	3 54	5 31	7 08	8 85	10 62	12 39	14 16	15 93	17 70	35 40	53 10	70 80	88 50
178	» 89	1 78	3 56	5 34	7 12	8 90	10 68	12 46	14 24	16 02	17 80	35 60	53 40	71 20	89 »
179	» 89 1/2	1 79	3 58	5 37	7 16	8 95	10 74	12 53	14 32	16 11	17 90	35 80	53 70	71 60	89 50
180	» 90	1 80	3 60	5 40	7 20	9 »	10 80	12 60	14 40	16 20	18 »	36 »	54 »	72 »	90 »
181	» 90 1/2	1 81	3 62	5 43	7 24	9 05	10 86	12 67	14 48	16 29	18 10	36 20	54 30	72 40	90 50
182	» 91	1 82	3 64	5 46	7 28	9 10	10 92	12 74	14 56	16 38	18 20	26 40	54 60	72 80	91 »
183	» 91 1/2	1 83	3 66	5 49	7 32	9 15	10 98	12 81	14 64	16 47	18 30	36 60	54 90	73 20	91 50
184	» 92	1 84	3 68	5 52	7 36	9 20	11 04	12 88	14 72	16 56	18 40	36 80	55 20	73 60	92 »
185	» 92 1/2	1 85	3 70	5 55	7 40	9 25	11 10	12 95	14 80	16 65	18 50	37 »	55 50	74 »	92 50
186	» 93	1 86	3 72	5 58	7 44	9 30	11 16	13 02	14 88	16 74	18 60	37 20	55 80	74 40	93 »
187	» 93 1/2	1 87	3 74	5 61	7 48	9 35	11 22	13 09	14 96	16 83	18 70	37 40	56 10	74 80	93 50
188	» 94	1 88	3 76	5 64	7 52	9 40	11 28	13 16	15 04	16 92	18 80	37 60	56 40	75 20	94 »
189	» 94 1/2	1 89	3 78	5 67	7 56	9 45	11 34	13 23	15 12	17 01	18 90	37 80	56 70	75 60	94 50
190	» 95	1 90	3 80	5 70	7 60	9 50	11 40	13 30	15 20	17 10	19 »	38 »	57 »	76 »	95 »
191	» 95 1/2	1 91	3 82	5 73	7 64	9 55	11 46	13 37	15 28	17 19	19 10	38 20	57 30	76 40	95 50
192	» 96	1 92	3 84	5 76	7 68	9 60	11 52	13 44	15 36	17 28	19 20	38 40	57 60	76 80	96 »
193	» 96 1/2	1 93	3 86	5 79	7 72	9 65	11 58	13 51	15 44	17 37	19 30	38 60	57 90	77 20	96 50
194	» 97	1 94	3 88	5 82	7 76	9 70	11 64	13 58	15 52	17 46	19 40	38 80	58 20	77 60	97 »
195	» 97 1/2	1 95	3 90	5 85	7 80	9 75	11 70	13 65	15 60	17 55	19 50	39 »	58 50	78 »	97 50
196	» 98	1 96	3 92	5 88	7 84	9 80	11 76	13 72	15 68	17 64	19 60	39 20	58 80	78 40	98 »
197	» 98 1/2	1 97	3 94	5 91	7 88	9 85	11 82	13 79	15 76	17 73	19 70	39 40	59 10	78 80	98 50
198	» 99	1 98	3 96	5 94	7 92	9 90	11 88	13 86	15 84	17 82	19 80	39 60	59 40	79 20	99 »
199	» 99 1/2	1 99	3 98	5 97	7 96	9 95	11 94	13 93	15 92	17 91	19 90	39 80	59 70	79 60	99 50
200	1 »	2 »	4 »	6 »	8 »	10 »	12 »	14 »	16 »	18 »	20 »	40 »	60 »	80 »	100 »

…rs.	60f (Nombres centièmes)	70f (Nombres centièmes)	80f (Nombres centièmes)	90f (Nombres centièmes)	100f (Nombres)	200f (Nombres)	300f (Nombres)	400f (Nombres)	500f (Nombres)	600f (Nombres)	700f (Nombres)	800f (Nombres)	900f (Nombres)	1000f (Nombres)	2000f (Nombres)	3000f (Nombres)
161	96 60	112 70	128 80	144 90	161	322	483	644	805	966	1127	1288	1449	1610	3220	4830
162	97 20	113 40	129 60	145 80	162	324	486	648	810	972	1134	1296	1458	1620	3240	4860
163	97 80	114 10	130 40	146 70	163	326	489	652	815	978	1141	1304	1467	1630	3260	4890
164	98 40	114 80	131 20	147 60	164	328	492	656	820	984	1148	1312	1476	1640	3280	4920
165	99 »	115 50	132 »	148 50	165	330	495	660	825	990	1155	1320	1485	1650	3300	4950
166	99 60	116 20	132 80	149 40	166	332	498	664	830	996	1162	1328	1494	1660	3320	4980
167	100 20	116 90	133 60	150 30	167	334	501	668	835	1002	1169	1336	1503	1670	3340	5010
168	100 80	117 60	134 40	151 20	168	336	504	672	840	1008	1176	1344	1512	1680	3360	5040
169	101 40	118 30	135 20	152 10	169	338	507	676	845	1014	1183	1352	1521	1690	3380	5070
170	102 »	119 »	136 »	153 »	170	340	510	680	850	1020	1190	1360	1530	1700	3400	5100
171	102 60	119 70	136 80	153 90	171	342	513	684	855	1026	1197	1368	1539	1710	3420	5130
172	103 20	120 40	137 60	154 80	172	344	516	688	860	1032	1204	1376	1548	1720	3440	5160
173	103 80	121 10	138 40	155 70	173	346	519	692	865	1038	1211	1384	1557	1730	3460	5190
174	104 40	121 80	139 20	156 60	174	348	522	696	870	1044	1218	1392	1566	1740	3480	5220
175	105 »	122 50	140 »	157 50	175	350	525	700	875	1050	1225	1400	1575	1750	3500	5250
176	105 60	123 20	140 80	158 40	176	352	528	704	880	1056	1232	1408	1584	1760	3520	5280
177	106 20	123 90	141 60	159 30	177	354	531	708	885	1062	1239	1416	1593	1770	3540	5310
178	106 80	124 60	142 40	160 20	178	356	534	712	890	1068	1246	1424	1602	1780	3560	5340
179	107 40	125 30	143 20	161 10	179	358	537	716	895	1074	1253	1432	1611	1790	3580	5370
180	108 »	126 »	144 »	162 »	180	360	540	720	900	1080	1260	1440	1620	1800	3600	5400
181	108 60	126 70	144 80	162 90	181	362	543	724	905	1086	1267	1448	1629	1810	3620	5430
182	109 20	127 40	145 60	163 80	182	364	546	728	910	1092	1274	1456	1638	1820	3640	5460
183	109 80	128 10	146 40	164 70	183	366	549	732	915	1098	1281	1464	1647	1830	3660	5490
184	110 40	128 80	147 20	165 60	184	368	552	736	920	1104	1288	1472	1656	1840	3680	5520
185	111 »	129 50	148 »	166 50	185	370	555	740	925	1110	1295	1480	1665	1850	3700	5550
186	111 60	130 20	148 80	167 40	186	372	558	744	930	1116	1302	1488	1674	1860	3720	5580
187	112 20	130 90	149 60	168 30	187	374	561	748	935	1122	1309	1496	1683	1870	3740	5610
188	112 80	131 60	150 40	169 20	188	376	564	752	940	1128	1316	1504	1692	1880	3760	5640
189	113 40	132 30	151 20	170 10	189	378	567	756	945	1134	1323	1512	1701	1890	3780	5670
190	114 »	133 »	152 »	171 »	190	380	570	760	950	1140	1330	1520	1710	1900	3800	5700
191	114 60	133 70	152 80	171 90	191	382	573	764	955	1146	1337	1528	1719	1910	3820	5730
192	115 20	134 40	153 60	172 80	192	384	576	768	960	1152	1344	1536	1728	1920	3840	5760
193	115 80	135 10	154 40	173 70	193	386	579	772	965	1158	1351	1544	1737	1930	3860	5790
194	116 40	135 80	155 20	174 60	194	388	582	776	970	1164	1358	1552	1746	1940	3880	5820
195	117 »	136 50	156 »	175 50	195	390	585	780	975	1170	1365	1560	1755	1950	3900	5850
196	117 60	137 20	156 80	176 40	196	392	588	784	980	1176	1372	1568	1764	1960	3920	5880
197	118 20	137 90	157 60	177 30	197	394	591	788	985	1182	1379	1576	1773	1970	3940	5910
198	118 80	138 60	158 40	178 20	198	396	594	792	990	1188	1386	1584	1782	1980	3960	5940
199	119 40	139 30	159 20	179 10	199	398	597	796	995	1194	1393	1592	1791	1990	3980	5970
200	120 »	140 »	160 »	180 »	200	400	600	800	1000	1200	1400	1600	1800	2000	4000	6000

Les quotités indiquées à la colonne des jours pour les sommes en tête des colonnes ci-dessus DONNENT EN NOMBRES.

Colonne des jours.	0,50c Nombres. Centièmes.	1f Nombres. centièmes.	2f Nombres. centièmes.	3f Nombres. centièmes.	4f Nombres. centièmes.	5f Nombres. centièmes.	6f Nombres. centièmes.	7f Nombres. centièmes.	8f Nombres. centièmes.	9f Nombres. centièmes.	10f Nombres. centièmes.	20f Nombres. centièmes.	30f Nombres. centièmes.	40f Nombres. centièmes.	50f Nombres. centièmes.
201	1 »	2 01	4 02	6 03	8 04	10 05	12 06	14 07	16 08	18 09	20 10	40 20	60 30	80 40	100 50
202	1 01	2 02	4 04	6 06	8 08	10 10	12 12	14 14	16 16	18 18	20 20	40 40	60 60	80 80	101 »
203	1 01½	2 03	4 06	6 09	8 12	10 15	12 18	14 21	16 24	18 27	20 30	40 60	60 90	81 20	101 50
204	1 02	2 04	4 08	6 12	8 16	10 20	12 24	14 28	16 32	18 36	20 40	40 80	61 20	81 60	102 »
205	1 02½	2 05	4 10	6 15	8 20	10 25	12 30	14 35	16 40	18 45	20 50	41 »	61 50	82 »	102 50
206	1 03	2 06	4 12	6 18	8 24	10 30	12 36	14 42	16 48	18 54	20 60	41 20	61 80	82 40	103 »
207	1 03½	2 07	4 14	6 21	8 28	10 35	12 42	14 49	16 56	18 63	20 70	41 40	62 10	82 80	103 50
208	1 04	2 08	4 16	6 24	8 32	10 40	12 48	14 56	16 64	18 72	20 80	41 60	62 40	83 20	104 »
209	1 04½	2 09	4 18	6 27	8 36	10 45	12 54	14 63	16 72	18 81	20 90	41 80	62 70	83 60	104 50
210	1 05	2 10	4 20	6 30	8 40	10 50	12 60	14 70	16 80	18 90	21 »	42 »	63 »	84 »	105 »
211	1 05½	2 11	4 22	6 33	8 44	10 55	12 66	14 77	16 88	18 99	21 10	42 20	63 30	84 40	105 50
212	1 06	2 12	4 24	6 36	8 48	10 60	12 72	14 84	16 96	19 08	21 20	42 40	63 60	84 80	106 »
213	1 06½	2 13	4 26	6 39	8 52	10 65	12 78	14 91	17 04	19 17	21 30	42 60	63 90	85 20	106 50
214	1 07	2 14	4 28	6 42	8 56	10 70	12 84	14 98	17 12	19 26	21 40	42 80	64 20	85 60	107 »
215	1 07½	2 15	4 30	6 45	8 60	10 75	12 90	15 05	17 20	19 35	21 50	43 »	64 50	86 »	107 50
216	1 08	2 16	4 32	6 48	8 64	10 80	12 96	15 12	17 28	19 44	21 60	43 20	64 80	86 40	108 »
217	1 08½	2 17	4 34	6 51	8 68	10 85	13 02	15 19	17 36	19 53	21 70	43 40	65 10	86 80	108 50
218	1 09	2 18	4 36	6 54	8 72	10 90	13 08	15 26	17 44	19 62	21 80	43 60	65 40	87 20	109 »
219	1 09½	2 19	4 38	6 57	8 76	10 95	13 14	15 33	17 52	19 71	21 90	43 80	65 70	87 60	109 50
220	1 10	2 20	4 40	6 60	8 80	11 »	13 20	15 40	17 60	19 80	22 »	44 »	66 »	88 »	110 »
221	1 10½	2 21	4 42	6 63	8 84	11 05	13 26	15 47	17 68	19 89	22 10	44 20	66 30	88 40	110 50
222	1 11	2 22	4 44	6 66	8 88	11 10	13 32	15 54	17 76	19 98	22 20	44 40	66 60	88 80	111 »
223	1 11½	2 23	4 46	6 69	8 92	11 15	13 38	15 61	17 84	20 07	22 30	44 60	66 90	89 20	111 50
224	1 12	2 24	4 48	6 72	8 96	11 20	13 44	15 68	17 92	20 16	22 40	44 80	67 20	89 60	112 »
225	1 12½	2 25	4 50	6 75	9 »	11 25	13 50	15 75	18 »	20 25	22 50	45 »	67 50	90 »	112 50
226	1 13	2 26	4 52	6 78	9 04	11 30	13 56	15 82	18 08	20 34	22 60	45 20	67 80	90 40	113 »
227	1 13½	2 27	4 54	6 81	9 08	11 35	13 62	15 89	18 16	20 43	22 70	45 40	68 10	90 80	113 50
228	1 14	2 28	4 56	6 84	9 12	11 40	13 68	15 96	18 24	20 52	22 80	45 60	68 40	91 20	114 »
229	1 14½	2 29	4 58	6 87	9 16	11 45	13 74	16 03	18 32	20 61	22 90	45 80	68 70	91 60	114 50
230	1 15	2 30	4 60	6 90	9 20	11 50	13 80	16 10	18 40	20 70	23 »	46 »	69 »	92 »	115 »
231	1 15½	2 31	4 62	6 93	9 24	11 55	13 86	16 17	18 48	20 79	23 10	46 20	69 30	92 40	115 50
232	1 16	2 32	4 64	6 96	9 28	11 60	13 92	16 24	18 56	20 88	23 20	46 40	69 60	92 80	116 »
233	1 16½	2 33	4 66	6 99	9 32	11 65	13 98	16 31	18 64	20 97	23 30	46 60	69 90	93 20	116 50
234	1 17	2 34	4 68	7 02	9 36	11 70	14 04	16 38	18 72	21 06	23 40	46 80	70 20	93 60	117 »
235	1 17½	2 35	4 70	7 05	9 40	11 75	14 10	16 45	18 80	21 15	23 50	47 »	70 50	94 »	117 50
236	1 18	2 36	4 72	7 08	9 44	11 80	14 16	16 52	18 88	21 24	23 60	47 20	70 80	94 40	118 »
237	1 18½	2 37	4 74	7 11	9 48	11 85	14 22	16 59	18 96	21 33	23 70	47 40	71 10	94 80	118 50
238	1 19	2 38	4 76	7 14	9 52	11 90	14 28	16 66	19 04	21 42	23 80	47 60	71 40	95 20	119 »
239	1 19½	2 39	4 78	7 17	9 56	11 95	14 34	16 73	19 12	21 51	23 90	47 80	71 70	95 60	119 50
240	1 20	2 40	4 80	7 20	9 60	12 »	14 40	16 80	19 20	21 60	24 »	48 »	72 »	96 »	120 »
241	1 20½	2 41	4 82	7 23	9 64	12 05	14 46	16 87	19 28	21 69	24 10	48 20	72 30	96 40	120 50
242	1 21	2 42	4 84	7 26	9 68	12 10	14 52	16 94	19 36	21 78	24 20	48 40	72 60	96 80	121 »

Colonne des jours.	60f Nombres. centièmes.	70f Nombres. centièmes.	80f Nombres. centièmes.	90f Nombres. centièmes.	100f Nombres.	200f Nombres.	300f Nombres.	400f Nombres.	500f Nombres.	600f Nombres.	700f Nombres.	800f Nombres.	900f Nombres.	1000f Nombres.	2000f Nombres.	3000f Nombres.
201	120 60	140 70	160 80	180 90	201	402	603	804	1005	1206	1407	1608	1809	2010	4020	6030
202	121 20	141 40	161 60	181 80	202	404	606	808	1010	1212	1414	1616	1818	2020	4040	6060
203	121 80	142 10	162 40	182 70	203	406	609	812	1015	1218	1421	1624	1827	2030	4060	6090
204	122 40	142 80	163 20	183 60	204	408	612	816	1020	1224	1428	1632	1836	2040	4080	6120
205	123 »	143 50	164 »	184 50	205	410	615	820	1025	1230	1435	1640	1845	2050	4100	6150
206	123 60	144 20	164 80	185 40	206	412	618	824	1030	1236	1442	1648	1854	2060	4120	6180
207	124 20	144 90	165 60	186 30	207	414	621	828	1035	1242	1449	1656	1863	2070	4140	6210
208	124 80	145 60	166 40	187 20	208	416	624	832	1040	1248	1456	1664	1872	2080	4160	6240
209	125 40	146 30	167 20	188 10	209	418	627	836	1045	1254	1463	1672	1881	2090	4180	6270
210	126 »	147 »	168 »	189 »	210	420	630	840	1050	1260	1470	1680	1890	2100	4200	6300
211	126 60	147 70	168 80	189 90	211	422	633	844	1055	1266	1477	1688	1899	2110	4220	6330
212	127 20	148 40	169 60	190 80	212	424	636	848	1060	1272	1484	1696	1908	2120	4240	6360
213	127 80	149 10	170 40	191 70	213	426	639	852	1065	1278	1491	1704	1917	2130	4260	6390
214	128 40	149 80	171 20	192 60	214	428	642	856	1070	1284	1498	1712	1926	2140	4280	6420
215	129 »	150 50	172 »	193 50	215	430	645	860	1075	1290	1505	1720	1935	2150	4300	6450
216	129 60	151 20	172 80	194 40	216	432	648	864	1080	1296	1512	1728	1944	2160	4320	6480
217	130 20	151 90	173 60	195 30	217	434	651	868	1085	1302	1519	1736	1953	2170	4340	6510
218	130 80	152 60	174 40	196 20	218	436	654	872	1090	1308	1526	1744	1962	2180	4360	6540
219	131 40	153 30	175 20	197 10	219	438	657	876	1095	1314	1533	1752	1971	2190	4380	6570
220	132 »	154 »	176 »	198 »	220	440	660	880	1100	1320	1540	1760	1980	2200	4400	6600
221	132 60	154 70	176 80	198 90	221	442	663	884	1105	1326	1547	1768	1989	2210	4420	6630
222	133 20	155 40	177 60	199 80	222	444	666	888	1110	1332	1554	1776	1998	2220	4440	6660
223	133 80	156 10	178 40	200 70	223	446	669	892	1115	1338	1561	1784	2007	2230	4460	6690
224	134 40	156 80	179 20	201 60	224	448	672	896	1120	1344	1568	1792	2016	2240	4480	6720
225	135 »	157 50	180 »	202 50	225	450	675	900	1125	1350	1575	1800	2025	2250	4500	6750
226	135 60	158 20	180 80	203 40	226	452	678	904	1130	1356	1582	1808	2034	2260	4520	6780
227	136 20	158 90	181 60	204 30	227	454	681	908	1135	1362	1589	1816	2043	2270	4540	6810
228	136 80	159 60	182 40	205 20	228	456	684	912	1140	1368	1596	1824	2052	2280	4560	6840
229	137 40	160 30	183 20	206 10	229	458	687	916	1145	1374	1603	1832	2061	2290	4580	6870
230	138 »	161 »	184 »	207 »	230	460	690	920	1150	1380	1610	1840	2070	2300	4600	6900
231	138 60	161 70	184 80	207 90	231	462	693	924	1155	1386	1617	1848	2079	2310	4620	6930
232	139 20	162 40	185 60	208 80	232	464	696	928	1160	1392	1624	1856	2088	2320	4640	6960
233	139 80	163 10	186 40	209 70	233	466	699	932	1165	1398	1631	1864	2097	2330	4660	6990
234	140 40	163 80	187 20	210 60	234	468	702	936	1170	1404	1638	1872	2106	2340	4680	7020
235	141 »	164 50	188 »	211 50	235	470	705	940	1175	1410	1645	1880	2115	2350	4700	7050
236	141 60	165 20	188 80	212 40	236	472	708	944	1180	1416	1652	1888	2124	2360	4720	7080
237	142 20	165 90	189 60	213 30	237	474	711	948	1185	1422	1659	1896	2133	2370	4740	7110
238	142 80	166 60	190 40	214 20	138	476	714	952	1190	1428	1666	1904	2142	2380	4760	7140
239	143 40	167 30	191 20	215 10	239	478	717	956	1195	1434	1673	1912	2151	2390	4780	7170
240	144 »	168 »	192 »	216 »	240	480	720	960	1200	1440	1680	1920	2160	2400	4800	7200
241	144 60	168 70	192 80	216 90	241	482	723	964	1205	1446	1687	1928	2169	2410	4820	7230
242	145 20	169 40	193 60	217 80	242	484	726	968	1210	1452	1694	1936	2178	2420	4840	7260

7e TABLEAU DE RÉDUCTION DES JOURS EN NOMBRES.

Les quotités indiquées à la colonne des jours, pour les sommes en tête des colonnes ci-dessous, DONNENT EN NOMBRES.

Jours.	0,50c Nombres centièmes	1f Nombres centièmes	2f Nombres centièmes	3f Nombres centièmes	4f Nombres centièmes	5f Nombres centièmes	6f Nombres centièmes	7f Nombres centièmes	8f Nombres centièmes	9f Nombres centièmes	10f Nombres centièmes	20f Nombres centièmes	30f Nombres centièmes	40f Nombres centièmes	50f Nombres centièmes
243	121 1/2	2 43	4 86	7 29	9 72	12 15	14 58	17 01	19 44	21 87	24 30	48 60	72 90	97 20	121 50
244	122	2 44	4 88	7 32	9 76	12 20	14 64	17 08	19 52	21 96	24 40	48 80	73 20	97 60	122 »
245	122 1/2	2 45	4 90	7 35	9 80	12 25	14 70	17 15	19 60	22 05	24 50	49 »	73 50	98 »	122 50
246	123	2 46	4 92	7 38	9 84	12 30	14 76	17 22	19 68	22 14	24 60	49 20	73 80	98 40	123 »
247	123 1/2	2 47	4 94	7 41	9 88	12 35	14 82	17 29	19 76	22 23	24 70	49 40	74 10	98 80	123 50
248	124	2 48	4 96	7 44	9 92	12 40	14 88	17 36	19 84	22 32	24 80	49 60	74 40	99 20	124 »
249	124 1/2	2 49	4 98	7 47	9 96	12 45	14 94	17 43	19 92	22 41	24 90	49 80	74 70	99 60	124 50
250	125	2 50	5 »	7 50	10 »	12 50	15 »	17 50	20 »	22 50	25 »	50 »	75 »	100 »	125 »
251	125 1/2	2 51	5 02	7 53	10 04	12 55	15 06	17 57	20 08	22 59	25 10	50 20	75 30	100 40	125 50
252	126	2 52	5 04	7 56	10 08	12 60	15 12	17 64	20 16	22 68	25 20	50 40	75 60	100 80	126 »
253	126 1/2	2 53	5 06	7 59	10 12	12 65	15 18	17 71	20 24	22 77	25 30	50 60	75 90	101 20	126 50
254	127	2 54	5 08	7 62	10 16	12 70	15 24	17 78	20 32	22 86	25 40	50 80	76 20	101 60	127 »
255	127 1/2	2 55	5 10	7 65	10 20	12 75	15 30	17 85	20 40	22 95	25 50	51 »	76 50	102 »	127 50
256	128	2 56	5 12	7 68	10 24	12 80	15 36	17 92	20 48	23 04	25 60	51 20	76 80	102 40	128 »
257	128 1/2	2 57	5 14	7 71	10 28	12 85	15 42	17 99	20 56	23 13	25 70	51 40	77 10	102 80	128 50
258	129	2 58	5 16	7 74	10 32	12 90	15 48	18 06	20 64	23 22	25 80	51 60	77 40	103 20	129 »
259	129 1/2	2 59	5 18	7 77	10 36	12 95	15 54	18 13	20 72	23 31	25 90	51 80	77 70	103 60	129 50
260	130	2 60	5 20	7 80	10 40	13 »	15 60	18 20	20 80	23 40	26 »	52 »	78 »	104 »	130 »
261	130 1/2	2 61	5 22	7 83	10 44	13 05	15 66	18 27	20 88	23 49	26 10	52 20	78 30	104 40	130 50
262	131	2 62	5 24	7 86	10 48	13 10	15 72	18 34	20 96	23 58	26 20	52 40	78 60	104 80	131 »
263	131 1/2	2 63	5 26	7 89	10 52	13 15	15 78	18 41	21 04	23 67	26 30	52 60	78 90	105 20	131 50
264	132	2 64	5 28	7 92	10 56	13 20	15 84	18 48	21 12	23 76	26 40	52 80	79 20	105 60	132 »
265	132 1/2	2 65	5 30	7 95	10 60	13 25	15 90	18 55	21 20	23 85	26 50	53 »	79 50	106 »	132 50
266	133	2 66	5 32	7 98	10 64	13 30	15 96	18 62	21 28	23 94	26 60	53 20	79 80	106 40	133 »
267	133 1/2	2 67	5 34	8 01	10 68	13 35	16 02	18 69	21 36	24 03	26 70	53 40	80 10	106 80	133 50
268	134	2 68	5 36	8 04	10 72	13 40	16 08	18 76	21 44	24 12	26 80	53 60	80 40	107 20	134 »
269	134 1/2	2 69	5 38	8 07	10 76	13 45	16 14	18 83	21 52	24 21	26 90	53 80	80 70	107 60	134 50
270	135	2 70	5 40	8 10	10 80	13 50	16 20	18 90	21 60	24 30	27 »	54 »	81 »	108 »	135 »
271	135 1/2	2 71	5 42	8 13	10 84	13 55	16 26	18 97	21 68	24 39	27 10	54 20	81 30	108 40	135 50
272	136	2 72	5 44	8 16	10 88	13 60	16 32	19 04	21 76	24 48	27 20	54 40	81 60	108 80	136 »
273	136 1/2	2 73	5 46	8 19	10 92	13 65	16 38	19 11	21 84	24 57	27 30	54 60	81 90	109 20	136 50
274	137	2 74	5 48	8 22	10 96	13 70	16 44	19 18	21 92	24 66	27 40	54 80	82 20	109 60	137 »
275	137 1/2	2 75	5 50	8 25	11 »	13 75	16 50	19 25	22 »	24 75	27 50	55 »	82 50	110 »	137 50
276	138	2 76	5 52	8 28	11 04	13 80	16 56	19 32	22 08	24 84	27 60	55 20	82 80	110 40	138 »
277	138 1/2	2 77	5 54	8 31	11 08	13 85	16 62	19 39	22 16	24 93	27 70	55 40	83 10	110 80	138 50
278	139	2 78	5 56	8 34	11 12	13 90	16 68	19 46	22 24	25 02	27 80	55 60	83 40	111 20	139 »
279	139 1/2	2 79	5 58	8 37	11 16	13 95	16 74	19 53	22 32	25 11	27 90	55 80	83 70	111 60	139 50
280	140	2 80	5 60	8 40	11 20	14 »	16 80	19 60	22 40	25 20	28 »	56 »	84 »	112 »	140 »
281	140 1/2	2 81	5 62	8 43	11 24	14 05	16 86	19 67	22 48	25 29	28 10	56 20	84 30	112 40	140 50
282	141	2 82	5 64	8 46	11 28	14 10	16 92	19 74	22 56	25 38	28 20	56 40	84 60	112 80	141 »
283	141 1/2	2 83	5 66	8 49	11 32	14 15	16 98	19 81	22 64	25 47	28 30	56 60	84 90	113 20	141 50
284	142	2 84	5 68	8 52	11 36	14 20	17 04	19 88	22 72	25 56	28 40	56 80	85 20	113 60	142 »

Jours.	60f Nombres centièmes	70f Nombres centièmes	80f Nombres centièmes	90f Nombres centièmes	100f Nombres.	200f Nombres.	300f Nombres.	400f Nombres.	500f Nombres.	600f Nombres.	700f Nombres.	800f Nombres.	900f Nombres.	1000f Nombres.	2000f Nombres.	3000f Nombres.
243	145 80	170 10	194 40	218 70	243	486	729	972	1215	1458	1701	1944	2187	2430	4860	7290
244	146 40	170 80	195 20	219 60	244	488	732	976	1220	1464	1708	1952	2196	2440	4880	7320
245	147 »	171 50	196 »	220 50	245	490	735	980	1225	1470	1715	1960	2205	2450	4900	7350
246	147 60	172 20	196 80	221 40	246	492	738	984	1230	1476	1722	1968	2214	2460	4920	7380
247	148 20	172 90	197 60	222 30	247	494	741	988	1235	1482	1729	1976	2223	2470	4940	7410
248	148 80	173 60	198 40	223 20	248	496	744	992	1240	1488	1736	1984	2232	2480	4960	7440
249	149 40	174 30	199 20	224 10	249	498	747	996	1245	1494	1743	1992	2241	2490	4980	7470
250	150 »	175 »	200 »	225 »	250	500	750	1000	1250	1500	1750	2000	2250	2500	5000	7500
251	150 60	175 70	200 80	225 90	251	502	753	1004	1255	1506	1757	2008	2259	2510	5020	7530
252	151 20	176 40	201 60	226 80	252	504	756	1008	1260	1512	1764	2016	2268	2520	5040	7560
253	151 80	177 10	202 40	227 70	253	506	759	1012	1265	1518	1771	2024	2277	2530	5060	7590
254	152 40	177 80	203 20	228 60	254	508	762	1016	1270	1524	1778	2032	2286	2540	5080	7620
255	153 »	178 50	204 »	229 50	255	510	765	1020	1275	1530	1785	2040	2295	2550	5100	7650
256	153 60	179 20	204 80	230 40	256	512	768	1024	1280	1536	1792	2048	2304	2560	5120	7680
257	154 20	179 90	205 60	231 30	257	514	771	1028	1285	1542	1799	2056	2313	2570	5140	7710
258	154 80	180 60	206 40	232 20	258	516	774	1032	1290	1548	1806	2064	2322	2580	5160	7740
259	155 40	181 30	207 20	233 10	259	518	777	1036	1295	1554	1813	2072	2331	2590	5180	7770
260	156 »	182 »	208 »	234 »	260	520	780	1040	1300	1560	1820	2080	2340	2600	5200	7800
261	156 60	182 70	208 80	234 90	261	522	783	1044	1305	1566	1827	2088	2349	2610	5220	7830
262	157 20	183 40	209 60	235 80	262	524	786	1048	1310	1572	1834	2096	2358	2620	5240	7860
263	157 80	184 10	210 40	236 70	263	526	789	1052	1315	1578	1841	2104	2367	2630	5260	7890
264	158 40	184 80	211 20	237 60	264	528	792	1056	1320	1584	1848	2112	2376	2640	5280	7920
265	159 »	185 50	212 »	238 50	265	530	795	1060	1325	1590	1855	2120	2385	2650	5300	7950
266	159 60	186 20	212 80	239 40	266	532	798	1064	1330	1596	1862	2128	2394	2660	5320	7980
267	160 20	186 90	213 60	240 30	267	534	801	1068	1335	1602	1869	2136	2403	2670	5340	8010
268	160 80	187 60	214 40	241 20	268	536	804	1072	1340	1608	1876	2144	2412	2680	5360	8040
269	161 40	188 30	215 20	242 10	269	538	807	1076	1345	1614	1883	2152	2421	2690	5380	8070
270	162 »	189 »	216 »	243 »	270	540	810	1080	1350	1620	1890	2160	2430	2700	5400	8100
271	162 60	189 70	216 80	243 90	271	542	813	1084	1355	1626	1897	2168	2439	2710	5420	8130
272	163 20	190 40	217 60	244 80	272	544	816	1088	1360	1632	1904	2176	2448	2720	5440	8160
273	163 80	191 10	218 40	245 70	273	546	819	1092	1365	1638	1911	2184	2457	2730	5460	8190
274	164 40	191 80	219 20	246 60	274	548	822	1096	1370	1644	1918	2192	2466	2740	5480	8220
275	165 »	192 50	220 »	247 50	275	550	825	1100	1375	1650	1925	2200	2475	2750	5500	8250
276	165 60	193 20	220 80	248 40	276	552	828	1104	1380	1656	1932	2208	2484	2760	5520	8280
277	166 20	193 90	221 60	249 30	277	554	831	1108	1385	1662	1939	2216	2493	2770	5540	8310
278	166 80	194 60	222 40	250 20	278	556	834	1112	1390	1668	1946	2224	2502	2780	5560	8340
279	167 40	195 30	223 20	251 10	279	558	837	1116	1395	1674	1953	2232	2511	2790	5580	8370
280	168 »	196 »	224 »	252 »	280	560	840	1120	1400	1680	1960	2240	2520	2800	5600	8400
281	168 60	196 70	224 80	252 90	281	562	843	1124	1405	1686	1967	2248	2529	2810	5620	8430
282	169 20	197 40	225 60	253 80	282	564	846	1128	1410	1692	1974	2256	2538	2820	5640	8460
283	169 80	198 10	226 40	254 70	283	566	849	1132	1415	1698	1981	2264	2547	2830	5660	8490
284	170 40	198 80	227 20	255 60	284	568	852	1136	1420	1704	1988	2272	2556	2840	5680	8520

Les quotités indiquées à la colonne des jours pour les sommes en tête des colonnes ci-dessus, DONNENT EN NOMBRES.

Colonne des jours.	0,50c Nombres centièmes	1f Nombres centièmes	2f Nombres centièmes	3f Nombres centièmes	4f Nombres centièmes	5f Nombres centièmes	6f Nombres centièmes	7f Nombres centièmes	8f Nombres centièmes	9f Nombres centièmes	10f Nombres centièmes	20f Nombres centièmes	30f Nombres centièmes	40f Nombres centièmes	50f Nombres centièmes
285	142 1/2	2 85	5 70	8 55	11 40	14 25	17 10	19 95	22 80	25 65	28 50	57 »	85 50	114 »	142 50
286	143	2 86	5 72	8 58	11 44	14 30	17 16	20 02	22 88	25 74	28 60	57 20	85 80	114 40	143 »
287	143 1/2	2 87	5 74	8 61	11 48	14 35	17 22	20 09	22 96	25 83	28 70	57 40	86 10	114 80	143 50
288	144	2 88	5 76	8 64	11 52	14 40	17 28	20 16	23 04	25 92	28 80	57 60	86 40	115 20	144 »
289	144 1/2	2 89	5 78	8 67	11 56	14 45	17 34	20 23	23 12	26 01	28 90	57 80	86 70	115 60	144 50
290	145	2 90	5 80	8 70	11 60	14 50	17 40	20 30	23 20	26 10	29 »	58 »	87 »	116 »	145 »
291	145 1/2	2 91	5 82	8 73	11 64	14 55	17 46	20 37	23 28	26 19	29 10	58 20	87 30	116 40	145 50
292	146	2 92	5 84	8 76	11 68	14 60	17 52	20 44	23 36	26 28	29 20	58 40	87 60	116 80	146 »
293	146 1/2	2 93	5 86	8 79	11 72	14 65	17 58	20 51	23 44	26 37	29 30	58 60	87 90	117 20	146 50
294	147	2 94	5 88	8 82	11 76	14 70	17 64	20 58	23 52	26 46	29 40	58 80	88 20	117 60	147 »
295	147 1/2	2 95	5 90	8 85	11 80	14 75	17 70	20 65	23 60	26 55	29 50	59 »	88 50	118 »	147 50
296	148	2 96	5 92	8 88	11 84	14 80	17 76	20 72	23 68	26 64	29 60	59 20	88 80	118 40	148 »
297	148 1/2	2 97	5 94	8 91	11 88	14 85	17 82	20 79	23 76	26 73	29 70	59 40	89 10	118 80	148 50
298	149	2 98	5 96	8 94	11 92	14 90	17 88	20 86	23 84	26 82	29 80	59 60	89 40	119 20	149 »
299	149 1/2	2 99	5 98	8 97	11 96	14 95	17 94	20 93	23 92	26 91	29 90	59 80	89 70	119 60	149 50
300	150	3 »	6 »	9 »	12 »	15 »	18 »	21 »	24 »	27 »	30 »	60 »	90 »	120 »	150 »
301	150 1/2	3 01	6 02	9 03	12 04	15 05	18 06	21 07	24 08	27 09	30 10	60 20	90 30	120 40	150 50
302	151	3 02	6 04	9 06	12 08	15 10	18 12	21 14	24 16	27 18	30 20	60 40	90 60	120 80	151 »
303	151 1/2	3 03	6 06	9 09	12 12	15 15	18 18	21 21	24 24	27 27	30 30	60 60	90 90	121 20	151 50
304	152	3 04	6 08	9 12	12 16	15 20	18 24	21 28	24 32	27 36	30 40	60 80	91 20	121 60	152 »
305	152 1/2	3 05	6 10	9 15	12 20	15 25	18 30	21 35	24 40	27 45	30 50	61 »	91 50	122 »	152 50
306	153	3 06	6 12	9 18	12 24	15 30	18 36	21 42	24 48	27 54	30 60	61 20	91 80	122 40	153 »
307	153 1/2	3 07	6 14	9 21	12 28	15 35	18 42	21 49	24 56	27 63	30 70	61 40	92 10	122 80	153 50
308	154	3 08	6 16	9 24	12 32	15 40	18 48	21 56	24 64	27 72	30 80	61 60	92 40	123 20	154 »
309	154 1/2	3 09	6 18	9 27	12 36	15 45	18 54	21 63	24 72	27 81	30 90	61 80	92 70	123 60	154 50
310	155	3 10	6 20	9 30	12 40	15 50	18 60	21 70	24 80	27 90	31 »	62 »	93 »	124 »	155 »
311	155 1/2	3 11	6 22	9 33	12 44	15 55	18 66	21 77	24 88	27 99	31 10	62 20	93 30	124 40	155 50
312	156	3 12	6 24	9 36	12 48	15 60	18 72	21 84	24 96	28 08	31 20	62 40	93 60	124 80	156 »
313	156 1/2	3 13	6 26	9 39	12 52	15 65	18 78	21 91	25 04	28 17	31 30	62 60	93 90	125 20	156 50
314	157	3 14	6 28	9 42	12 56	15 70	18 84	21 98	25 12	28 26	31 40	62 80	94 20	125 60	157 »
315	157 1/2	3 15	6 30	9 45	12 60	15 75	18 90	22 05	25 20	28 35	31 50	63 »	94 50	126 »	157 50
316	158	3 16	6 32	9 48	12 64	15 80	18 96	22 12	25 28	28 44	31 60	63 20	94 80	126 40	158 »
317	158 1/2	3 17	6 34	9 51	12 68	15 85	19 02	22 19	25 36	28 53	31 70	63 40	95 10	126 80	158 50
318	159	3 18	6 36	9 54	12 72	15 90	19 08	22 26	25 44	28 62	31 80	63 60	95 40	127 20	159 »
319	159 1/2	3 19	6 38	9 57	12 76	15 95	19 14	22 33	25 52	28 71	31 90	63 80	95 70	127 60	159 50
320	160	3 20	6 40	9 60	12 80	16 »	19 20	22 40	25 60	28 80	32 »	64 »	96 »	128 »	160 »
321	160 1/2	3 21	6 42	9 63	12 84	16 05	19 26	22 47	25 68	28 89	32 10	64 20	96 30	128 40	160 50
322	161	3 22	6 44	9 66	12 88	16 10	19 32	22 54	25 76	28 98	32 20	64 40	96 60	128 80	161 »
323	161 1/2	3 23	6 46	9 69	12 92	16 15	19 38	22 61	25 84	29 07	32 30	64 60	96 90	129 20	161 50
324	162	3 24	6 48	9 72	12 96	16 20	19 44	22 68	25 92	29 16	32 40	64 80	97 20	129 60	162 »
325	162 1/2	3 25	6 50	9 75	13 »	16 25	19 50	22 75	26 »	29 25	32 50	65 »	97 50	130 »	162 50

Colonne des jours.	60f Nombres centièmes	70f Nombres centièmes	80f Nombres centièmes	90f Nombres centièmes	100f Nombres	200f Nombres	300f Nombres	400f Nombres	500f Nombres	600f Nombres	700f Nombres	800f Nombres	900f Nombres	1000f Nombres	2000f Nombres	3000f Nombres
285	171 »	199 50	228 »	256 50	285	570	855	1140	1425	1710	1995	2280	2565	2850	5700	8550
286	171 60	200 20	228 80	257 40	286	572	858	1144	1430	1716	2002	2288	2574	2860	5720	8580
287	172 20	200 90	229 60	258 30	287	574	861	1148	1435	1722	2009	2296	2583	2870	5740	8610
288	172 80	201 60	230 40	259 20	288	576	864	1152	1440	1728	2016	2304	2592	2880	5760	8640
289	173 40	202 30	231 20	260 10	289	578	867	1156	1445	1734	2023	2312	2601	2890	5780	8670
290	174 »	203 »	232 »	261 »	290	580	870	1160	1450	1740	2030	2320	2610	2900	5800	8700
291	174 60	203 70	232 80	261 90	291	582	873	1164	1455	1746	2037	2328	2619	2910	5820	8730
292	175 20	204 40	233 60	262 80	292	584	876	1168	1460	1752	2044	2336	2628	2920	5840	8760
293	175 80	205 10	234 40	263 70	293	586	879	1172	1465	1758	2051	2344	2637	2930	5860	8790
294	176 40	205 80	235 20	264 60	294	588	882	1176	1470	1764	2058	2352	2646	2940	5880	8820
295	177 »	206 50	236 »	265 50	295	590	885	1180	1475	1770	2065	2360	2655	2950	5900	8850
296	177 60	207 20	236 80	266 40	296	592	888	1184	1480	1776	2072	2368	2664	2960	5920	8880
297	178 20	207 90	237 60	267 30	297	594	891	1188	1485	1782	2079	2376	2673	2970	5940	8910
298	178 80	208 60	238 40	268 20	298	596	894	1192	1490	1788	2086	2384	2682	2980	5960	8940
299	179 40	209 30	239 20	269 10	299	598	897	1196	1495	1794	2093	2392	2691	2990	5980	8970
300	180 »	210 »	240 »	270 »	300	600	900	1200	1500	1800	2100	2400	2700	3000	6000	9000
301	180 60	210 70	240 80	270 90	301	602	903	1204	1505	1806	2107	2408	2709	3010	6020	9030
302	181 20	211 40	241 60	271 80	302	604	906	1208	1510	1812	2114	2416	2718	3020	6040	9060
303	181 80	212 10	242 40	272 70	303	606	909	1212	1515	1818	2121	2424	2727	3030	6060	9090
304	182 40	212 80	243 20	273 60	304	608	912	1216	1520	1824	2128	2432	2736	3040	6080	9120
305	183 »	213 50	244 »	274 50	305	610	915	1220	1525	1830	2135	2440	2745	3050	6100	9150
306	183 60	214 20	244 80	275 40	306	612	918	1224	1530	1836	2142	2448	2754	3060	6120	9180
307	184 20	214 90	245 60	276 30	307	614	921	1228	1535	1842	2149	2456	2763	3070	6140	9210
308	184 80	215 60	246 40	277 20	308	616	924	1232	1540	1848	2156	2464	2772	3080	6160	9240
309	185 40	216 30	247 20	278 10	309	618	927	1236	1545	1854	2163	2472	2781	3090	6180	9270
310	186 »	217 »	248 »	279 »	310	620	930	1240	1550	1860	2170	2480	2790	3100	6200	9300
311	186 60	217 70	248 80	279 90	311	622	933	1244	1555	1866	2177	2488	2799	3110	6220	9330
312	187 20	218 40	249 60	280 80	312	624	936	1248	1560	1872	2184	2496	2808	3120	6240	9360
313	187 80	219 10	250 40	281 70	313	626	939	1252	1565	1878	2191	2504	2817	3130	6260	9390
314	188 40	219 80	251 20	282 60	314	628	942	1256	1570	1884	2198	2512	2826	3140	6280	9420
315	189 »	220 50	252 »	283 50	315	630	945	1260	1575	1890	2205	2520	2835	3150	6300	9450
316	189 60	221 20	252 80	284 40	316	632	948	1264	1580	1896	2212	2528	2844	3160	6320	9480
317	190 20	221 90	253 60	285 30	317	634	951	1268	1585	1902	2219	2536	2853	3170	6340	9510
318	190 80	222 60	254 40	286 20	318	636	954	1272	1590	1908	2226	2544	2862	3180	6360	9540
319	191 40	223 30	255 20	287 10	319	638	957	1276	1595	1914	2233	2552	2871	3190	6380	9570
320	192 »	224 »	256 »	288 »	320	640	960	1280	1600	1920	2240	2560	2880	3200	6400	9600
321	192 60	224 70	256 80	288 90	321	642	963	1284	1605	1926	2247	2568	2889	3210	6420	9630
322	193 20	225 40	257 60	289 80	322	644	966	1288	1610	1932	2254	2576	2898	3220	6440	9660
323	193 80	226 10	258 40	290 70	323	646	969	1292	1615	1938	2261	2584	2907	3230	6460	9690
324	194 40	226 80	259 20	291 60	324	648	972	1296	1620	1944	2268	2592	2916	3240	6480	9720
325	195 »	227 50	260 »	292 50	325	650	975	1300	1625	1950	2275	2600	2925	3250	6500	9750

Les quotités indiquées à la colonne des jours, pour les sommes en tête des colonnes ci-dessous,

DONNENT EN NOMBRES.

0,50c	1f	2f	3f	4f	5f	6f	7f	8f	9f	10f	20f	30f	40f	50f	60f	70f	80f	90f	100f	200f	300f	400f	500f	600f	700f	800f	900f	1000f	2000f	3000f
Nombres Centimes	Nombres centimes.	Nombres centimes.	Nombres centimes.	Nombres centimes.	Nombres centimes.	Nombres centimes.	Nombres centimes.	Nombres centimes.	Nombres centimes.	Nombres centimes.	Nombres centimes.	Nombres centimes.	Nombres centimes.	Nombres centimes.	Nombres centimes.	Nombres centimes.	Nombres centimes.	Nombres centimes.	Nombres.	Nombres.	Nombres.	Nombres.	Nombres.	Nombres.	Nombres.	Nombres.	Nombres.	Nombres.	Nombres.	Nombres.
1 63	3 26	6 52	9 78	13 04	16 30	19 56	22 82	26 08	29 34	32 60	65 20	97 80	130 40	163 »	195 60	228 20	260 80	293 40	326	652	978	1304	1630	1956	2282	2608	2934	3260	6520	9780
1 63 1/2	3 27	6 54	9 81	13 08	16 35	19 62	22 89	26 16	29 43	32 70	65 40	98 10	130 80	163 50	196 20	228 90	261 60	294 30	327	654	981	1308	1635	1962	2289	2616	2943	3270	6540	9810
1 64	3 28	6 56	9 84	13 12	16 40	19 68	22 96	26 24	29 52	32 80	65 60	98 40	131 20	164 »	196 80	229 60	262 40	295 20	328	656	984	1312	1640	1968	2296	2624	2952	3280	6560	9840
1 64 1/2	3 29	6 58	9 87	13 16	16 45	19 74	23 03	26 32	29 61	32 90	65 80	98 70	131 60	164 50	197 40	230 30	263 20	296 10	329	658	987	1316	1645	1974	2303	2632	2961	3290	6580	9870
1 65	3 30	6 60	9 90	13 20	16 50	19 80	23 10	26 40	29 70	33 »	66 »	99 »	132 »	165 »	198 »	231 »	264 »	297 »	330	660	990	1320	1650	1980	2310	2640	2970	3300	6600	9900
1 65 1/2	3 31	6 62	9 93	13 24	16 55	19 86	23 17	26 48	29 79	33 10	66 20	99 30	132 40	165 50	198 60	231 70	264 80	297 90	331	662	993	1324	1655	1986	2317	2648	2979	3310	6620	9930
1 66	3 32	6 64	9 96	13 28	16 60	19 92	23 24	26 56	29 88	33 20	66 40	99 60	132 80	166 »	199 20	232 40	265 60	298 80	332	664	996	1328	1660	1992	2324	2656	2988	3320	6640	9960
1 66 1/2	3 33	6 66	9 99	13 32	16 65	19 98	23 31	26 64	29 97	33 30	66 60	99 90	133 20	166 50	199 80	233 10	266 40	299 70	333	666	999	1332	1665	1998	2331	2664	2997	3330	6660	9990
1 67	3 34	6 68	10 02	13 36	16 70	20 04	23 38	26 72	30 06	33 40	66 80	100 20	133 60	167 »	200 40	233 80	267 20	300 60	334	668	1002	1336	1670	2004	2338	2672	3006	3340	6680	10020
1 67 1/2	3 35	6 70	10 05	13 40	16 75	20 10	23 45	26 80	30 15	33 50	67 »	100 50	134 »	167 50	201 »	234 50	268 »	301 50	335	670	1005	1340	1675	2010	2345	2680	3015	3350	6700	10050
1 68	3 36	6 72	10 08	13 44	16 80	20 16	23 52	26 88	30 24	33 60	67 20	100 80	134 40	168 »	201 60	235 20	268 80	302 40	336	672	1008	1344	1680	2016	2352	2688	3024	3360	6720	10080
1 68 1/2	3 37	6 74	10 11	13 48	16 85	20 22	23 59	26 96	30 33	33 70	67 40	101 10	134 80	168 50	202 20	235 90	269 60	303 30	337	674	1011	1348	1685	2022	2359	2696	3033	3370	6740	10110
1 69	3 38	6 76	10 14	13 52	16 90	20 28	23 66	27 04	30 42	33 80	67 60	101 40	135 20	169 »	202 80	236 60	270 40	304 20	338	676	1014	1352	1690	2028	2366	2704	3042	3380	6760	10140
1 69 1/2	3 39	6 78	10 17	13 56	16 95	20 34	23 73	27 12	30 51	33 90	67 80	101 70	135 60	169 50	203 40	237 30	271 20	305 10	339	678	1017	1356	1695	2034	2373	2712	3051	3390	6780	10170
1 70	3 40	6 80	10 20	13 60	17 »	20 40	23 80	27 20	30 60	34 »	68 »	102 »	136 »	170 »	204 »	238 »	272 »	306 »	340	680	1020	1360	1700	2040	2380	2720	3060	3400	6800	10200
1 70 1/2	3 41	6 82	10 23	13 64	17 05	20 46	23 87	27 28	30 69	34 10	68 20	102 30	136 40	170 50	204 60	238 70	272 80	306 90	341	682	1023	1364	1705	2046	2387	2728	3069	3410	6820	10230
1 71	3 42	6 84	10 26	13 68	17 10	20 52	23 94	27 36	30 78	34 20	68 40	102 60	136 80	171 »	205 20	239 40	273 60	307 80	342	684	1026	1368	1710	2052	2394	2736	3078	3420	6840	10260
1 71 1/2	3 43	6 86	10 29	13 72	17 15	20 58	24 01	27 44	30 87	34 30	68 60	102 90	137 20	171 50	205 80	240 10	274 40	308 70	343	686	1029	1372	1715	2058	2401	2744	3087	3430	6860	10290
1 72	3 44	6 88	10 32	13 76	17 20	20 64	24 08	27 52	30 96	34 40	68 80	103 20	137 60	172 »	206 40	240 80	275 20	309 60	344	688	1032	1376	1720	2064	2408	2752	3096	3440	6880	10320
1 72 1/2	3 45	6 90	10 35	13 80	17 25	20 70	24 15	27 60	31 05	34 50	69 »	103 50	138 »	172 50	207 »	241 50	276 »	310 50	345	690	1035	1380	1725	2070	2415	2760	3105	3450	6900	10350
1 73	3 46	6 92	10 38	13 84	17 30	20 76	24 22	27 68	31 14	34 60	69 20	103 80	138 40	173 »	207 60	242 20	276 80	311 40	346	692	1038	1384	1730	2076	2422	2768	3114	3460	6920	10380
1 73 1/2	3 47	6 94	10 41	13 88	17 35	20 82	24 29	27 76	31 23	34 70	69 40	104 10	138 80	173 50	208 20	242 90	277 60	312 30	347	694	1041	1388	1735	2082	2429	2776	3123	3470	6940	10410
1 74	3 48	6 96	10 44	13 92	17 40	20 88	24 36	27 84	31 32	34 80	69 60	104 40	139 20	174 »	208 80	243 60	278 40	313 20	348	696	1044	1392	1740	2088	2436	2784	3132	3480	6960	10440
1 74 1/2	3 49	6 98	10 47	13 96	17 45	20 94	24 43	27 92	31 41	34 90	69 80	104 70	139 60	174 50	209 40	244 30	279 20	314 10	349	698	1047	1396	1745	2094	2443	2792	3141	3490	6980	10470
1 75	3 50	7 »	10 50	14 »	17 50	21 »	24 50	28 »	31 50	35 »	70 »	105 »	140 »	175 »	210 »	245 »	280 »	315 »	350	700	1050	1400	1750	2100	2450	2800	3150	3500	7000	10500
1 75 1/2	3 51	7 02	10 53	14 04	17 55	21 06	24 57	28 08	31 59	35 10	70 20	105 30	140 40	175 50	210 60	245 70	280 80	315 90	351	702	1053	1404	1755	2106	2457	2808	3159	3510	7020	10530
1 76	3 52	7 04	10 56	14 08	17 60	21 12	24 64	28 16	31 68	35 20	70 40	105 60	140 80	176 »	211 20	246 40	281 60	316 80	352	704	1056	1408	1760	2112	2464	2816	3168	3520	7040	10560
1 76 1/2	3 53	7 06	10 59	14 12	17 65	21 18	24 71	28 24	31 77	35 30	70 60	105 90	141 20	176 50	211 80	247 10	282 40	317 70	353	706	1059	1412	1765	2118	2471	2824	3177	3530	7060	10590
1 77	3 54	7 08	10 62	14 16	17 70	21 24	24 78	28 32	31 86	35 40	70 80	106 20	141 60	177 »	212 40	247 80	283 20	318 60	354	708	1062	1416	1770	2124	2478	2832	3186	3540	7080	10620
1 77 1/2	3 55	7 10	10 65	14 20	17 75	21 30	24 85	28 40	31 95	35 50	71 »	106 50	142 »	177 50	213 »	248 50	284 »	319 50	355	710	1065	1420	1775	2130	2485	2840	3195	3550	7100	10650
1 78	3 56	7 12	10 68	14 24	17 80	21 36	24 92	28 48	32 04	35 60	71 20	106 80	142 40	178 »	213 60	249 20	284 80	320 40	356	712	1068	1424	1780	2136	2492	2848	3204	3560	7120	10680
1 78 1/2	3 57	7 14	10 71	14 28	17 85	21 42	24 99	28 56	32 13	35 70	71 40	107 10	142 80	178 50	214 20	249 90	285 60	321 30	357	714	1071	1428	1785	2142	2499	2856	3213	3570	7140	10710
1 79	3 58	7 16	10 74	14 32	17 90	21 48	25 06	28 64	32 22	35 80	71 60	107 40	143 20	179 »	214 80	250 60	286 40	322 20	358	716	1074	1432	1790	2148	2506	2864	3222	3580	7160	10740
1 79 1/2	3 59	7 18	10 77	14 36	17 95	21 54	25 13	28 72	32 31	35 90	71 80	107 70	143 60	179 50	215 40	251 30	287 20	323 10	359	718	1077	1436	1795	2154	2513	2872	3231	3590	7180	10770
1 80	3 60	7 20	10 80	14 40	18 »	21 60	25 20	28 80	32 40	36 »	72 »	108 »	144 »	180 »	216 »	252 »	288 »	324 »	360	720	1080	1440	1800	2160	2520	2880	3240	3600	7200	10800
1 80 1/2	3 61	7 22	10 83	14 44	18 05	21 66	25 27	28 88	32 49	36 10	72 20	108 30	144 40	180 50	216 60	252 70	288 80	324 90	361	722	1083	1444	1805	2166	2527	2888	3249	3610	7220	10830
1 81	3 62	7 24	10 86	14 48	18 10	21 72	25 34	28 96	32 58	36 20	72 40	108 60	144 80	181 »	217 20	253 40	289 60	325 80	362	724	1086	1448	1810	2172	2534	2896	3258	3620	7240	10860
1 81 1/2	3 63	7 26	10 89	14 52	18 15	21 78	25 41	29 04	32 67	36 30	72 60	108 90	145 20	181 50	217 80	254 10	290 40	326 70	363	726	1089	1452	1815	2178	2541	2904	3267	3630	7260	10890
1 82	3 64	7 28	10 92	14 56	18 20	21 84	25 48	29 12	32 76	36 40	72 80	109 20	145 60	182 »	218 40	254 80	291 20	327 60	364	728	1092	1456	1820	2184	2548	2912	3276	3640	7280	10920
1 82 1/2	3 65	7 30	10 95	14 60	18 25	21 90	25 55	29 20	32 85	36 50	73 »	109 50	146 »	182 50	219 »	255 50	292 »	328 50	365	730	1095	1460	1825	2190	2555	2920	3285	3650	7300	10950
1 83	3 66	7 32	10 98	14 64	18 30	21 96	25 62	29 28	32 94	36 60	73 20	109 80	146 40	183 »	219 60	256 20	292 80	329 40	366	732	1098	1464	1830	2196	2562	2928	3294	3660	7320	10980

NOMBRES.	f 2 p. %.	f 2 1/2 p. %	f 3 p. %.	f 3 1/2 p. %	f 4 p. %.	f 4 1/2 p. %	f 5 p. %.	f 5 1/2 p. %	f 6 p. %.
	f c	f c	f c	f c	f c	f c	f c	f c	f c
1	» » 5/9	» » 6/96	» » 5/6	» 01	» 01 1/9	» 01 2/9	» 01 7/18	» 01 9/18	» 01 2/3
2	» 01 1/9	» 01 7/18	» 01 2/3	» 02 1/18	» 02 2/9	» 02 1/2	» 02 7/9	» 03 1/18	» 03 1/3
3	» 01 2/3	» 02 1/9	» 02 3/6	» 02 8/9	» 03 3/9	» 03 7/9	» 04 3/18	» 04 5/9	» 05
4	» 02 2/9	» 02 7/9	» 03 1/3	» 03 8/9	» 04 4/9	» 05	» 05 5/9	» 06 1/9	» 06 2/3
5	» 02 7/9	» 03 4/9	» 04 1/6	» 04 8/9	» 05 5/9	» 06 4/9	» 06 17/18	» 07 2/3	» 08 1/3
6	» 03 1/3	» 04 1/6	» 05	» 05 15/18	» 06 2/3	» 07 1/2	» 08 1/3	» 09 1/6	» 10
7	» 03 8/9	» 04 8/9	» 05 5/6	» 06 7/9	» 07 7/9	» 08 7/9	» 09 13/18	» 10 2/3	» 11 2/3
8	» 04 4/9	» 05 5/9	» 06 2/3	» 07 7/9	» 08 8/9	» 10	» 11 1/9	» 12 2/9	» 13 1/3
9	» 05	» 06 1/4	» 07 1/2	» 08 3/4	» 10	» 11 3/12	» 12 3/6	» 13 3/4	» 15
10	» 05 5/9	» 06 17/18	» 08 1/3	» 09 13/18	» 11 1/9	» 12 1/2	» 13 8/9	» 15 5/9	» 16 2/3
11	» 06 1/9	» 07 2/3	» 09 1/6	» 10 2/3	» 12 2/9	» 13 2/3	» 15 5/18	» 16 7/9	» 18 1/3
12	» 06 2/3	» 08 1/3	» 10	» 11 2/3	» 13 1/3	» 15	» 16 2/3	» 18 1/3	» 20
13	» 07 2/9	» 09	» 10 5/6	» 12 2/3	» 14 4/9	» 16 2/9	» 18 1/18	» 19 8/9	» 21 2/3
14	» 07 7/9	» 09 13/18	» 11 2/3	» 13 11/18	» 15 5/9	» 17 1/2	» 19 4/9	» 21 7/9	» 23 1/3
15	» 08 1/3	» 10 5/10	» 12 1/2	» 14 5/9	» 16 2/3	» 18 7/9	» 20 15/18	» 22 8/9	» 25
16	» 08 8/9	» 11 1/9	» 13 1/3	» 15 5/9	» 17 7/9	» 20	» 22 2/9	» 24 4/9	» 26 2/3
17	» 09 4/9	» 11 7/9	» 14 1/6	» 16 9/18	» 18 8/9	» 21 2/9	» 23 11/18	» 26	» 28 1/3
18	» 10	» 12 1/2	» 15	» 17 1/2	» 20	» 22 1/2	» 25	» 27 1/2	» 30
19	» 10 5/9	» 13 2/9	» 15 5/6	» 18 1/2	» 21 1/9	» 23 7/9	» 26 7/18	» 29	» 31 2/3
20	» 11 1/9	» 13 8/9	» 16 2/3	» 19 4/9	» 22 2/9	» 25	» 27 7/9	» 30 5/9	» 33 1/3
21	» 11 2/3	» 14 2/3	» 17 1/2	» 20 4/9	» 23 3/9	» 26 2/9	» 29 1/6	» 32 1/9	» 35
22	» 12 2/9	» 15 5/18	» 18 1/3	» 21 7/9	» 24 4/9	» 27 1/2	» 30 5/9	» 33 11/18	» 36 2/3
23	» 12 7/9	» 16	» 19 1/6	» 22 2/3	» 25 5/9	» 28 7/9	» 31 17/18	» 35 2/9	» 38 1/3
24	» 13 1/3	» 16 2/3	» 20	» 23 1/3	» 26 2/3	» 30	» 33 1/3	» 36 2/3	» 40
25	» 13 8/9	» 17 1/3	» 20 5/6	» 24 1/3	» 27 7/9	» 31 2/9	» 34 13/18	» 38 1/6	» 41 2/3
26	» 14 4/9	» 18	» 21 2/3	» 25 1/3	» 28 8/9	» 32 4/9	» 36 1/9	» 39 6/9	» 43 1/3
27	» 15	» 18 2/3	» 22 1/2	» 26 1/3	» 30	» 33 6/9	» 37 9/18	» 41 3/18	» 45
28	» 15 5/9	» 19 1/3	» 23 1/3	» 27 2/9	» 31 1/9	» 35	» 38 8/9	» 42 7/9	» 46 2/3
29	» 16 1/9	» 20 1/9	» 24 1/6	» 28 2/9	» 32 2/9	» 36 2/9	» 40 5/18	» 44 3/9	» 48 1/3
30	» 16 2/3	» 20 7/9	» 25	» 29 1/9	» 33 1/3	» 37 5/9	» 41 12/18	» 45 8/9	» 50
31	» 17 2/9	» 21 1/2	» 25 5/6	» 30 5/18	» 34 4/9	» 38 5/9	» 43 1/18	» 47 2/3	» 51 2/3
32	» 17 7/9	» 22 2/9	» 26 2/3	» 31 1/9	» 35 5/9	» 40	» 44 4/9	» 48 8/9	» 53 1/3
33	» 18 1/3	» 22 8/9	» 27 1/2	» 32 1/9	» 36 2/3	» 41 2/9	» 45 5/6	» 50 5/12	» 55
34	» 18 8/9	» 23 5/9	» 28 1/3	» 33	» 37 7/9	» 42 4/9	» 47 2/9	» 52	» 56 2/3
35	» 19 4/9	» 24 2/9	» 29 1/6	» 34	» 38 8/9	» 43 2/3	» 48 11/18	» 53 1/2	» 58 1/3
36	» 20	» 25	» 30	» 35	» 40	» 45	» 50	» 55	» 60
37	» 20 5/9	» 25 2/3	» 30 5/6	» 36	» 41 1/9	» 46 2/9	» 51 7/18	» 56 1/2	» 61 2/3
38	» 21 1/9	» 26 4/9	» 31 2/3	» 37	» 42 2/9	» 47 5/9	» 52 7/9	» 58	» 63 1/3
39	» 21 2/3	» 27 1/9	» 32 1/2	» 38	» 43 1/3	» 48 7/9	» 54 1/6	» 59 1/2	» 65
40	» 22 2/9	» 27 7/9	» 33 1/3	» 38 8/9	» 44 4/9	» 50	» 55 5/9	» 61	» 66 2/3
41	» 22 7/9	» 28 4/9	» 34 1/6	» 39 8/9	» 45 5/9	» 51 2/9	» 56 17/18	» 62 1/2	» 68 1/3
42	» 23 1/3	» 29 1/9	» 35	» 40 8/9	» 46 2/3	» 52 4/9	» 58 1/3	» 64 1/6	» 70

NOMBRES.	2 p. % (f)	2 1/2 p. % (f)	3 p. % (f)	3 1/2 p. % (f)	4 p. % (f)	4 1/2 p. % (f)	5 p. % (f)	5 1/2 p. % (f)	6 p. % (f)
	f c	f c	f c	f c	f c	f c	f c	f c	f c
43	» 23 8/9	» 29 7/9	» 35 5/6	» 41 7/9	» 47 7/9	» 53 7/9	» 59 13/18	» 65 2/3	» 71 2/3
44	» 24 1/9	» 30 5/9	» 36 2/3	» 42 7/9	» 48 8/9	» 55	» 61 1/9	» 67 2/9	» 73 1/3
45	» 25	» 31 2/9	» 37 1/2	» 43 3/4	» 50	» 56 2/9	» 62 1/2	» 69 1/3	» 75
46	» 25 5/9	» 32	» 38 1/3	» 44 2/3	» 51 1/9	» 57 5/9	» 63 8/9	» 70 5/9	» 76 2/3
47	» 26 1/9	» 32 2/3	» 39 1/6	» 45 2/3	» 52 2/9	» 58 2/3	» 65 5/18	» 71 2/3	» 78 1/3
48	» 26 2/3	» 33 1/3	» 40	» 46 2/3	» 53 1/3	» 60	» 66 2/3	» 73 1/3	» 80
49	» 27 2/9	» 34	» 40 5/6	» 47 2/3	» 54 4/9	» 61 2/9	» 68 1/18	» 74 5/9	» 81 2/3
50	» 27 7/9	» 34 2/3	» 41 2/3	» 48 2/3	» 55 5/9	» 62 4/9	» 69 4/9	» 76 1/6	» 83 1/3
51	» 28 1/3	» 35 4/9	» 42 1/2	» 49 5/9	» 56 2/3	» 63 7/9	» 70 15/18	» 77 8/9	» 85
52	» 28 8/9	» 36 1/9	» 43 1/3	» 50 2/3	» 57 7/9	» 65	» 72 2/9	» 79 4/9	» 86 2/3
53	» 29 4/9	» 36 7/9	» 44 1/6	» 51 2/3	» 58 8/9	» 66 2/9	» 73 11/18	» 81	» 88 1/3
54	» 30	» 37 1/2	» 45	» 52 1/2	» 60	» 67 1/2	» 75	» 82 1/2	» 90
55	» 30 5/9	» 38 3/18	» 45 5/6	» 53 1/2	» 61 1/9	» 68 2/3	» 76 7/18	» 84	» 91 2/2
56	» 31 1/9	» 38 2/3	» 46 2/3	» 54 4/9	» 62 2/9	» 70	» 77 7/9	» 85 5/9	» 93 1/3
57	» 31 2/3	» 38 5/9	» 47 1/2	» 55 7/18	» 63 1/3	» 71 5/18	» 79 3/18	» 87	» 95
58	» 32 2/9	» 40 5/18	» 48 1/3	» 56 7/18	» 64 4/9	» 72 1/2	» 80 5/9	» 88 11/18	» 96 2/3
59	» 32 7/9	» 41	» 49 1/6	» 57 1/3	» 65 5/9	» 73 7/9	» 81 17/18	» 90 1/9	» 98 1/3
60	» 33 1/3	» 41 2/3	» 50	» 58 1/3	» 66 2/3	» 75	» 83 1/3	» 91 2/3	1 »
61	» 33 8/9	» 42 1/3	» 50 5/6	» 59 2/3	» 67 7/9	» 76 2/9	» 84 13/18	» 93 2/9	1 01 2/3
62	» 34 4/9	» 43	» 51 2/3	» 60 5/9	» 68 8/9	» 77 2/9	» 86 1/9	» 95	1 03 1/3
63	» 35	» 43 3/4	» 52 1/2	» 61 1/4	» 70	» 78 3/4	» 87 1/2	» 96 1/4	1 05
64	» 35 5/9	» 44 4/9	» 53 1/3	» 62 2/9	» 71 1/9	» 80	» 88 8/9	» 97 7/9	1 06 2/3
65	» 36 1/9	» 45 1/9	» 54 1/6	» 63 2/9	» 72 2/9	» 81 7/18	» 90 5/18	» 99 5/18	1 08 1/3
66	» 36 2/3	» 45 5/6	» 55	» 64 1/6	» 73 1/3	» 82 1/2	» 91 2/3	1 » 5/6	1 10
67	» 37 2/9	» 46 1/2	» 55 5/6	» 65 1/9	» 74 4/9	» 83 7/9	» 93 1/18	1 02 2/3	1 11 2/3
68	» 37 7/9	» 47 2/9	» 56 2/3	» 66 1/9	» 75 5/9	» 85	» 94 4/9	1 03 8/9	1 13 1/3
69	» 38 1/3	» 47 8/9	» 57 1/2	» 67 1/9	» 76 2/3	» 86 2/9	» 95 5/6	1 05 4/9	1 15
70	» 38 8/9	» 48 5/9	» 58 2/6	» 68 1/18	» 77 7/9	» 87 1/2	» 97 2/9	1 07	1 16 2/3
71	» 39 4/9	» 49 7/9	» 59 1/6	» 69	» 78 8/9	» 88 7/9	» 98 11/18	1 08 1/2	1 18 1/3
72	» 40	» 50	» 60	» 70	» 80	» 90	1 »	1 10	1 20
73	» 40 5/9	» 50 2/3	» 60 5/6	» 71	» 81 1/9	» 91 1/4	1 01 7/18	1 12 1/2	1 21 2/3
74	» 41 1/9	» 51 7/18	» 61 2/3	» 72	» 82 2/9	» 92 1/2	1 02 7/9	1 13 1/18	1 23 1/3
75	» 41 2/3	» 52 1/9	» 62 1/2	» 72 8/9	» 83 1/3	» 93 3/4	1 04 1/6	1 14 5/9	1 25
76	» 42 2/9	» 52 7/9	» 63 1/3	» 73 8/9	» 84 4/9	» 95	1 05 5/9	1 16 2/9	1 26 2/3
77	» 42 7/9	» 53 1/2	» 64 1/6	» 74 8/9	» 85 5/9	» 96 1/4	1 06 17/18	1 17 2/3	1 28 1/3
78	» 43 1/3	» 54 1/6	» 65	» 75 5/6	» 86 2/3	» 97 1/2	1 08 1/3	1 19 1/6	1 30
79	» 43 8/9	» 54 8/9	» 65 5/6	» 76 7/9	» 87 7/9	» 98 1/9	1 09 13/18	1 21	1 31 2/3
80	» 44 4/9	» 55 1/2	» 66 2/3	» 77 7/9	» 88 8/9	1 »	1 11 1/9	1 22 4/9	1 33 1/3
81	» 45	» 56 1/4	» 67 1/2	» 78 3/4	» 90	1 01 1/4	1 12 1/2	1 23 3/4	1 35
82	» 45 5/9	» 56 8/9	» 68 1/3	» 79 7/9	» 91 1/9	1 02 4/9	1 13 16/18	1 25	1 36 2/3
83	» 46 1/9	» 57 5/9	» 69 1/6	» 80 7/9	» 92 2/9	1 03 6/9	1 15 5/18	1 26 1/2	1 38 1/3
84	» 46 2/3	» 58 2/9	» 70	» 81 7/9	» 93 1/3	1 04 8/9	1 16 2/3	1 28 1/3	1 40

NOMBRES	f 2 p. %	f 2 1/2 p. %	f 3 p. %	f 3 1/2 p. %	f 4 p. %	f 4 1/2 p. %	f 5 p. %	f 5 1/2 p. %	f 6 p. %
	f c	f c	f c	f c	f c	f c	f c	f c	f c
85	» 47 2/9	» 59	» 70 5/6	» 82 2/3	» 94 4/9	1 06 1/4	1 18 1/8	1 29 8/9	1 41 2/3
86	» 47 7/9	» 59 2/3	» 71 2/3	» 83 11/18	» 95 5/9	1 07 1/2	1 19 4/9	1 31 7/9	1 43 2/6
87	» 48 1/3	» 60 1/3	» 72 1/2	» 84 10/18	» 96 2/3	1 08 13/18	1 20 5/6	1 33 5/18	1 45
88	» 48 8/9	» 61 1/9	» 73 1/3	» 85 5/9	» 97 7/9	1 10	1 22 2/9	1 34 7/9	1 46 2/3
89	» 49 4/9	» 61 7/9	» 74 1/6	» 86 5/9	» 98 8/9	1 11 2/9	1 23 11/18	1 36	1 48 1/3
90	» 50	» 62 1/2	» 75	» 87 1/2	1 »	1 12 1/2	1 25	1 37 1/2	1 50
91	» 50 5/9	» 63 3/18	» 75 5/6	» 88 1/2	1 01 1/9	1 13 13/18	1 26 7/18	1 39	1 51 2/3
92	» 51 1/9	» 64	» 76 2/3	» 89 1/3	1 02 2/9	1 15 1/9	1 27 7/9	1 40 1/2	1 53 1/3
93	» 51 2/3	» 64 2/3	» 77 1/2	» 90 1/3	1 03 1/3	1 16 1/3	1 29 1/6	1 42	1 55
94	» 52 2/9	» 65 1/3	» 78 1/3	» 91 1/3	1 04 4/9	1 17 1/2	1 30 5/9	1 43 5/9	1 56 2/3
95	» 52 7/9	» 66	» 79 1/6	» 92 1/3	1 05 5/9	1 18 3/4	1 31 17/18	1 45 1/9	1 58 1/3
96	» 53 1/3	» 66	» 80	» 93 1/3	1 06 2/3	1 20	1 33 1/3	1 46 2/3	1 60
97	» 53 8/9	» 67 2/3	» 80 5/6	» 94 1/3	1 07 7/9	1 21 2/9	1 34 13/18	1 48 1/9	1 61 2/3
98	» 54 4/9	» 68	» 81 2/3	» 95 1/3	1 08 8/9	1 22 4/9	1 36 1/9	1 49 1/2	1 63 1/3
99	» 55	» 68 3/4	» 82 1/2	» 96 1/4	1 10	1 23 3/4	1 37 1/2	1 51 1/4	1 65
100	» 55 5/9	» 69 1/3	» 83 1/3	» 97 1/9	1 11 1/9	1 25 8/9	1 38 16/18	1 52 7/9	1 66 2/3
200	1 11 1/9	1 38 2/3	1 66 2/3	1 94 2/3	2 22 2/9	2 49 7/9	2 77 7/9	3 05 5/9	3 33 1/3
300	1 66 2/3	2 08	2 50	2 92	3 33 1/3	3 74 6/9	4 16 2/3	4 58 1/3	5 »
400	2 22 2/9	2 77 1/3	3 33 1/2	3 89 1/3	4 44 4/9	4 99 6/9	5 55 5/9	6 11 1/9	6 66 2/3
500	2 77 7/9	3 46 2/3	4 16 2/3	4 86 1/9	5 55 5/9	6 24 2/9	6 94 4/9	7 63 8/9	8 33 1/3
600	3 33 1/3	4 16	5 »	5 84	6 66 2/3	7 49 1/3	8 33 1/3	9 16 2/3	10 »
700	3 88 8/9	4 85 1/2	5 88 1/3	6 81 5/9	7 77 7/9	8 75	9 72 2/9	10 69 5/9	11 66 2/3
800	4 44 4/9	5 54 2/3	6 66 2/3	7 78 2/3	8 88 8/9	9 99 1/9	11 11 1/9	12 22 2/9	13 33 1/3
900	5 »	6 25	7 50	8 75	10 »	11 25	12 50	13 75	15 »
1000	5 55 5/9	6 94 4/9	8 33 1/3	9 72 2/9	11 11 1/9	12 50 4/9	13 88 8/9	15 27 7/9	16 66 2/3
1100	6 11 1/9	7 63 1/3	9 16 2/3	10 69 1/3	12 22 2/9	13 76 1/3	15 27 7/9	16 80 5/9	18 33 1/3
1200	6 66 2/3	8 33 1/3	10 »	11 66 2/3	13 33 1/3	15 »	16 66 2/3	18 33 1/3	20 »
1300	7 22 2/9	9 02 7/9	10 83 1/3	12 63 8/9	14 44 4/9	16 25	18 05 5/9	19 86 1/9	21 66 2/3
1400	7 77 7/9	9 72	11 66 2/3	13 61	15 55 5/9	17 50 8/9	19 44 4/9	21 38 8/9	23 33 1/3
1500	8 33 1/3	10 41 2/3	12 50	14 58 1/3	16 66 2/3	18 75	20 83 1/3	22 91 2/3	25 »
1600	8 88 8/9	11 10 1/2	13 33 1/3	15 55 1/2	17 77 7/9	20 »	22 22 2/9	24 44 4/9	26 66 2/3
1700	9 44 4/9	11 80 5/9	14 16 2/3	16 52 1/9	18 88 8/9	21 25	23 61 1/9	25 97 2/9	28 33 1/3
1800	10 »	12 50	15 »	17 50	20 »	22 50	25 »	27 50	30 »
1900	10 55 5/9	13 19 4/9	15 83 1/3	18 47 2/9	21 11	23 75	26 38 8/9	29 02 7/9	31 66 2/3
2000	11 11 1/9	13 88 8/9	16 66 2/3	19 44 4/9	22 22 2/9	25 »	27 77 7/9	30 55 5/9	33 33 1/3
2100	11 66 2/3	14 58 1/3	17 50	20 41 2/3	23 33 3/9	26 25	29 16 2/3	32 08 1/3	35 »
2200	12 22 2/9	15 27 7/9	18 33 1/3	21 38 8/9	24 44 4/9	27 50	30 55 5/9	33 61 1/9	36 66 2/3
2300	12 77 7/9	15 97 2/9	19 16 2/3	22 36 2/9	25 55 5/9	28 75	31 94 4/9	35 13 8/9	38 33 1/3
2400	13 33 1/3	16 66 2/3	20 »	23 33 1/3	26 66 2/3	30 »	33 33 1/3	36 66 2/3	40 »
2500	13 88 8/9	16 86 1/9	20 83 1/3	24 30 5/9	27 77 7/9	31 25	34 72 2/9	38 19 4/9	41 66 2
2600	14 44 4/9	18 05 5/9	21 66 2/3	25 27 7/9	28 88 8/9	32 50	36 11 1/9	39 72 2/9	43 33 1/3
2700	15 »	18 75	22 50	26 25	30 »	33 75	37 50	41 25	45 »

NOMBRES.	2 p. %.	2 1/2 p. %.	3 p. %.	3 1/2 p. %.	4 p. %.	4 1/2 p. %.	5 p. %.	5 1/2 p. %.	6 p. %.
	f c	f c	f c	f c	f c	f c	f c	f c	f c
2800	15 55 5/9	19 44	23 33 1/3	27 22 1/9	31 11 1/9	35 »	38 88 8/9	42 77 1/9	46 66 2/3
2900	16 11 1/9	20 13 8/9	24 16 2/3	28 19 4/9	32 22 2/9	36 25	40 27 7/9	44 30 5/9	48 33 1/3
3000	16 66 2/3	20 83 1/3	25 »	29 16 2/3	33 33 1/3	37 50	41 66 2/3	45 83 1/3	50 »
3100	17 22 2/9	21 53	25 83 1/3	30 14 7/18	34 44 4/9	38 75	43 05 5/9	47 36 1/9	51 66 2/3
3200	17 77 7/9	22 22 2/9	26 66 2/3	31 11 1/9	35 55 5/9	40 »	44 44 4/9	48 88 8/9	53 33 1/3
3300	18 33 1/3	22 91 2/3	27 50	32 08 1/3	36 66 2/3	41 25	45 83 1/3	50 41 2/3	55 »
3400	18 88 8/9	23 61 1/9	28 33 1/3	33 05 5/9	37 77 7/9	42 50	47 22 2/9	51 94 4/9	56 66 2/3
3500	19 44 4/9	24 30 5/9	29 16 2/3	34 02 7/9	38 88 8/9	43 75	48 61 1/9	53 47 2/9	58 33 1/3
3600	20 »	25 »	30 »	35 »	40 »	45 »	50 »	55 »	60 »
3700	20 55 5/9	25 69 4/9	30 83 1/3	35 97 2/9	41 11 1/9	46 25	51 38 8/9	56 52 7/9	61 66 2/3
3800	21 11 1/9	26 38 8/9	31 66 2/3	36 94 8/9	42 22 2/9	47 50	52 77 7/9	58 05 5/9	63 33 1/3
3900	21 66 2/3	27 08 1/3	32 50	37 91 2/3	43 33 1/3	48 75	54 16 2/3	59 58 1/3	65 »
4000	22 22 2/9	27 77 7/9	33 33 1/3	38 88 8/9	44 44 4/9	50 »	55 55 5/9	61 11 1/9	66 66 2/3
4100	22 77 7/9	28 47 2/9	34 16 2/3	39 86 1/9	45 55 5/9	51 25	56 94 4/9	62 63 8/9	68 33 1/3
4200	23 33 1/3	29 16 2/3	35 »	40 83 1/3	46 66 2/3	52 50	58 33 1/3	64 16 2/3	70 »
4300	23 88 8/9	29 85 8/9	35 83 1/3	41 80 5/9	47 77 7/9	53 75	59 72 2/9	65 69 4/9	71 66 2/3
4400	24 44 4/9	30 55 5/9	36 66 2/3	42 77 8/9	48 89 1/9	55 »	61 11 1/9	67 22 2/9	73 33 1/3
4500	25 »	31 25	37 50	43 75	50 »	56 25	62 50	68 75	75 »
4600	25 55 5/9	31 94 1/3	38 33 1/3	44 72 1/9	51 11 1/9	57 50	63 88 8/9	70 27 7/9	76 66 2/3
4700	26 11 1/9	32 63 8/9	39 16 2/3	45 69 4/9	52 22 2/9	58 75	65 27 7/9	71 80 5/9	78 33 1/3
4800	26 66 2/3	33 33 1/3	40 »	46 66 2/3	53 33 1/3	60 »	66 66 2/3	73 33 1/3	80 »
4900	27 22 2/9	34 02 7/9	40 83 1/3	47 63 8/9	54 44 4/9	61 25	68 05 5/9	74 86 1/9	81 66 2/3
5000	27 77 7/9	34 72 2/9	41 66 2/3	48 61 1/9	55 55 5/9	62 50	69 44 4/9	76 38 8/9	83 33 1/3
5100	28 33 1/3	35 41 2/3	42 50	49 58 1/3	56 66 2/3	63 75	70 83 1/3	77 91 2/3	85 »
5200	28 88 8/9	36 21 1/9	43 33 1/3	50 55 5/9	57 77 7/9	65 »	72 22 2/9	79 44 4/9	86 66 2/3
5300	29 44 4/9	36 80 5/9	44 16 2/3	51 52 7/9	58 88 8/9	66 25	73 61 1/9	80 97 2/9	88 33 1/3
5400	30 »	37 50	45 »	52 50	60 »	67 50	75 »	82 50	90 »
5500	30 55 5/9	38 20	45 83 1/3	53 47 2/9	61 11 1/9	68 75	76 38 8/9	84 02 7/9	91 66 2/3
5600	31 11 1/9	38 88 8/9	46 66 2/3	54 44 4/9	62 22 2/9	70 »	77 77 7/9	85 55 5/9	93 33 1/3
5700	31 66 2/3	39 58 1/3	47 50	55 41 2/3	63 33 1/3	71 25	79 16 2/3	87 08 1/3	95 »
5800	32 22 2/9	40 55 5/18	48 33 1/3	56 38 4/9	64 44 4/9	72 50	80 55 5/9	88 61 1/9	96 66 2/3
5900	32 77 7/9	40 97 2/9	49 16 2/3	57 36 1/9	65 55 5/9	73 75	81 94 4/9	90 13 8/9	98 33 1/3
6000	33 33 1/3	41 66 2/3	50 »	58 33 1/3	66 66 2/3	75 »	83 33 1/3	91 66 2/3	100 »
6100	33 88 8/9	42 36 1/9	50 83 1/3	59 30 2/9	67 77 1/9	76 25	84 72 2/9	93 19 4/9	101 66 2/3
6200	34 44 4/9	43 05 5/9	51 66 2/3	60 27 7/9	68 88 8/9	77 50	86 11 1/9	94 72 2/9	103 33 1/3
6300	35 »	43 75	52 50	61 25	70 »	78 75	87 50	96 25	105 »
6400	35 55 5/9	44 44 4/9	53 33 1/3	62 22 2/9	71 11 1/9	80 »	88 88 8/9	97 77 7/9	106 66 2/3
6500	36 11 1/9	45 13 8/9	54 16 2/3	63 19 4/9	72 22 2/9	81 25	90 27 7/9	99 30 5/9	108 33 1/3
6600	36 66 2/3	45 83 1/3	55 »	64 16 2/3	73 33 1/3	82 50	91 66 2/3	100 83 1/3	110 »
6700	37 22 2/9	46 52 7/9	55 83 1/3	65 13 8/9	74 44 4/9	83 75	93 05 5/9	102 36 1/9	111 66 2/3
6800	37 77 7/9	47 22 2/9	56 66 2/3	66 11 1/9	75 55 5/9	85 »	94 44 4/9	103 89 7/18	113 33 1/3

1er COMPTE : Entre commerçants qui se tiennent réciproquement compte du même taux d'intérêts (6 p. 0/0, cours légal), ou lorsque l'emprunteur est toujours débiteur envers son banquier jusqu'au moment du règlement.

M. Boniface, banquier à Avignon, chez M. Elie, banquier à Paris (arrêté du 1er juillet 1859).

1859. DOIT

MOIS.	DATE.	MOTIFS DES PAIEMENTS.	CAPITAUX.		JOURS	NOMBRES. Nombres	Centimes
Janvier.	22	L'importance de son mandat.	1,560	»	160	2,496	»
Février.	6	Suivant son ordre. . . .	1,775	50	145	2,574	47
Mars.	4	A lui-même en espèces . .	6,005	»	119	7,145	95
Id.	13	Suivant son ordre. . . .	3,875	50	110	4,263	05
Avril.	1er	A lui-même en espèces . .	5,966	»	91	5,429	06
Juillet.	1er	Doit intérêts à 6 p. °/o sur 2,817 nombres. . . .	»	»			
		Résultat de la balance des nombres.	46	95			
			19,228	95		21,908	53
		Solde débiteur. . 1,538 45					

1859. AVOIR.

MOIS.	DATE.	MOTIFS DES CRÉANCES.	CAPITAUX.		JOURS.	NOMBRES. Nombres	Centimes
Février.	2	Encaissé son billet sur Barois.	2,550	»	149	3,799	50
Mars.	8	Encaissé sa créance sur Bodin.	1,800	»	115	2,070	»
Id.	15	Encaissé sa disposition sur Martin	3,050	»	108	3,294	54
Id.	22	Produit de ses obligations d'Orléans	5,625	»	101	5,681	25
Avril.	1er	Sa remise en espèces . .	4,665	50	91	4,245	55
		Balance des nombres. . .	. . . .		. . .	2,817	69
		Intérêts à 6 p. °/o sur 2,817 nombres . . 46 95 / Balance sur capitaux . . . 1,491 50	1,538	45			
			19,228	95		21,908	53

2e COMPTE : Entre toutes personnes non commerçantes qui se tiennent réciproquement compte du même intérêt (5 p. 0/0, cours légal), ou lorsque l'emprunteur est toujours débiteur envers le prêteur jusqu'au moment du règlement.

M. Eugène Babin, notaire à Mirecourt, chez M. Joseph Vis, agent d'affaires à Paris. (arrêté le 18 novembre 1859).

1859. DOIT

MOIS.	DATE.	MOTIFS DES PAIEMENTS.	CAPITAUX.		JOURS	Nombres	Centimes
Mai.	21	Achat du répertoire de jurisprudence	210	50	181	381	»
Id.	27	Achat de rente 5 p. °/o . .	3,460	»	175	6,055	»
Juin.	10	Payé son mandat de. . .	1,805	»	161	2,906	05
Id.	22	La facture de N..., miroitier.	1,250	»	149	1,862	50
Juillet.	13	Remise en espèces. . . .	2,700	50	128	3,456	»
Novemb.	18	Doit intérêts à 5 p. °/o sur 3,967 nombres. . . .	55	10			
		Balance des capitaux. . .	1,389	90			
			10,871	»		14,660	55

1859. AVOIR.

MOIS.	DATE.	MOTIFS DES CRÉANCES.	CAPITAUX.		JOURS.	Nombres	Centimes
Juillet.	31	Sa remise en espèces. . .	4,500	50	110	4,950	55
Août.	10	Produit de ses obligations du Nord.	3,750	»	100	3,750	»
Septem.	6	Encaissement sur le Crédit mobilier.	2,620	50	73	1,992	96
		Balance des nombres. . .	. . . .		. . .	3,967	04
			10,871	»		14,660	55
		Solde créditeur au profit de M. Babin . . . 1,388 79					

3e COMPTE : lorsque les intérêts payés par le débiteur ne sont pas les mêmes que ceux payés par le créancier. Exemple : le banquier exige 6 p. %, mais il ne paie à ses clients que 5 p. % ; dans ce cas, il faut arrêter le compte chaque fois que les positions changent, c'est-à-dire lorsque l'emprunteur devient à son tour créancier, et *vice versâ*.

M. Nicolas, fabricant à Rouen, chez M. Isaac, banquier audit Rouen (arrêté les 22 juin et 31 décembre 1859).

1859. DOIT

MOIS.	DATE.	MOTIFS DES PAIEMENTS.	CAPITAUX.	JOURS.	NOMBRES. Nombres	Centièmes
Janvier.	6	Avances en espèces audit Nicolas.	2,500 »	167	4,175	»
Id.	22	Payé sur son ordre . . .	1,800 »	151	2,718	»
Février.	4	Avances en espèces . . .	4,020 »	138	5,547	»
		Doit intérêts à 6 p. % sur 7,655 nombres. . . .	127 58		»	»
		Balance des capitaux. . .	2,852 42		»	»
			11,300 00		12,440	»
Août.	22	Remis audit Nicolas en espèces	3,550 »	131	4,646	»
Septem.	5	Payé son mandat de. . .	1,800 »	117	2,106	»
Octobre.	3	Remis audit Nicolas . . .	4,100 »	89	3,649	»
		Balance des nombres. . .	. . . . .	. . .	4,680	»
		Balance des intérêts à 5 p. %. . . 65 » ; Balance des capitaux. . . 2,202 42	2,267 42			»
			11,717 42		15,081	»

1859. AVOIR

MOIS.	DATE.	MOTIFS DES CRÉANCES.	CAPITAUX.	JOURS.	NOMBRES. Nombres	Centièmes
Avril.	6	Encaissé pour son compte de N.	3,500 »	77	2,695	»
id.	28	Reçu en espèces dudit Nicolas	3,800 »	55	2,090	»
Juin.	22	Encaissé sur divers . . .	4,000 »			
		Balance des nombres. . .	» »		7,655	»
		Solde créditeur au profit de Nicolas, 2852-42.	11,300 »		12,440	»
Juin.	22	La solde créditeur ci-dessus.	2,852 42	192	5,477	»
Août.	20	Encaissé ses dispositions sur Noël	2,800 »	133	3,724	»
Septem.	24	Ses remises en espèces. .	6,000 »	98	5,880	»
		Revient à Nicolas intérêts à 5 % sur 4,680 nombres.	65 »		»	»
		Solde créditeur de Nicolas au 31 décembre 1859, 2,267 42.				
			11,717 42		15,081	»

4e COMPTE : Entre personnes non commerçantes, lorsque le prêteur exige 5 p. % d'intérêts et ne paie à ses clients que 4 p. % : dans ce cas, il faut, comme dans le compte qui précède, arrêter le compte chaque fois que les positions changent.

M. Gilles, rentier à ......, chez M. Jean, notaire à .... (arrêté le 10 juillet et le 31 décembre 1859).

1859. DOIT

MOIS.	DATE.	MOTIFS DES PAIEMENTS.	CAPITAUX.	JOURS.	Nombres	Centièmes
Janvier.	15	Avancé audit Gilles . . .	4,000 »	176	7,040	»
Février.	3	Id. Id.	1,600 »	157	2,512	»
Id.	18	Id. Id.	3,050 »	142	4,331	»
		Intérêts à 5 p. % dus par Gilles, sur 8,297 nombr.	115 24		»	»
		Balance des cap. dus par Jean.	1,484 76		»	»
			10,250 »		13,883	»
Août.	1er	Payé audit Gilles. . . .	1,800 »	152	2,736	»
Octobre.	4	Id. Id.	2,000 »	88	1,760	»
Novemb	15	Id. Id.	660 »	46	303	»
		Balance des nombres. . .	» »		3,243	»
		Intérêts à 4 p. % dus par Jean, sur la balance des nombres, 3,243. 36 03 ; Bal. des cap. dus par Jean, ci. . 3,974 76	4,010 79		»	»
			8,470 79		8,042	»

1859. AVOIR.

MOIS.	DATE.	MOTIFS DES CRÉANCES.	CAPITAUX.	JOURS.	Nombres	Centièmes
Mars.	15	Remboursé par ledit Gilles.	1,800 »	117	2,106	»
Avril.	14	Id. Id. . . .	4,000 »	87	3,480	»
Juillet.	10	Id. Id. . . .	4,450 »	»	»	»
		Balance des nombres. . .	» »		8,297	»
		Solde créditeur à Gilles, 1,484 76.	10,250 »		13,883	»
Juillet.	10	Solde créditeur ci-dessus .	1,484 76	174	2,583	»
Août.	22	A versé en espèces. . .	2,450 »	131	3,209	50
Septem.	4	Id. Id.	1,500 »	118	1,770	»
Décemb.	15	Id. Id.	3,000 »	16	480	»
		Revient à Gilles, intérêts à 4 p. % sur 3,243 nombr.	36 03			
		Solde créditeur à Gilles au 31 déc. 1859, 4,010 79.	8,470 79		8,042	»

POUR RÉGLER LES COMPTES CI-DESSUS.

1° Pour trouver le nombre de jours d'*intérêts* dus pour la somme de 1,560 fr. du 1er compte, arrêtez-vous au 1er tableau qui est celui de janvier; à la colonne de juillet, en regard du chiffre 1er de la 1re colonne, vous trouverez 182; déduisant de ce chiffre le nombre 22, date de l'origine de la dette, il vous restera 160, représentant le nombre de jours d'intérêts jusqu'au 1er juillet, date du règlement.

Faites les mêmes opérations pour les autres sommes.

Si le règlement ou l'échéance était à une autre époque de l'année, il faudrait vous arrêter aux chiffres qui se trouvent dans la colonne du mois du règlement ou de l'échéance, en regard du numéro similaire à la date du règlement ou de l'échéance, inscrit dans la 1re colonne. Exemple :

Pour connaître le nombre de jours du 22 mars au 10 septembre de la même année, voyez le 3e tableau qui est celui de mars; arrêtez-vous à la colonne de septembre en regard du n° 10 de la 1re colonne, vous trouverez le chiffre 194; déduisant 22, date de l'origine de la dette, il restera 172, représentant le nombre de jours d'intérêts du 22 mars au 10 septembre inclus.

Nota. — Les tableaux 13 et 14 servent pour les deux premiers mois de l'année bissextile; pour les autres mois, les 3e, 4e, 5e, 6e, 7e, 8e, 9e, 10e, 11e et 12e peuvent servir, moyennant d'ajouter un jour (après le 28 février) aux nombres indiqués auxdits tableaux.

2° Pour obtenir les *nombres*. Exemples :

Des 160 jours pour les 1,560 fr.—Voyez page 28, au chiffre 160 de la colonne des jours, vous trouverez en regard de ce chiffre sur la même ligne :

A la colonne	de 1,000 francs,	1,600 nombres.	
Id.	de 500	800	
Id.	de 60	96	
Pour	1,560 francs,	2,496 nombres.	

Des 145 jours pour 1,775 fr. 50 c. — Voyez page 28, en regard du chiffre 145 de la colonne des jours et sur la même ligne, vous trouverez :

A la colonne	de 1,000 francs,	1,450 nombres.		
Id.	de 700	1,015		
Id.	de 70	101	id.	50 cent. de nombre.
Id.	de 5	7		25
Id.	de 0 50	0		72 1/2.
Pour	1,775 f. 50 c.	2,574 nombres 47 1/2 centièmes.		

Des 119 jours pour 6,005 fr. — Voyez page 26, en regard du chiffre 119 de la colonne des jours, sur la même ligne, vous trouverez :

A la colonne	de 3,000 francs,	3,570 nombres.		
Id.	de 3,000	3,570		
Id.	de 5	5	id.	95 centièmes.
Pour	6,005 francs,	7,145 nombres 95 centièmes.		

3° Pour calculer les *intérêts* :

La balance des nombres du 1er compte est de 2,817 nombres 69 centièmes; pour connaître la somme d'intérêts qu'ils représentent, voyez le tableau page 43, en regard du chiffre 2,800 de la colonne des nombres, et sur la même ligne, vous trouverez à la colonne 6 p. 0/0. . . . . . 46 fr. 66 2/3

Le tableau page 40, en regard du chiffre 17, vous trouverez à la colonne 6 p. 0/0 . . . . 00 28 1/3

Total des intérêts de la balance de nombres. . . 46 fr. 95

Nota. — Dans le commerce on a l'habitude de considérer 360 jours pour une année, d'où il résulte que les intérêts se comptent à raison de 5 ou 6 francs par 100 francs pour 360 jours. Ainsi, dans les comptes d'intérêts où on ne voudrait pas dépasser 5 ou 6 p. 0/0 d'intérêts par 100 francs, pour 365 jours, il y aurait à déduire de l'importance des intérêts 1 fr. 37 c. par 100 francs.

1	2	3	4	5	6	7	8	9
2	4	6	8	10	12	14	16	18
3	6	9	12	15	18	21	24	27
4	8	12	16	20	24	28	32	36
5	10	15	20	25	30	35	40	45
6	12	18	24	30	36	42	48	54
7	14	21	28	35	42	49	56	63
8	16	24	32	40	48	56	64	72
9	18	27	36	45	54	63	72	81

SECTION 2.
SYSTÈME DÉCIMAL.

§ 1er. — *Mesures de capacité.*

MESURES.		CONCORDANCE du nouveau système avec l'ancien.			OBSERVATIONS.
DÉNOMINATION.	VALEUR.	ANCIEN.	NOUV.	MESURES.	
L'hectolitre.	litres. 100	Le pot	l d c 2 00	Le double litre.	Cette concordance est adoptée par l'usage, quoiqu'elle ne soit pas tout à fait exacte : ainsi, le pot d'Aire correspondait à 2 lit. 10 cent.; le pot d'Ardres à 2 lit. 41 cent.; celui d'Arras à 2 lit. 12 cent.; celui de Béthune à 2 lit. 14 cent.; celui d'Auxi-la-Réunion à 2 lit. 67 cent., etc., etc. . . . La pinte de Paris à 9 décil. 3 cent. (93 centilitres).
Le 1/2 hectolitre	50	Le 1/2 pot.	1 00	Le litre.	
Le 5me d'hect.	20	La pinte.	» 50	Le demi litre.	
Le décalitre ou 10me.	10				
Le 1/2 décalitre ou 20me.	5	La 1/2 pinte.	» 25	Le double décilitre avec le demi décilitre.	
Le double litre.	2l. » c.				
Le litre.	1 »	La potée.	» 12 1/2	Le décilitre, le double décilitre et moitié d'un centilitre.	
Le 1/2 litre.	» 50				
Le double décil.	» 20	La 1/2 potée.	» 6 1/4	Le demi décilitre avec le centilitre.	
Le décilitre.	» 10				
Le 1/2 décilitre	» 5	La collette.	» 3	Le double centilitre avec le centilitre.	
Le double cent.	» 2				
Le centilitre.	» 1	La 1/2 coll.	» 1 1/2	Le centilitre avec sa moitié.	

La vérification des mesures de capacité est facile : un litre d'eau distillée ou bien limpide correspondant à 1 kilo.

Dans le commerce, on vérifie certains liquides par le poids qui leur est reconnu par l'expérience, ayant égard à la température. Ainsi, pour les huiles :

	CENT LITRES donnent en poids.	
	Colzas.	Œillettes
Pendant les chaleurs (juillet, août)	90k	91k
— les chaleurs tempérées (septembre, octobre, etc.) .	90k 5h	91k 5h
— l'hiver, sans gelée (novembre, décembre, janvier).	91k	92k
En hiver, pendant les gelées.	91k 5h	92k 5h

ANCIENNES MESURES AUX GRAINS.	
DÉNOMINATION.	CONCORDANCE AVEC LE SYSTÈME DÉCIMAL.
Rasière.	La rasière d'Aire correspondait à 1 hectol. 3 lit. 6 décilit.
1/2 rasière.	Id. d'Arras id. à 8 décal. 6 lit. 3 décilit.
Quartier.	Id. de Bapaume id. à 8 décal. 4 lit. 9 décilit.
1/2 quartier.	Id. de Béthune id. à 7 décal. 8 lit. 9 décilit.
16me.	Id. de Béthune, pour les grains de mars.
32me.	Une rasière correspondait à 1 hectol. 1 décal. 14 décilit. Cette différence pour les graines de mars existait aussi à Arras, où elle était pour les œillettes de 1 hectolitre 8 litres 7 décilitres. Le boisseau de Paris à 13 litres 1 centilitre ; 10 boisseaux à 130 litres 8 centilitres.

§ 2

Mesures de solidité pour les bois de chauffage.

ANCIENNES MESURES.				OBSERVATIONS.
DÉNOMINATION.	LOCALITÉS où elles étaient en usage.	LEUR CONCORDANCE avec le système décimal. Stères.	Centisières.	
La corde.	Arras, Aubigny.	2	43	La corde de Béthune contient 40 faisceaux.
La corde.	Bapaume.	3	84	
La corde.	Béthune.	2	85	
10 sommes.	Calais.	2	57	La somme de Calais contient 61 marques.
10 sommes.	Guines et Boulogne.	3	28	
La corde.	Hesdin, Montreuil.	3	23	La corde de Lillers contient 100 faisceaux.
La corde.	Lillers.	2	09	
La somme.	Saint-Omer.	3	45	
La 1/2 corde.	Saint-Pol.	3	08	

Le stère doit toujours avoir un mètre à sa base, la hauteur des membrures ou montants est réglée sur le plus ou moins de longueur des bûches (morceaux de bois divisés pour le chauffage).

LONGUEUR DES BUCHES.				HAUTEUR des membrures.		LONGUEUR des bûches.		HAUTEUR des membrures.	
PIEDS de 12 pouces.		MÈTRES.							
Pieds.	Pouces.	Mètre.	Millimètres.	Mètre	Centim.	Mètre.	Centim.	Mètre.	Centim.
3	1	1	001 1/2	1	00	0	90	1	11
3	2	1	028 1/2	0	97	0	92	1	09
3	4	1	082 1/2	0	92	0	94	1	06
3	6	1	137	0	88	0	96	1	04
3	8	1	191	0	84	0	98	1	02
3	10	1	245	0	80	1	00	1	00
4	0	1	299	0	77	1	10	0	91

Le mètre cube est une masse solide, terminée par six faces égales au mètre carré ; c'est-à-dire ayant un mètre de longueur et un mètre de largeur.

§ 3

Mesures de longueur.

Les mesures usitées pour la vente des tissus se nommaient *aunes ;* elles différaient de longueur dans plusieurs localités de l'Artois. Ainsi :

L'aune employée à Aire, Saint-Omer, Ardres, Hesdin et Montreuil, correspondait à 71 centimètres.

Celle en usage à Arras, Aubigny, Béthune, Bapaume, Carvin, Frévent, Fruges, Lens, Lillers, Oisy, Saint-Venant et Saint-Pol, concordait à 70 centim.

Celle d'Auxi-la-Réunion dite d'Abbeville correspondait à 82 centimètres.

Celle de Boulogne et Samer concordait à 73 centimètres.

Celle de Tournehem correspondait à 72 centimètres.

Et l'aune de Paris correspondait à 1 mètre 19 centimètres.

Actuellement dans la pratique on considère l'aune de Paris, dite aune de France, comme correspondant à 1 mètre 20 centimètres, et l'aune d'Artois, dite petite aune, comme correspondant à 70 centimètres.

Le tableau ci-après a donc été calculé sur ces deux aunages, 1 mètre 20 centimètres pour l'aune de France et 70 centimètres pour la petite aune :

TABLEAU DE CORRESPONDANCE DES ANCIENNES MESURES D'AVEC LE MÈTRE.

Tarif des prix de vente pour tous aunages.

MESURES.			PRIX DE VENTE A RAISON DU MÈTRE CALCULÉ POUR CHAQUE AUNAGE INSCRIT AUX COLONNES DES MESURES.												
AUNE de France.	AUNE d'Artois	MÈTRE.	50c	55c	60c	65c	70c	75c	80c	85c	90c	95c	1f	2f	3f
		c m	c	c	c	c	c	c	c	c	f c	f c	f c	f c	f c
»	1/32e ou 1/2 taille	02 1 1/2	» 01	» 01	» 01 1/4	» 01 1/2	» 01 1/2	» 01 3/4	» 01 3/4	» 02	» 02	» 02	» 02 1/4	» 04 1/2	» 06 3/4
1/32e ou 1/2 taille	»	03 7 1/2	» 02	» 02	» 02 1/4	» 02 1/4	» 02 1/2	» 03	» 03	» 03	» 03 1/2	» 03 1/2	» 03 3/4	» 07 1/2	» 11 1/4
»	1/16e ou 1 taille.	C4 3 3/4	» 02 1/5	» 02 1/2	» 02 1/2	» 03	» 03	» 03 1/4	» 03 1/2	» 04	» 04	» 04	» 04 1/4	» 08 1/2	» 13
1/61e ou 1 taille.	»	07 5 1/2	» 03 3/4	» 04	» 04 1/2	» 04 1/2	» 05 1/4	» 06	» 06	» 06 1/4	» 07	» 07	» 07 1/2	» 15	» 22 1/2
»	1/08e ou 1/2 q.	08 7 1/2	» 04 1/4	» 05	» 05 1/4	» 06	» 06	» 06 1/2	» 07	» 07 1/2	» 08	» 08	» 09	» 17 1/2	» 26
1/8e ou 1/2 q.	»	15 »	» 07 1/2	» 08 1/4	» 09	» 10	» 10 1/2	» 11 1/4	» 12	» 13	» 13 1/2	» 14 1/4	» 15	» 30	» 45
»	1/4	17 5	» 08 3/4	» 10	» 10 1/2	» 11 1/3	» 12 1/4	» 13	» 14	» 15	» 15 3/4	» 16 1/2	» 18 1/2	» 35	» 53
»	3/8e	26 2 1/2	» 13	» 14 1/2	» 15 3/4	» 17	» 18 1/2	» 19 3/4	» 21	» 22 1/2	» 24	» 25	» 26 1/4	» 52 1/2	» 79
1/4	»	30 »	» 15	» 16 1/2	» 18	» 19 1/2	» 21	» 22 1/2	» 24	» 25 1/2	» 27	» 28 1/2	» 30	» 60	» 90
»	1/2	35 »	» 17 1/2	» 19 1/4	» 21	» 22 3/4	» 24 1/2	» 26 1/4	» 28	» 30	» 31 1/2	» 33 1/4	» 35	» 70	1 05
»	5/8e	43 7 1/2	» 22	» 24	» 26 1/4	» 28 1/2	» 30 1/2	» 33	» 35	» 37 1/4	» 39 1/2	» 41 1/2	» 44	» 88	1 32
3/8e	»	45 »	» 22 1/2	» 24 3/4	» 27	» 29 1/4	» 31 1/2	» 33 3/4	» 36	» 38 1/4	» 40 1/2	» 42 3/4	» 45	» 90	1 35
»	3/4	52 5	» 26	» 29	» 31 1/2	» 34	» 37	» 39 1/4	» 42	» 45	» 47 1/4	» 50	» 52 1/2	1 05	1 57 1/2
1/2	»	60 »	» 30	» 33	» 36	» 39	» 42	» 45	» 48	» 51	» 54	» 57	» 60	1 20	1 80
»	7/8e	61 2 1/2	» 30 3/4	» 34	» 36 3/4	» 40	» 43	» 46	» 49	» 52 1/2	» 55	» 58	» 61 1/4	1 22 1/2	1 83 1/2
»	1 aune.	70 »	» 35	» 38 1/2	» 42	» 45 1/2	» 49	» 52 1/2	» 56	» 59 1/2	» 63	» 66 1/2	» 70	1 40	2 10
5/8e	»	75 »	» 37 1/2	» 41 1/4	» 45	» 48 3/4	» 52 1/2	» 56 1/4	» 60	» 64	» 67 1/2	» 71 1/4	» 75	1 50	2 25
3/4	»	90 »	» 45	» 49 1/2	» 54	» 58 1/2	» 63	» 67 1/2	» 72	» 76 1/2	» 81	» 85 1/2	» 90	1 80	2 70
7/8e	»	105 »	» 52 1/2	» 57 3/4	» 63	» 68 1/4	» 73 1/2	» 78 3/4	» 84	» 89 1/4	» 94 1/2	1 »	1 05	2 10	3 15
1 aune.	»	120 »	» 60	» 66	» 72	» 78	» 84	» 90	» 96	1 02	1 08	1 14	1 20	2 40	3 60

4f	5f	6f	7f	8f	9f	10f	11f	12f	13f	14f	15f	16f	17f	18f	19f	20f
f c	f c	f c	f c	f c	f c	f c	f c	f c	f c	f c	f c	f c	f c	f c	f c	f c
» 09	» 11	» 13 1/2	» 16	» 18	» 20	» 22	» 24 1/4	» 26 1/2	» 29	» 30	» 33	» 35 1/2	» 38	» 40	» 41	» 4
» 15	» 19	» 22 1/2	» 26	» 30	» 34	» 38	» 42	» 45	» 49	» 52 1/2	» 56	» 60	» 64	» 68	» 71 1/4	» 7
» 17	» 22	» 26	» 30	» 34	» 39	» 42	» 48 1/4	» 52 1/2	» 56	» 61	» 66	» 68	» 73	» 78	» 83	» 8 1/
» 30	» 37 1/2	» 45	» 52	» 60	» 67 1/2	» 75	» 82 1/2	» 90	» 97 1/2	1 05	1 12 1/2	1 20	1 27 1/2	1 35	1 42 1/2	1 5
» 35	» 44	» 53	» 61	» 70	» 79	» 88	» 97	1 06	1 14	1 22 1/2	1 32	1 40	1 53	1 57 1/2	1 66 1/4	1 7
» 60	» 75	» 90	1 05	1 20	1 35	1 50	1 65	1 80	1 95	2 10	2 25	2 40	2 55	2 70	2 85	3
» 70	» 88	1 05	1 22 1/2	1 40	1 58	1 76	1 94	2 12	2 27 1/2	2 45	2 64	2 80	3 06	3 15	3 32 1/2	3 5
1 05	1 31	1 58	1 84	2 10	2 36	2 62	2 88 1/4	3 16 1/2	3 41	3 67	3 93	4 20	4 47	4 72	4 99	5
1 20	1 50	1 80	2 10	2 40	2 70	3 »	3 30	3 60	3 90	4 20	4 50	4 80	5 10	5 40	5 70	6
1 40	1 75	2 10	2 45	2 80	3 15	3 50	3 85	4 20	4 55	4 90	5 25	5 60	5 95	6 30	6 65	7
1 76	2 19	2 64	3 06	3 52	3 96	4 38	4 82	5 26	5 71	6 12 1/2	6 57	7 04	7 48	7 92	8 31 1/4	8
1 80	2 25	2 70	3 15	3 60	4 05	4 50	4 95	5 40	5 85	6 30	6 75	7 20	7 65	8 10	8 55	9
2 10	2 62	3 15	3 67	4 20	4 72	5 24	5 76 1/2	6 29	6 82	7 34	7 86	8 40	8 92	9 44	9 97 1/2	10
2 40	3 »	3 60	4 20	4 80	5 40	6 »	6 60	7 20	7 80	8 40	9 »	9 60	10 20	10 80	11 40	12
2 45	3 06	3 67	4 28	4 90	5 50	6 12	6 73	7 34	5 96	8 56 1/2	9 18	9 80	10 40	11 »	11 64	12
2 80	3 50	4 20	4 90	5 60	6 30	7 »	7 70	8 40	9 10	9 80	10 50	11 20	11 90	12 60	13 30	14
3 »	3 75	4 50	5 25	6 »	6 75	7 50	8 25	9 »	9 75	10 50	11 25	12 »	12 75	13 50	14 25	15
3 60	4 50	5 40	6 30	7 20	8 10	9 »	9 90	10 80	11 70	12 60	13 50	14 40	15 30	16 20	17 10	18
4 20	5 25	6 30	7 35	8 40	9 45	10 50	11 55	12 60	13 65	14 70	15 75	16 80	17 85	18 90	19 95	21
4 80	6 »	7 20	8 40	9 60	10 80	12 »	13 20	14 40	15 60	16 80	18 »	19 20	20 40	21 60	22 80	24

Mesures de pesanteur.

DÉNOMINATION des Poids.	VALEUR des Poids.						
	Kilogr.	Hectogr.	Décagr.	Gramme.	Décigr.	Centigr.	Milligr.
Le kilo.	1	0	0	0	0	0	0
Le 1/2 kilo.	0	5	0	0	0	0	0
Le double hect.	0	2	0	0	0	0	0
L'hectogramme.	0	1	0	0	0	0	0
Le 1/2 hectog.	0	0	5	0	0	0	0
Le double déca.	0	0	2	0	0	0	0
Le décagramme.	0	0	1	0	0	0	0
Le 1/2 décagr.	0	0	0	5	0	0	0
Le double gr.	0	0	0	2	0	0	0
Le gramme.	0	0	0	1	0	0	0
Le décigramme.	0	0	0	0	1	0	0
Le 1/2 décigr.	0	0	0	0	0	5	0

Ce dernier poids est le plus petit qui soit en usage dans le commerce d'or.

CONCORDANCE DES ANCIENS POIDS avec les nouveaux. Anciens.	Nouveaux.						
		Kilogr.	Hectogr.	Décagr.	Gramme.	Décigr.	Centigr.
2 livres.	Un kilo.	1	0	0	0	0	0
La livre.	Le 1/2 kilo.	0	5	0	0	0	0
La 1/2 livre (8 onces).	Le double hectogr. et le 1/2 hectog.	0	2	5	0	0	0
Le 1/4 de l. (4 onces).	L'hectogramme. Le double décagram. Le 1/2 décagramme.	0	1	2	5	0	0
2 onces.	Le 1/2 hectogramme. Le décagramme. Le double gramme 5 décigrammes.	0	0	6	2	5	0
1 once (8 g.)	Le double décagram. Le décagramme. Le gramme 2 décigrammes 1/2.	0	0	3	1	2	5
1/2 once (4 gros).	Le décagramme. Le 1/2 décagramme 6 décigrammes.	0	0	1	5	6	2 1/2
1 gros (72 grains)	Le double gramme. Le gramme. 9 décigrammes.	0	0	0	3	9	0

Aussitôt après la promulgation de la loi qui a remplacé l'ancien système par le système décimal, les détaillants et les consommateurs adoptèrent le kilo au lieu du poids de deux livres (à 16 onces pour une livre), ce qui n'était pas absolument exact, puisqu'il faut ajouter 10 grammes 5 décigrammes à la livre pour concorder avec 500 grammes; de sorte qu'il faut 2 livres 5 gros 35 grains pour représenter 1 kilogramme.

Ceci est démontré par les deux tableaux qui suivent :

Livres (ou 16 onces).	Onces (ou 8 gros.)	Gros (ou 72 grains)	Grains.	Kilogr.	Hectog.	Décagr.	Gramme	Décigr.	Centigr.	Milligr.
0	0	0	2	0	0	0	0	1	0	6
0	0	0	10	0	0	0	0	5	3	2
0	0	0	12	0	0	0	0	6	3	7
0	0	0	12	0	0	0	0	6	3	7
0	0	0	36	0	0	0	1	9	1	2
0	0	1	0	0	0	0	3	8	2	4
0	0	2	0	0	0	0	7	6	4	9
0	0	4	0	0	0	1	5	2	9	7
0	1	0	0	0	0	3	0	5	9	4
0	2	0	0	0	0	6	1	1	8	8
0	4	0	0	0	1	2	2	3	7	6
0	8	0	0	0	2	4	4	7	5	3
1	0	0	0	0	4	8	9	5	0	5

Kilogr.	Hectogr.	Décagr.	Gramme.	Décigr.	Centigr.	Milligr.	Livres.	Onces.	Gros.	Grains.	Centigr.
0	0	0	0	0	0	5	0	0	0	0	9
0	0	0	0	0	0	0	0	0	0	0	0
0	0	0	0	5	0	0	0	0	0	9	41
0	0	0	9	0	0	0	0	0	2	25	44
0	0	8	0	0	0	0	0	2	4	66	17
0	4	0	0	0	0	0	0	13	0	42	86
0	4	8	9	5	0	5	1	0	0	0	0

Pour balancer la livre avec le 1/2 kilo il faut ajouter :

0	0	0	7	6	4	9	0	0	2	0	0
0	0	0	2	8	5	1	0	0	0	53	75
0	5	0	0	0	0	5	1	0	2	53	75

SECTION III.

Pour éviter la peine de rechercher les décisions législatives dont l'application est d'un usage fréquent, l'auteur de cet ouvrage a cru devoir donner un extrait résumé de diverses lois dont la connaissance est indispensable dans le commerce. Les lois sur les patentes auraient dû figurer dans cet ouvrage, mais comme ces lois, à elles seules, nécessitaient presqu'un volume, il n'a pas été possible de les donner dans ce *Manuel*, dont le plus grand mérite est d'être peu volumineux.

§ 1er

Droits sur les voitures publiques.

Services réguliers.

Le droit est : 1° du dixième du prix des places sous la déduction pour les places vides d'un tiers du prix total des places. Loi du 17 juillet 1819.

Décision ministérielle : « Lorsque les entrepreneurs déclarent que la » somme exigée des voyageurs comprend le pour boire du conducteur » ou postillon, on retranche un dixième pour ce pour boire sur le produit » brut de la somme représentant la totalité des places déclarées, et le » restant, après déduction de la remise accordée pour les places vides, » sera seul passible du droit du dixième. »

2° Du dixième du prix reçu pour transports de marchandises et autres objets.

3° Il sera perçu en sus deux décimes par franc sur l'importance de ces droits.

Le paiement desdits droits pourra être exigé tous les dix jours.

Services d'occasion ou à volonté.

Par voiture, quelque soit le nombre des roues.	Les droits sont :				Art. 8. Loi du 28 juin 1833.
	De 1 à 2 places. . . .	10 fr.	» c.	par trimestre.	
	à 3 places. . . .	15	»	idem.	
	à 4 places. . . .	20	»	idem.	
	à 5 places. . . .	24	»	idem.	
	à 6 places. . . .	27	50	idem.	
	Pour chaque place au-dessus de ce nombre .	2	50	idem.	
	En sus deux décimes par franc.				

Ce droit sera exigible par trimestre et d'avance ; il sera toujours dû pour un trimestre entier à quelqu'époque que commence le service.

Sont considérées comme partant d'occasion ou à volonté les voitures qui, dans leur service habituel d'un point fixe à un autre, ne sortent pas d'une même ville ou d'un rayon de 15 kilomètres de ses limites, pourvu qu'il n'y ait pas *continuité immédiate* de service pour un point plus éloigné, même après changement de voiture.

§ 2.

Direction de la poste aux lettres.

Ports des lettres et paquets, etc.
—
Lois du 9 avril 1859 et antérieures.

L'administration des postes est responsable jusqu'à concurrence de 2,000 francs, sauf perte par force majeure, des valeurs insérées dans les lettres lorsque la déclaration de l'importance de ces valeurs est portée en toutes lettres sur la suscription de l'enveloppe. Le reçu du destinataire décharge l'administration. Toutes contestations sont du ressort des tribunaux civils.

Ces lettres paieront un droit proportionnel de 10 centimes par 100 francs ou fraction de 100 francs, en sus de la taxe des lettres chargées ci-après déterminées.

Fausse déclaration.
—
Prison.

Emprisonnement d'un mois à un an, amende de 16 à 500 francs pour déclaration supérieure aux valeurs insérées dans les lettres. Si le préjudice n'excède pas 25 francs, et s'il y a circonstance atténuante, l'emprisonnement peut être réduit au-dessous de 6 jours et l'amende au-dessous de 16 francs. Dans tous les cas, ces peines ne peuvent être réduites au-dessous des peines de simple police.

En cas de remboursement, l'administration est subrogée dans les droits du propriétaire qui est tenu de faire connaître la nature des valeurs et les circonstances nécessaires à l'exercice de ces droits.

Amende.

Amende de 50 à 500 francs pour l'insertion d'or, argent et autres objets précieux dans les lettres, ainsi que de valeurs au porteur dans des lettres non-chargées.

Indemnité de 50 francs pour la perte de lettres chargées.

Taxe des lettres chargées pour l'intérieur, la Corse, l'Algérie et réciproquement.

Taxe.

Jusqu'à 10 grammes inclus . . . . . » 20 c. } En outre, un droit
De 10 grammes à 20 grammes inclus. . » 40 } fixe de 20 cent. par
De 20 grammes à 100 grammes inclus. » 80 } chaque lettre.

Au-dessus de 100 grammes, on ajoute 80 centimes par 100 grammes ou fraction de 100 grammes.

Taxe des lettres non-chargées.

	Affranchi.	N.-affranchi	Dans les lieux et distribution dépendant des bureaux de poste.
	—	—	—
De 0 à 7 grammes 1/2.	» 20 c.	» 30 c.	» 10 c.
De 7 gr. 1/2 à 15 gr. .	» 40	» 60	» 20
De 15 à 30 gr.	» »	» »	» 30
De 30 à 60 gr.	» »	» »	» 40
De 15 à 100 gr.	» 80	1 20	Au-dessus de 60 grammes, ajoutez 10 c. par 30 gr. ou fraction de 30 grammes.
Au-dessus de 100 grammes, on ajoute cette dernière taxe par 100 grammes ou fraction de 100 grammes.			Pour le chargement, on ajoute 20 c. par chaque lettre.

Taxes des catalogues, circulaires, prospectus, prix-courants, livres, gravures, lithographies et échantillons, lorsqu'ils sont affranchis.

Un centime de 0 à 5 grammes inclus ; au-dessus de ce poids, 1 centime par 5 grammes ou fraction jusqu'à 50 grammes inclus.

10 centimes de 50 à 100 grammes inclus.

Au-desssus de 100 gr., 1 cent. par 10 gr. ou fraction de 10 gr.

Echantillons.

Echantillons : Leur poids ne doit pas dépasser 300 grammes et leur dimension 45 centimètres, lorsqu'ils sont collés sur papier ou sur carton, et de toute autre manière, 25 centimètres ; ils ne doivent renfermer aucunes lettres ou notes manuscrites pouvant tenir lieu de correspondance, sous peine d'une amende de 150 à 300 francs, et, en cas de récidive, de 300 francs à 3,000 francs.

Papiers d'affaires.

Par paquets affranchis : La taxe des papiers de commerce ou d'affaires est de 50 cent. par 500 gr. et au-dessous. Au-dessus de 500 gr., 1 cent. par chaque 10 gr. ou fraction de 10 gr. Leur poids ne doit pas dépasser 3 kilog. ; leur dimension 45 centimètres.

Envoi d'argent.

La taxe des envois d'argent est de 2 p. 100 ; il n'est pas reçu de dépôt d'argent au-dessous de 50 centimes. Au-dessus de 10 fr. on paie 35 c. pour le timbre du mandat. Le port de la lettre et du mandat est exempt du droit fixe de 20 cent.

§ 3.

Timbres pour effets de commerce.

Loi des 7, 22 mars et 5 juin 1850. — Art. 1er.

Le droit de timbre proportionnel pour tous effets négociables ou de commerce est fixé, savoir :

De 0 f. à 100 f. inclus.	De 100 fr. à 200 inclus.	De 200 fr. à 300 inclus.	De 300 fr. à 400 inclus.	De 400 fr. à 500 inclus.	De 500 fr. à 1,000 inclus.	De 1,000 f. à 2,000 inclus.	De 2,000 f. à 3,000 inclus.	De 3,000 fr. à 4,000 inclus.
» 05	» 10	» 15	» 20	» 25	» 50	1 »	1 50	2 »
Au-dessus de 4,000 fr., 50 cent. par 1,000 fr. sans fraction.								

Remplace l'art. 3.

Nota. — *Décret du 18 janvier 1860* : « Il sera établi des timbres » mobiles dont le prix et l'emploi sont fixés par l'article 1er de la loi du » 5 juin 1850. Ils seront collés sur les effets venant de l'étranger, des » îles ou des colonies avant leur usage en France, savoir : avant les endos- » sements si l'effet n'a pas été négocié, et après le dernier endossement » souscrit en pays étranger s'il a été négocié.

» Le signataire de l'acceptation, de l'aval, de l'endossement et de l'ac- » quit, après avoir apposé le timbre, inscrira la date de l'apposition et sa » signature.

» Ces timbres ne seront pas apposés aux effets de plus de 20,000 » francs, qui continuent à être soumis au *visa* pour timbre. »

Art. 2. — Visa pour timbre.

Un effet non-timbré doit être visé pour timbre dans les quinze jours de sa date ; celui qui le reçoit doit le faire viser pour timbre dans tous les cas avant sa négociation. Le droit sera de 15 centimes par 100 francs ou fraction de 100 francs, qui sera réuni au montant de l'effet nonobstant toute stipulation contraire.

Art. 4. — Amendes.

En cas de contravention aux prescriptions qui précèdent, articles 1, 2, 3, le souscripteur, l'accepteur, le bénéficiaire ou premier endosseur de l'effet non-timbré ou non-visé pour timbre, paieront chacun une amende de 6 pour 100. — A l'égard des effets provenant de l'étranger, outre l'application des amendes prescrites par le paragraphe qui précède, le premier des endosseurs résidant en France, à son défaut le porteur, sera passible d'une amende de 6 pour 100. — Si la contravention résulte de l'emploi d'un timbre inférieur à celui qui devait être employé, l'amende ne portera que sur la somme pour laquelle le droit de timbre n'aura pas été payé.

Le porteur d'une lettre de change non-timbrée ou non-visée n'aura d'action, en cas de non acceptation, que contre le tireur; en cas d'acceptation il aura seulement action contre l'accepteur et contre le tireur si ce dernier ne justifie pas qu'il y avait provision à l'échéance. — Le porteur de tout autre effet sujet au timbre et non-timbré n'aura d'action que contre le souscripteur. Toutes stipulations contraires seront nulles. Art. 5.

Les contrevenants sont solidaires pour le paiement des droits de timbre et amendes ; le porteur en fera l'avance, sauf son recours contre ceux qui en étaient passibles. Art. 6.

Toutes personnes, sociétés ou établissements publics qui font encaisser des effets non-timbrés ou non-visés sont passibles d'une amende de 6 pour 100 du montant des effets. Art. 7.

Toute mention de retour sans frais est nulle, si elle est relative à des effets non-timbrés ou non-visés pour timbre. Art. 8.

La présente loi est applicable aux effets de commerce souscrits en France et payables hors de France. Art. 9.

L'exemption du timbre accordée par l'art. 6 de la loi du 1er mai 1822 aux duplicata de lettres de change est maintenue. Toutefois si la première, timbrée ou visée pour timbre, n'est pas jointe à celle mise en circulation et destinée à recevoir les endossements, le timbre ou visa pour timbre devra toujours être apposé sur cette dernière, sous les peines prescrites par la présente loi, qui n'est applicable qu'aux effets souscrits à partir du 1er octobre 1850. Art. 10.

§ 4.

Diverses dispositions légales.

Conditions essentielles pour la validité des conventions, billets à ordre et autres actes commerciaux.

Quatre conditions sont essentielles pour la validité d'une convention : Art. 1108, C. civil.
1° Le consentement de la partie qui s'oblige ;

2° Sa capacité de contracter (les incapables sont : les mineurs, les interdits, les femmes mariées et autres personnes dans les cas exprimés par la loi)

3° Un objet certain qui forme la matière de l'engagement ;

4° Une cause licite dans l'obligation.

De la forme de la lettre de change et du billet à ordre.

1° La lettre de change est tirée d'un lieu sur un autre ;

2° Elle est datée ;

3° Elle énonce la somme à payer ;

4° Elle indique le nom de celui qui doit payer *(le billet à ordre énonce en outre le nom de celui à l'ordre de qui il est souscrit);*

5° L'époque et le lieu du paiement ;

6° La valeur fournie en espèces, en marchandises, en compte ou de toute autre manière ;

7° Elle est à l'ordre d'un tiers ou du tireur lui-même ;

8° Si elle est par première, deuxième, troisième, quatrième, etc., elle l'exprime.

Le billet ou la promesse sous seing-privé par lequel on s'engage à payer une somme d'argent, doit être écrit en entier de la main de celui qui s'oblige ou du moins qu'outre sa signature, il écrive un bon portant en toutes lettres la somme due.

La signature seule suffit à l'égard des marchands, artisans, laboureurs, vignerons, gens de journée et de service. — Lorsque la somme exprimée en l'acte est différente de celle exprimée au bas de l'obligation, elle est présumée n'être que de la somme moindre à moins qu'il ne soit prouvé de quel côté est l'erreur.

A. 113 C. com. Art. 1312, C. civil. A. 114 C. com. La signature des femmes et des filles non négociantes ou marchandes publiques, sur lettre de change, ne vaut, à leur égard, que comme simple promesse ; celles des mineurs non-négociants sont nulles à leur égard, à moins qu'il ne soit prouvé que ce qui a été payé a tourné à leur profit.

De l'endossement.

Art. 136, 137, et 139. C. com. La propriété d'une lettre de change se transmet par la voie de l'endossement qui doit être daté, exprimer la valeur fournie et énoncer le nom de celui à l'ordre de qui il est passé ; défense d'antidater les ordres, à peine de faux.

De l'acceptation.

Le tireur et les endosseurs d'une lettre de change sont garants solidaires de l'acceptation et du paiement à l'échéance. — Le refus d'acceptation est constaté par un protêt faute d'acceptation. Art. 118, et 119. C. com.

L'acceptation d'une lettre de change (qui peut être restreinte quant à la somme), est exprimée par le mot ACCEPTÉ. Elle doit être signée et entraîne l'obligation d'en payer le montant, quand même le tireur aurait failli à son insu. — Elle est datée, si la lettre est à un ou plusieurs jours ou mois de vue. Art. 122, et 124. C. com.

Elle doit être acceptée dans les vingt-quatre heures de sa présentation, celui qui ne l'a pas rendue après ce délai est passible de dommages-intérêts envers le porteur. — Lorsque l'acceptation est restreinte, le porteur doit faire protester pour le surplus. — Tous ceux qui ont signé, accepté, ou endossé une lettre de change, sont tenus à la garantie solidaire envers le porteur. — Elle doit être payée dans la valeur qu'elle indique. Art. 125, 140, et 143. C. com.

Du paiement.

Le paiement doit être réclamé le jour de l'échéance. Art. 161, C. com.

Néanmoins la lettre de change, payable en foire, est échue la veille de la clôture de cette foire ou le jour de la foire, si elle ne dure qu'un jour. Elle est également payable la veille, si l'échéance est un jour férié légal. Art. 133, C. com.

Le refus de paiement doit être constaté le lendemain de l'échéance par un protêt; si ce jour est un jour férié légal, le protêt est fait le jour suivant. Art. 162, C. com.

« Un débiteur qui a refusé le paiement le jour de l'échéance ne peut » se libérer le lendemain qu'en offrant, outre l'importance du billet, les » frais du protêt commencé, attendu que c'est par suite de son retard que » ces frais sont venus augmenter la dette. » Arrêt de la Cour de cassation. — fin de 1859.

Lorsqu'une quittance ne porte aucune imputation, le paiement doit être imputé sur la dette que le débiteur avait le plus d'intérêt à acquitter, entre celles qui sont pareillement échues.... Art. 1256, C. civil.

Si les dettes sont d'égales natures, l'imputation se fait sur la plus ancienne, toutes choses égales; elle se fait proportionnellement.

Le paiement fait sur capital et intérêts s'impute d'abord sur les intérêts. Art. 1254, C. civil.

Formes du rechange et du compte de retour.

Le rechange s'effectue par une retraite (qui est une nouvelle lettre de change), au moyen de laquelle le porteur se rembourse sur le tireur ou sur l'un des endosseurs du principal de l'effet protesté, de ses frais et du nouveau change qu'il paie.

Le rechange se règle, à l'égard du tireur, par le cours du change du lieu où l'effet était payable sur le lieu d'où il a été tiré; et, à l'égard des endosseurs, par le cours du change du lieu où l'effet a été remis ou négocié par eux, sur le lieu où le remboursement s'effectue.

Cette retraite est accompagnée d'un compte de retour, lequel est certifié par un agent de change, et, s'il n'y en a pas, par deux commerçants.

Ce compte :

Comprend le principal de l'effet protesté, les frais du protêt, commissions de banque, courtage, timbres, ports de lettres et autres frais légitimes. *(Le retour est remboursé d'endosseur à endosseur respectivement et définitivement par le tireur)*;

Enonce le nom de celui sur qui la retraite est faite, ainsi que le prix du change de sa négociation;

Est accompagné de l'effet protesté, du protêt, et en outre *(si la retraite est faite sur l'un des endosseurs)* d'un certificat qui constate le cours du change du lieu de l'exigibilité sur le lieu d'où il est tiré.

Les rechanges ne peuvent être cumulés, chaque endosseur, ainsi que le tireur, n'en supportent qu'un seul. Dans tous les cas, il ne peut être fait plusieurs comptes de retour sur une même lettre de change, et il n'est pas même dû de rechange si les pièces ne sont pas accompagnées du certificat de l'agent de change ou de deux commerçants ci-dessus prescrits.

L'intérêt du principal est dû du jour du protêt, celui des frais n'est dû que du jour de la demande en justice.

De la prescription.

La prescription des actions relatives aux lettres de change et aux billets à ordre souscrits par des négociants, marchands ou banquiers, ou pour faits de commerce, est acquise par 5 ans à compter du protêt ou des dernières poursuites, s'il n'y a eu condamnation ou reconnaissance par acte séparé.

Les débiteurs peuvent être requis d'affirmer sous serment qu'ils ne sont plus redevable, et leurs veuves ou ayant causes qu'ils estiment de bonne foi qu'il n'est plus rien dû.

DEUXIÈME PARTIE.

Plus on s'éloigne de l'époque (1789 ou 1790) où les anciennes lois et coutumes, ainsi que les anciens poids, mesures et monnaies qui étaient diversement en usage dans les différentes provinces du royaume de France, furent remplacés par de nouvelles lois et un nouveau système de poids, mesures et monnaies uniformes dans toute la France, moins il y a de personnes qui ont souvenance de cet état de choses.

Cette considération me fait entreprendre un travail qui permettra de relier le passé avec le présent pour les matières ou sujets qui doivent encore être mis en pratique, aux termes des lois actuelles.

SECTION Ire.

DES MONNAIES.

§ 1er.

Observations préliminaires.

La dénomination de la monnaie fût d'abord prise de son poids : ainsi une livre pesait une livre.

Les métaux ayant changés de prix, on a conservé les mêmes dénominations, quoiqu'en diminuant le poids des pièces. — Les monnaies d'or et d'argent étant ordinairement alliées avec une certaine quantité de cuivre, il faut distinguer la valeur réelle de la valeur numéraire. — La valeur réelle est la quantité d'or ou d'argent pur qui se trouve dans les monnaies ; la valeur numéraire est celle que le gouvernement du pays lui donne.

Par le nombre de karats on distingue le degré de pureté de l'or : ainsi, l'or à 24 karats est le plus fin ; le karat se divise par demi, quart, huitième, seizième et trente-deuxième.

Par le nombre de deniers on indique le degré de pureté de l'argent ; chaque denier se divise en 24 grains ; ainsi, l'argent à 12 deniers est le plus fin, celui à 11 deniers 23 grains ne contient qu'un grain d'alliage.

On appelait deniers parisis la monnaie qui était battue par l'autorité de l'évêque de Paris.

Deniers tournois celle qui était faite à Tours par l'autorité de l'archevêque.

La monnaie forte ou monnaie parisis était plus forte en alloi ou en titre que la monnaie tournois; celle-là était plus forte d'un quart en sus ou d'un cinquième au total, de sorte que la livre parisis valait 25 sous tournois et le sou parisis 15 deniers tournois. Le florin ou franc parisis, qui était de 16 sols, valait 20 sols tournois.

§ 2.

Remboursements d'anciennes rentes.

Art. 1911, C. C. La rente constituée en perpétuel est essentiellement rachetable.

Merlin, avocat au parlement de Flandre. « Deux principes fort simples doivent diriger les parties dans cette circonstance : *le premier*, est que pour éteindre une rente, il faut rembourser une somme égale à celle qu'on a reçue ; *le second*, que dans l'argent on ne considère pas la matière, mais la valeur publique. Exemple : le prêt était d'une somme de 6,000 livres en écus, dont la valeur est portée dans la suite à 6 livres chaque ; au lieu de rembourser 2,000 écus, le débiteur pourra se libérer au moyen de 1,000 écus représentant la valeur des 6,000 livres empruntées.

» De même que si le prêt a été de 2,000 écus non-appréciés par livres, et que, par la suite, la valeur de ces écus soit doublée, le débiteur pourra également se libérer en rendant 1,000 écus représentant 6,000 livres, valeur qu'avaient les 2,000 écus au moment du prêt. »

Depuis l'ordonnance de 1667, on ne pouvait plus stipuler en France que la livre tournois, de sorte que toutes spéculations de sols ou livres dans des actes postérieurs à cette ordonnance doivent s'entendre sols ou livres tournois.

Ordonnance du 17 juillet 1684. Aux termes d'un arrêt du Conseil d'Etat du 17 juillet 1684, les redevances et rentes foncières créées avant février 1679 dans les bailliages d'Aire et de St-Omer et leurs dépendances (réservés par le traité des Pyrénées du 7 novembre 1659, cédés depuis à la France par celui de Nimègue du 17 septembre 1678), doivent être payées et remboursées en monnaie de France (livre tournois) avec l'augmentation d'un cinquième pour les proportionner avec la monnaie de Flandre, parce que l'usage était, avant 1679, de donner 16 patards de 15 deniers tournois pour la livre d'Artois.

Remboursement Mais dans l'Artois cédé par ce même traité des Pyrénées, lorsque la dette a été créée durant la domination de la maison d'Autriche, il faut distinguer si elle a été créée en monnaie de Flandre ou en monnaie d'Artois. Dans le premier cas, elle doit être acquittée en monnaie de Flandre à 25 sols tournois, par le principe que *convenances vainquaient alors la loi.*

de rentes en Artois cédé et en Artois réservé.

Dans le second cas, quand même on aurait usé des mots de florins, de florins carolus d'or, de florins de 20 patars, la créance doit être éteinte en monnaie de 20 sols tournois pour livre ou florins Artois; parce que les noms de florins ou de carolus ont été donnés indifféremment à la livre, et que jamais les princes du pays n'ont reconnu d'autres monnaies en Artois que la livre de 20 sols tournois et le sol de 12 deniers.

Maillart sur l'Artois.

Par un usage constant et uniforme dans l'Artois cédé, le parisis n'est qu'un huitième en sus. Exemple : l'amende de 60 sols parisis correspondait à 3 livres 7 sols 6 deniers et non de 3 livres 15 sols comme à Paris. Dans l'Artois réservé, le parisis est le huitième en sus de la monnaie de Flandre ; de sorte que l'amende de 60 sols parisis correspondait à 3 livres 7 sols 9 deniers, obole tournois.

La rente constituée soit pour le prix de la cession d'un immeuble, soit pour représenter les intérêts d'un capital aliéné à perpétuité, étant essentiellement rachetable (art. 530 et 1911 C. c.) il est indispensable de connaître la concordance de la valeur de la monnaie stipulée dans le contrat de constitution de rente, avec la monnaie actuelle de France.

Les tableaux contenus dans le paragraphe suivant serviront tout à la fois pour déterminer la valeur actuelle de la rente constituée, et pour fixer l'importance du capital en cas de remboursement.

§ 3.

Dénomination des monnaies, leur valeur et concordance avec les monnaies actuelles.

DÉNOMINATION des MONNAIES.	VALEUR en livres tournois.		
Royaume de FRANCE.	livres.	sous.	den.
Le double louis d'or.	48	0	0
Le louis d'or. . . .	24	0	0
Le 1/2 louis d'or. .	12	0	0
Argent.			
Le gros écu	6	0	0
Le petit écu	3	0	0
La pièce de 24 sous.	1	4	0
La pièce de 12 sous.	0	12	0
La pièce de 6 sous.	0	6	0
Cuivre ou alliage.			
La pièce de 2 sous.	0	2	0
La pièce de 6 liards ou grisé	0	1	6
La pièce d'un sou. .	0	1	0
La pièce de 2 liards.	0	0	6
Le liard	0	0	3
Le denier	0	0	1
Monnaies idéales.			
La pistole	10	0	0
La livre.	0	20	0
Le sou.	0	0	12

DÉNOMINATION des MONNAIES.	VALEUR du PAYS.	VALEUR EN FRANCE. ANCIEN système.			NOUVEAU système.		
AMSTERDAM (Hollande).		livres.	sous.	den.	francs.	cent.	mil.
Or.							
Le severin		31	3	11	30	81	
Le reyder.	14 florins.	29	18	6	29	55	6
Le ducaton	15 livres 15 sols.	33	13	3	33	24	7
La livre de gros. . .	6 livres.	12	17	6	12	71	6
Le ducat.	5 livres 5 sous.	11	4	5	11	8	3
Argent.							
Le gros écu ou écu de gros.	3 florins.	6	8	3	6	33	3
L'écu au lion. . . .		4	3	4	4	11	5
Le richstale (ducaton d'argent	2 livres 10 sous.	5	6	10	5	27	5
Le daller ou thaler (1/2 écu de gros). .	1 livre 10 sous, (1 florin 1/2).	3	4	1	3	16	5
Le florin.	1 livre ou 20 sous communs.	2	2	9	2	11	1
Le 1/2 florin. . . .	10 sous.	1	1	4 1/2	1	5	5
Le schellin (ou 1 sou de gros).	6 sous.	0	12	10	0	63	4
Le mauvais schellin. .	5 sous 6 deniers.	0	11	5	0	56	4
La pièce de 2 sous. .	2 sous.	0	4	3	2	10	
					dix pièces.		
Cuivre.							
					dix pièces.		
Le sou commun ou le stuver	1 sou.	0	2	1 3/4	1	5	
					dix pièces.		
Le denier de gros ou 1/2 stuver. . . .	6 deniers.	0	1	0 7/8	0	52	75
					dix pièces.		
Le denier commun. .	1 denier.	0	0	2 1/7	0	8	79
					dix pièces.		
Le fénin.		0	0	1 3/8	0	6	6

SUITE DU § III.

DÉNOMINATION des MONNAIES.	VALEUR du PAYS.	VALEUR EN FRANCE. ANCIEN système. livres.	sous.	deniers.	NOUVEAU système. francs.	cent.	mill.
ANVERS (Flandre belge).							
Or.							
La livre de gros	6 liv. ou 20 sous de gros.	12	17	6	12	71	6
La rixdale	48 sous.	5	6	10	5	27	5
Argent.							
Le sou ou patard.		0	2	6	0	12	4
Le florin.	20 sous communs.	2	2	9	2	11	1
Le schellin ou sou de gros.	12 deniers de gros.	0	12	10	0	63	4
Cuivre.							
Le sou commun.	1 sou.	0	2	1 3/4	dix pièces. 1	05	5
Le 1/2 sou commun ou denier de gros.	1 denier de gros.	0	1	0 7/8	dix pièces. 0	52	75
Le denier commun.	1 denier commun.	0	0	2 1/7	dix pièces. 0	8	79
Le fenin.		0	0	1 3/5	dix pièces. 0	0	66
LILLE (Flandre française), PAYS-BAS, BELGIQUE, ARTOIS.							
Or.							
La livre flamande ou livre de gros	6 liv. (20 sous de gros.)	12	17	6	12	71	6
Argent.							
Le patagon	1 écu.	3	0	0	2	96	3
La couronne	6 livres tournois.	6	0	0	5	92	6
Le florin	20 patards.	1	5	0	1	23	5
Cuivre.							
Le schellin		0	7	6	0	37	1
Le grisé	6 liards.	0	1	6	dix pièces. 0	74	1
Le patar ou patard	5 liards.	0	1	3	dix pièces. 0	61	75
La mastoc	2 sous tournois.	0	2	0	0	9	9
Le sou commun	1 sou tournois.	0	1	0	0	0	49

PRIX D'ACHAT DES VALEURS D'OR ET D'ARGENT (Paris, 25 janvier 1860).

LOUIS D'OR.	Louis XV . .	3,085 fr. le kilo.	
	Louis XVI . .	3,105	—
ARGENT.	Vieux Paris. . .	217 fr. » le kilo.	
	Ecus de 6 livres .	206 50	—
	Deuxième titre. .	178 »	—

La livre d'Artois avait la même valeur que la livre tournois.

Le florin de Flandre valait 25 sols tournois.

La livre de Flandre valait (10 patards) 12 sols 6 deniers tournois.

Le marc d'argent se divisait en huit écus de 60 sols; piastre, réal de Plata ou patagon, chacune de ces monnaies valait 2 florins 8 patards.

Le florin courant de Liège valait 15 sols de France.

Celui, argent de Brabant de Liège valait 25 sols.

(Voir le placard du 25 juin 1601 sur les monnaies des Pays-Bas).

NOTA. — Arrêts du 5 février 1609 et du 4 mars 1617 qui réduit les arrérages d'une rente de six-vingt écus pistolets, monnaie d'Espagne, sur le pied de 348 livres à raison de 58 sous valeur du pistolet au temps du contrat quoique depuis cette monnaie eut été portée à trois livres douze sous.

CONCORDANCE de la livre avec le franc.				TABLEAU DE LA DÉPRÉCIATION DES ASSIGNATS, Arrêté par l'administration du département du Pas-de-Calais, le 1er fructidor an V, (17 août 1797).								
LIVRE tournois.	SYSTÈME décimal.			VALEUR DE 100 LIVRES ASSIGNATS PENDANT LES ANNÉES								
				Mois.	1791.			1792.			1793.	
					Tournois.			Tournois.			Tournois.	
Deniers.	francs.	cent.	mil.		livres.	sous.	den.	livres.	sous.	den.	livres.	sous.	den.
1	0	00	4	Janvier . . .	93	10	0	74	10	0	55	0	0
2	0	00	8	Février . . .	93	10	0	59	0	0	55	5	0
3	0	01	2	Mars. . . .	92	10	0	59	0	0	52	10	0
4	0	01	6	Avril. . . .	91	10	0	66	0	0	45	0	0
5	0	02	1	Mai	85	10	0	58	15	0	43	0	0
10	0	04	1	Juin	85	15	0	60	10	0	37	0	0
11	0	04	5	Juillet. . . .	87	0	0	62	15	0	35	10	0
				Août. . . .	82	0	0	59	0	0	37	10	0
Sous.				Septembre. .	84	0	0	69	0	0	29	15	0
				Octobre. . .	84	10	0	73	0	0	32	10	0
1	0	04	9	Novembre . .	82	0	0	74	05	0	70	0	0
2	0	09	9	Décembre . .	77	10	0	70	0	0	51	10	0

SUITE DU TABLEAU PRÉCÉDENT.

CONCORDANCE de la livre avec le franc.

LIVRE tournois.	SYSTÈME décimal. francs.	cent.	mil.
Sous.			
3	0	14	8
4	0	19	8
5	0	24	7
10	0	49	4
19	0	93	9
Livres.			
1	0	98	8
2	1	97	5
3	2	96	3
4	3	95	1
5	4	93	9
10	9	87	7
15	14	81	5
20	19	75	3
25	24	69	1
30	29	63	0
35	34	56	8
40	39	50	6
45	44	44	5
50	49	38	3
60	59	25	9
70	69	13	6
80	79	01	2
90	88	88	9
100	98	76	5
200	197	53	1
300	296	29	6
400	395	06	2
500	493	82	7
1000	987	65	4

TABLEAU DE LA DÉPRÉCIATION DES ASSIGNATS,
Arrêté par l'administration du département du Pas-de-Calais, le 1er fructidor, an V, (17 août 1797).

VALEUR DE 100 LIVRES ASSIGNATS PENDANT LES ANNÉES

Mois.	1794. Tournois. livres.	sous.	den.	1795. Tournois. livres.	sous.	den.
Janvier	42	0	0	19	0	0
Février	43	0	0	18	0	0
Mars	37	15	0	14	0	0
Avril	37	15	0			
Mai	35	10	0			
Juin	31	5	0			
Juillet	35	10	0			
Août	32	10	0			
Septembre	29	10	0			
Octobre	28	0	0			
Novembre	25	5	0			
Décembre	21	0	0			

Pour les vingt premiers jours du mois de mars.

La loi du 29 messidor an IV ayant été promulguée le 7 thermidor an IV (25 juillet 1796).

Il paraîtrait qu'après les vingt premiers jours du mois de mars il n'a plus été possible de fixer une valeur ennuméraire aux assignats.

NOUVELLES MONNAIES

Etablies d'après les principes du décret de la Constituante du 22 août 1790.

LEUR TITRE.

Les pièces d'or, ainsi que celles d'argent, contiendront 9/10es de métal pur et 1/10e d'alliage.

L'unité monétaire est le franc.

LEUR POIDS.

		Gramme	Décag.	Centig.	Gros.	Grains.	Centig.
Or.	La pièce de 40 francs.	12	9	6	3	28	»
	Id. de 20 francs.	6	4	8	1	50	»
	Id. de 10 francs.	3	2	4	»	61	»
	Id. de 5 francs.	1	6	2	»	30	50
Argent.	La pièce de 5 francs.	25	»	»	6	43	50
	Id. de 2 francs.	10	»	»	2	44	20
	Id. de 1 francs.	5	»	»	1	22	10
	Id. de 0,50 cent.	2	5	»	»	47	5
Billon.	La pièce de 10 centim.	10	»	»	2	44	20
	Id. de 5 centim.	5	»	»	1	22	10
	Id. de 2 centim.	2	»	»	»	37	64
	Id. de 1 centime.	1	»	»	»	18	82

CONCORDANCE DU CALENDRIER RÉPUBLICAIN AVEC CELUI GRÉGORIEN (1).

CONCORDANCE DES JOURS.						CONCORDANCE des années.
Ans 2, 3, 5, 6 et 7.		Ans 4, 8, 9, 10, 11, 13 et 14.		An 12.		
Vendém.	Septembre.	Vendém.	Septembre.	Vendém.	Septembre.	An II.
1er	22	1er	23	1er	24	Le 1er vendémiaire
9	30	8	30	7	30	correspond
	Octobre.		Octobre.		Octobre.	au 22 septemb. 1793.
20	11	20	12	20	13	Le 12 nivose
30	21	30	22	30	23	correspond
Brumaire.	Octobre.	Brumaire.	Octobre.	Brumaire.	Octobre.	au 1er janvier 1794.
1er	22	1er	23	1er	24	An III.
10	31	9	31	8	31	Le 1er vendémiaire
	Novembre.		Novembre.		Novembre.	correspond
11	1er	20	11	20	12	au 22 septemb. 1794.
20	10	30	21	30	22	Le 12 nivose
30	20					correspond
Frimaire.	Novembre.	Frimaire.	Novembre.	Frimaire.	Novembre.	au 1er janvier 1795.
1er	21	1er	22	1er	23	An IV.
10	30	9	30	8	30	Le 1er vendémiaire
	Décembre.		Décembre.		Décembre.	correspond
20	10	20	11	20	12	au 23 septembre 1795
30	20	30	21	30	22	Le 11 nivose
Nivose.	Décembre.	Nivose.	Décembre.	Nivose.	Décembre.	correspond
1er	21	1er	22	1er	23	au 1er janvier 1796.
11	31	10	31	9	31	An V.
	Janvier.		Janvier.		Janvier.	Le 1er vendémiaire
20	9	20	10	20	11	correspond
30	19	30	20	30	21	au 22 septemb. 1796.
Pluviose.	Janvier.	Pluviose.	Janvier.	Pluviose.	Janvier.	Le 12 nivose
1er	20	1er	21	1er	22	correspond
12	31	11	31	10	31	au 1er janvier 1797.
	Février		Février.		Février.	An VI.
20	8	20	9	20	10	Le 1er vendémiaire
30	18	30	19	30	20	correspond
Ventose.	Février.	Ventose.	Février.	Ventose.	Février.	au 22 septemb. 1797.
1er	19	1er	20	1er	21	Le 12 nivose
10	28	10	29	9	29	correspond
	Mars.		Mars.		Mars.	au 1er janvier 1798
20	10	20	10	20	11	An VII.
30	20	30	20	30	21	Le 1er vendémiaire
Germinal	Mars.	Germinal.	Mars.	Germinal.	Mars.	correspond
1er	21	1er	21	1er	22	au 22 septemb. 1798.
11	31	11	31	10	31	Le 12 nivose
	Avril.		Avril.		Avril.	correspond
20	9	20	9	20	10	au 1er janvier 1799.
30	19	30	19	30	20	An VIII.
						Le 1er vendémiaire

(1) Edit de Charles IX de janvier 1563, qui ordonne que l'année commencera en France le 1er janvier. Exécuté dans le Pays-Bas le 1er janvier 1575.

SUITE DU TABLEAU PRÉCÉDENT.

CONCORDANCE DES JOURS.

Ans 2, 3, 5, 6 et 7.		Ans 4, 8, 9, 10, 11, 13 et 14.		An 12.	
Floréal.	Avril.	Floréal.	Avril.	Floréal.	Avril.
1er	20	1er	20	1er	21
11	30	11	30	10	30
	Mai.		Mai.		Mai.
20	9	20	9	20	10
30	19	30	19	30	20
Prairial.	Mai.	Prairial.	Mai.	Prairial.	Mai.
1er	20	1er	20	1er	21
12	31	12	31	11	31
	Juin.		Juin.		Juin.
20	8	20	8	20	9
30	18	30	18	30	19
Messidor.	Juin.	Messidor.	Juin.	Messidor.	Juin.
1er	19	1er	19	1er	20
12	30	12	30	11	30
	Juillet.		Juillet.		Juillet.
20	8	20	7	20	9
30	18	30	18	30	19
Thermidor.	Juillet.	Thermidor.	Juillet.	Thermidor.	Juillet.
1er	19	1er	19	1er	20
13	31	13	31	12	31
	Août.		Août.		Août.
20	7	20	7	20	8
30	17	30	17	30	18
Fructidor.	Août.	Fructidor.	Août.	Fructidor.	Août.
1er	18	1er	18	1er	19
14	31	6	23	13	31
		14	31		
	Septembre.		Septembre.		Septembre.
20	6	20	6	20	7
30	16	30	16	30	17
Jours complémentaires.		Jours complémentaires.		Jours complémentaires.	
1	17	1	17	1	18
2	18	2	18	2	19
3	19	3	19	3	20
4	20	4	20	4	21
5	21	5	21	5	22
6	22	6	22		
Pour l'an 2, 5 et 6, cinq jours.		Pour les ans 4, 8, 9, 10, 13 et 14, cinq jours.		Pour l'an 12, cinq jours.	
Six jours pour l'an 3 et l'an 7.		Six jours pour l'an 11.			

CONCORDANCE des années.

correspond au 23 septemb. 1799. Le 11 nivose correspond au 1er janvier 1800.

An IX. Le 1er vendémiaire correspond au 23 septemb. 1800. Le 11 nivose correspond au 1er janvier 1801.

An X. Le 1er vendémiaire correspond au 23 septemb. 1801. Le 11 nivose correspond au 1er janvier 1802.

An XI. Le 1er vendémiaire correspond au 23 septemb. 1802. Le 11 nivose correspond au 1er janvier 1803.

An XII. Le 1er vendémiaire correspond au 24 septemb. 1803. Le 10 nivose correspond au 1er janvier 1804

An XIII. Le 1er vendémiaire correspond au 23 septemb. 1804. Le 11 nivose correspond au 1er janvier 1805.

An XIV. Le 1er vendémiaire correspond au 23 septemb. 1805. Le 11 nivose correspond au 1er janvier 1806.

SECTION IIe.

MESURES DE LONGUEUR.

§ 1er.

Principes généraux.

Le nouveau système se nomme métrique-décimal, parce que toutes les mesures dérivent du mètre et qu'elles sont de dix en dix fois plus grandes ou plus petites les unes que les autres.

Le mètre représente la dix millionième partie du quart du méridien, c'est-à-dire de la distance du pôle à l'équateur, calculé sur le méridien de Paris.

L'unité est le mètre : ses multiples sont : le décamètre, l'hectomètre, le kilomètre, le myriamètre. Ses sous-multiples sont : le décimètre, le centimètre, le millimètre.... Ainsi un décamètre vaut dix mètres, un hectomètre, cent mètres, un kilomètre, mille mètres, un myriamètre, dix mille mètres.

Le mètre carré est une surface plane dont chaque côté a un mètre. L'are est également une surface plane carrée, dont chaque côté a dix mètres de longueur. L'hectare, une surface plane carrée, dont chaque côté a dix ares (cent mètres) de longueur. Ainsi l'are se compose de cent mètres carrés, l'hectare se compose de cent ares carrés (10,000 mètres carrés).

Dans les dénominations, il faut distinguer les mesures qui sont des instruments pour mesurer de celles qui sont le résultat du mesurage, exemple : le mètre est l'instrument avec lequel on mesure, l'are est le résultat du mesurage : c'est par ce motif que cette dernière se nomme mesure idéale.

§ II.

Concordance des anciennes mesures de longueur avec celles du système métrique décimal.

1er Tableau. — *Lieues marines, lieues communes et lieues de poste.*

LIEUES.	LIEUES MARINES. — Nouveau système.					LIEUES COMMUNES. — Nouveau système.						LIEUES DE POSTE. — Nouveau système.						OBSERVATIONS.
	Myriam.	Kilom.	Hecto.	Décam.	Mètre.	Myriam.	Kilom.	Hecto.	Décam.	Mètre.		Myriam.	Kilom.	Hecto.	Décam.	Mètre.		
1/4	0	1	3	8	8	0	1	1	1	1		0	0	9	7	4	1/2	La lieue marine de 20 au degré vaut 2,850 toises 41 cent.
1/2	0	2	7	7	7	0	2	2	2	2		0	1	9	4	9		La lieue commune de 25 au degré vaut 2,280 toises 33 cent.
3/4	0	4	1	6	5	0	3	3	3	3		0	2	9	2	3	1/2	La lieue de poste vaut 2,000 toises.
1	0	5	5	5	5	0	4	4	4	4	1/2	0	3	8	9	8		
2	1	1	1	1	1	0	8	8	8	9		0	7	7	9	6		Un arrêt du Conseil du 7 août 1775 indique 2,200 toises comme étant la longueur de la lieue commune, c'est un 10e de plus que la lieue de poste.
3	1	6	6	6	6	1	3	3	3	3		1	1	6	9	4		
4	2	2	2	2	2	1	7	7	7	8		1	5	5	9	2		
5	2	7	7	7	7	2	2	2	2	2		1	9	4	9	0		
6	3	3	3	3	3	2	6	6	6	6		2	3	3	8	8		
7	3	8	8	8	9	3	1	1	1	1		2	7	2	8	6		
8	4	4	4	4	4	3	5	5	5	5	1/2	3	1	0	8	4		Les lieues de Flandres étaient un 5e plus fortes.
9	5	0	0	0	0	4	0	0	0	0		3	4	9	8	2		
10	5	5	5	5	5	4	4	4	4	4	1/2	3	8	9	8	0		

2° TABLEAU. — *Toises, pieds, pouces.* (La toise avait 6 pieds de 12 pouces).

NOMBRES.	PIEDS de 12 pouces. — Nouveau système.	PIEDS de 11 pouces. — Nouveau système.	PIEDS de 10 pouces. — Nouveau système.	POUCES. — Nouveau système.	LIGNES. — Nouveau système.
	Mètre. Décim. Centim. Millim. Dixmill.	Mètre. Décim. Centim. Millim. Dixmill.	Mètre. Décim. Centim. Millim. Dixmill.	Mètre. Décim. Centim. Millim. Dixmill.	Mètre. Décim. Centim. Millim. Dixmill.
1	0 3 2 4 8 1/2	0 2 9 7 7 2/3	0 2 7 0 7	0 0 2 7 0 7	0 0 0 2 2 5
2	0 6 4 9 7	0 5 9 5 5 1/3	0 5 4 1 4	0 0 5 4 1 4	0 0 0 4 5
3	0 9 7 4 5 1/2	0 8 9 3 3	0 8 1 2 1	0 0 8 1 2 1	0 0 0 6 7 6
4	1 2 9 9 4	1 1 9 1 1	1 0 8 2 8	0 1 0 8 2 8	0 0 0 9 0 2
5	1 6 2 4 2	1 4 8 8 8 2/3	1 3 5 3 5	0 1 3 5 3 5	0 0 1 1 2 8
6	1 9 4 9 0	1 7 8 6 6	1 6 2 4 2	0 1 6 2 4 2	0 0 1 3 5 3
7	2 2 7 3 9	2 0 8 4 4	1 8 9 4 9	0 1 8 9 5	0 0 1 5 8
8	2 5 9 8 8	2 3 8 2 2	2 1 6 5 6	0 2 1 6 5 6	0 0 1 8 0 4
9	2 9 2 3 5 1/2	2 6 8 0 0	2 4 3 6 3	0 2 4 3 6 3	0 0 2 0 3
10	3 2 4 8 4	2 9 7 7 7	2 7 0 7 0	0 2 7 0 7	0 0 2 2 5 6
11	3 5 7 3 3	3 2 7 5 5	2 9 7 7 7	0 2 9 7 7 7	0 0 2 4 8 1
12	3 8 9 8 0	3 5 7 3 2	3 2 4 8 4	0 3 2 4 8 4	0 0 2 7 0 5

§ III.

Mesures de superficie.

Le but que le législateur se proposait au moyen de l'application rigoureuse de la loi du 4 juillet 1837, n'a pas été atteint en ce qui concerne les mesures agraires. On est parvenu sans difficultés à faire adopter les nouvelles mesures de pesanteur, de capacité, de solidité et de longueur en détruisant les instruments qui servaient à l'usage des anciennes mesures; mais il n'était pas aussi facile de faire disparaître l'usage de la mesure idéale de superficie connue, suivant les localités, sous la dénomination d'arpent, mesure, rasière, bonnier, mencaudée, etc.

Le bon vouloir du législateur s'est heurté contre un obstacle matériel insurmontable; cet obstacle, c'est la division des terrains agricoles, lesquels sont divisés par rangs correspondant partout avec les anciennes dénominations. Ces rangs sont, pour la plupart, d'une mesure, de trois quartiers 1/2, de trois quartiers, d'une demi mesure, etc.

Les propriétaires ou les fermiers désignent les corps de terre, à leurs ouvriers, sous les anciennes dénominations : Les neuf quartiers à.... (situation) les 60 à.... les treize quartiers à.... Ils ne diront jamais les 99 ares 74 centiares.... les 26 hectares 59 ares 80 centiares... l'hectare 66 ares 14 centiares.... Il en est de même pour l'appréciation des valeurs en location ou en vente... Les prix continuent à se calculer sur l'ancienne mesure, et pour les indiquer à l'hectare, il faut en faire la conversion... C'est si vrai que dans toutes les ventes publiques, il faut toujours indiquer de vive voix la contenance d'après les anciennes mesures...

Dans un tel état de choses, il serait à désirer que l'on revînt à permettre l'indication, dans les actes publics, à titre de renseignements, de la contenance des corps de terre suivant les anciennes dénominations ; cette tolérance éviterait les erreurs involontaires, mais inévitables qui se glissent dans la désignation des pièces de terre, et dont les suites entraînent de si graves inconvénients, notamment lorsqu'il y a des mesurages judiciaires (1).

Dans l'état actuel de la législation, il est indispensable de bien connaître les concordances qui existent entre les anciennes mesures locales et la mesure métrique décimale. Les tableaux qui suivent ont été dressés pour atteindre ce but, autant que possible.

§ 4.

Explications préliminaires.

La mesure, l'arpent, la mencaudée, la rasière, le bonnier, se composait généralement de cent perches ou verges de contenances différentes; ainsi :

	Pieds.		Pouces.		centiares.	mil. et dix mil. d'are.		
La perche ou verge représentée par une surface plane carrée, ayant de chaque côté une longueur de	22	de	12	. . . .	51	0	73	CARRÉS.
	22	de	11	. . . .	42	91	45	
	20	de	12	. . . .	42	20	83	
	14	de	10	Concordent avec	14	36	258	
	20	de	11	. . . .	35	46	65	
	18	de	12	. . . .	34	19	0	
	10	de	11	. . . .	08	86	66	
	18	4 pouces 1/2 de	11.	. .	30	18	0	

Les concordances ci-dessus sont exactes, nous les avons vérifiées et rectifiées, de sorte qu'elles peuvent servir de bases pour les conversions des anciennes mesures en nouvelles.

(1) Lorsque les clercs de notaire ont un partage à rédiger comprenant des biens situés dans plusieurs localités, il leur est moralement impossible de connaître exactement toutes les concordances des nouvelles mesures avec les anciennes qui étaient en usage dans ces localités. Le tableau ci-joint vient à l'appui de cette opinion.

§ 5.

Tables des communes avec les contenances des anciennes mesures.

DÉPARTEMENT DU PAS-DE-CALAIS.

LOCALITÉS.	ARRONDISSEMENTS.	ANCIENNES MESURES. Dénomination.	Contenance. verges.	pieds.	pouces.	CONCORDANCE avec le système métrique. ares. centiares.	OBSERVATIONS.
Aire. Arques.	St-Omer.	Mesure.	100	de 20	de 11	35 46 67	
Ardres	St-Omer.	Id.	100	20	12	42 20 »	
			100	20	11	35 46 67	
Arras.	Arras.						
Aubigny. Avesnes. Auxi-le-Château.	Saint-Pol.	Id.	100	22	11	42 91 47	
Audruick (1)	St-Omer.	Id.	300	14	10	43 08 77	(1) Dite du pays de l'Angle.
Bomy	St-Omer.	Id.	100	22	11	42 91 47	
			100	20	11	35 46 67	
Boulogne	Boulogne.	Id.	100	22	11	42 91 47	
			100	20	12	42 20 83	
Béthune	Béthune.	Id. (2 3)	400	10	11	35 46 67	
			450	10	11	39 90 »	(2) Dite à l'ancienne loi.
Biez.	Boulogne.	Id.	100	20	12	42 20 83	(3) Dite à la nouvelle loi.
			100	22	11	42 91 47	
Bourthes	Montreuil.	Id.	100	20	12	42 20 83	
Beaumetz. Berneville.	Arras.	Id.	100	22	11	42 91 47	
Blangy	Saint-Pol.	Id.	100	22	11	42 91 47	(4) Correspond à 5/4 de la mesure de St-Pol.
Bapaume (4)	Arras.	Mencaudée.	125	22	11	53 64 33	
Cagnicourt.	Arras.	Id.	125	22	11	53 64 33	
		Mesure. (5)	127 1/2	20	11	45 22 »	
		Id.	100	22	11	42 91 47	(5) Dite d'Ostrevent en usage dans le canton de Vitry.
		Id.	100	20	11	35 46 67	
Carvin	Béthune.	Id.	100	22	11	42 91 47	
			100	20	11	35 46 67	
Campagne		Id.	100	20	12	42 20 83	(6) Dite à la nouvelle loi.
			100	22	11	42 91 47	
Cambrin	Béthune.	Id. (6 7)	100	22	11	42 91 47	(7) Dite de Beuvry, en usage dans le canton de Cambrin.
			450	10	11	39 90 »	
			444	10	11	39 36 80	
			400	10	11	35 46 67	
Condette	Boulogne.	Id.	100	22	11	42 91 47	
			100	20	12	42 20 83	
Courcelles (8).	Arras.	Id.	100	22	11	42 91 47	(8) La mencaudée contient 5/4 de la mesure.
Croisilles	Arras.	Mencaudée.	125	22	11	53 64 33	
Calais	Boulogne.	Mesure.	100	20	12	42 20 83	
Capelle.		Id.	100	22	11	42 91 47	
Coullemont	Saint-Pol.	Id	100	22	11	42 91 47	

LOCALITÉS.	ARRONDISSEMENTS.	ANCIENNES MESURES. Dénomination.	Contenance. verges.	pieds.	pouces.	CONCORDANCE avec le système métrique. ares.	centiares.
Courcelles-l-Lens. (1)	Béthune .	Mesure . .	112 1/2	20	11	39	90 »
Desvres. . . .	Boulogne.	id.	100 100	20 22	12 11	42 20 42 91	83 47
Etaples	Montreuil.	id.	100 100	20 22	12 11	42 20 42 91	83 47
Esquerdes . . .	St-Omer .	id.	100	20	11	35 46	67
Fauquembergues	St-Omer .	id.	100 100	22 20	11 11	42 91 35 46	47 67
Fruges	Montreuil.	id.	100 100	20 22	11 11	35 46 42 91	67 47
Fleury . . . . Frévent. . . . Framecourt . .	Saint-Pol.	id.	100	22	11	42 91	47
Foncquevillers (2)	Arras . .	Mencaudée. Mesure .	125 100	22 22	11 11	53 64 42 91	33 47
Frévillers . . .	Saint-Pol.	Mencaudée.	125	22	11	53 64	33
Guînes	Boulogne.	Mesure . .	100	20	12	42 20	83
Grevillers . . .	Arras . .	id.	100	22	11	42 91	47
Henneveux . .	Boulogne.	id.	100 100	20 20	12 11	42 20 35 46	83 67
Hucqueliers . . Hardinghem . .	Montreuil.	id.	100	20	12	42 20	83
Hersin	Béthune .	id. (3)	100 450	22 10	11 11	42 91 39 90	47 »
Hénin-Liétard. . Hesdin (4). . . Heuchin . . .	Béthune . Montreuil. Saint-Pol.	id.	100	22	11	42 91	47
Houdain . . .	Béthune .	id.	100 450	22 10	11 11	42 91 39 90	47 »
Haplincourt . .	Arras . .	Menc. (5)	125	22	11	53 64	33
Lillers	Béthune .	Mesure (6 7)	500 450	10 10	11 11	44 33 39 90	33 »
Ligny-lez-Aire (8).	Béthune .	id.	100	22	11	42 91	47
Lambres . . .	Béthune .	id.	400	10	11	35 46	67
Liettres. . . . La Couture. . . Laventie . . .	Béthune .	id. (9)	400	10	11	35 46	67
Licques. . . .	Boulogne.	id.	100	20	12	42 20	83
Lens.	Béthune .	id.	100	22	11	42 91	47
Metz-en-Couture.	Arras. .	Mencaudée. Mesure . . id.	125 100 100	22 22 20	11 11 11	53 64 42 91 35 46	23 47 67
Moulle	St-Omer .	id.	100	20	11	35 46	67
Marquise . . .	Boulogne.	id	100	20	12	42 20	83
Montreuil . . .	Montreuil	id.	100	20	12	42 20	83

OBSERVATIONS.

(1) Dite de Bucquoi en usage dans les environs de Courcelles (A).

(2) Canton de Pas.

(3) Dite de nouvelle loi en usage dans le canton d'Hersin.

(4) Au bailliage d'Hesdin, un journal contenait 62 verges 1/2.

(5) Dite de la nouvelle loi en usage dans le canton de Béthune.

(6) Est la plus nombreuse.

(7) Dite de nouvelle loi en petite quantité.

(8) En usage dans les communes environnantes.

(9) Dite d'ancienne loi en usage dans le canton de Laventie.

(A) Un tableau dressé par M. Lamy, en 1803, désignait cette mesure à 48 ares 27 cent. 90 ; mais à moins qu'elle soit de plus de 112 verges 1/2 de 20 pieds de 11 pouces, elle ne doit représenter que 39 ares 90 centiares.

LOCALITÉS.	ARRONDISSEMENTS.	ANCIENNES MESURES. Dénomination.	Contenance. verges.	pieds.	pouces.	CONCORDANCE avec le système métrique. ares.	centiares.	OBSERVATIONS.
Magnicourt-sur-Canche . . .	Saint-Pol.	Mesure . .	100 de	22 de	11	42	91 47	
Monchy-Breton .								
Mont-Cavrel . .	Montreuil.	Id.	100	22	11	42	91 47	
Mont-Bernenchon	Béthune .	Id.	450	10	11	39	90	
Neuville-l-Montr.	Montreuil.	Id.	100	20	12	42	20 83	
			100	22	11	42	91 47	
Nouvelle-Eglise .	St-Omer .	Id.	100	20	12	42	20 83	
			100	22	11	42	91 47	
Norrent-Font. (1).	Béthune .	Id.	500	10	11	44	33 33	(1) Ainsi que les communes de ce canton dans le Bas Pays.
Oisy	Arras . .	Id.	100	20	11	35	46 67	
			100	22	11	42	91 47	
Oppy	Arras . .	Id.	100	22	11	42	91 47	
Peuplingues . .	Boulogne.	Id.	100	20	12	42	20 83	
Pas	Arras . .	Id.	100	22	11	42	91 47	
Pernes	Saint-Pol.	Id.	100	22	11	42	91 47	
Ruminghem . .	St-Omer .	Id.	300	14	10	43	08 76	
Rœux	Arras . .	Id.	100	22	11	42	91 47	
Robecq	Béthune .	Id.	500	10	11	44	33 33	
			400	10	11	35	46 67	
Saint-Omer . .	St-Omer .	Id.	100	20	11	35	46 67	
Saint-Venant . .	Béthune .							
Seninghem . .	St-Omer .							
St-Josse-sur-Mer.	Montreuil.	Id.	100	20	12	42	20 83	
St-Martin-Boulog.	Boulogne .							
St-Pierre-lez-C.								
Samer								
Saint-Pol . . .	Saint-Pol.	Id.	100	22	11	42	91 47	
Saint-Folquin (2).	St-Omer .	Id.	300	14	10	43	08 76	(2) Dite du pays de l'Angle en usage dans le canton d'Audruick.
Thérouanne . .	St-Omer .	Id.	100	20	11	35	46 67	
Tournehem . .	St-Omer .	Id.						
Vaulx		Id.	100	20	11	35	46 67	
Vaulx	Croisilles.	Mencaudée.	125	22	11	53	64 33	
Vimy	Arras . .	Mesure . .	100	22	11	42	91 47	
Vitry. . . .	Arras . .	Id. (3)	127 1/2	20	11	45	22	(3) Dite d'Ostrevent en usage aussi dans dans les environs de Cagnicourt.
			100	22	11	42	91 47	
Wismes	St-Omer .	Id.	100	20	11	35	46 67	
Waben	Montreuil.	Id.	100	22	11	42	91 47	
			100	20	12	42	20	
Wail	Saint-Pol.	Id.	100	22	11	42	91 47	
			100	20	12	42	20 83	

NOTA. — En général, les lieux ci-dessus indiqués sont les localités centrales, c'est-à-dire que la plupart des communes qui les entourent avaient la même mesure.

DÉPARTEMENT DU NORD.

LOCALITÉS.	ARRONDISSEMENTS.	ANCIENNES MESURES. Dénomination.	ANCIENNES MESURES. Contenance.	CONCORDANCE avec le système métrique.	OBSERVATIONS.
Dans les environs de Bergues.					
Dunkerque (1).	. . . .	Mesure . .	. . . .	43 90	(1) Cette mesure est la même que celle du pays de Langle, en usage à Audruick et à St.-Folquin.
Bergues. Bourbourg. Gravelines. Dunkerque. Hondschoote. Herzeele (2). Warnehaut.	Dunkerque.	Mesure . .	300 de 14 de 10	43 08 76	(2) Canton de Wormhoudt
Esquelbec et le surplus du canton de Wormhoudt comp. (3)	Dunkerque.	Mesure . .	100 20 11 ou 400 10 11	35 46 65	(3) Canton de Wormhoudt.
Ledringhem (4).	Dunkerque	Mesure . .	425 10 11	37 68 30	(4) Canton de Wormhoudt.
Dans le Cambrésis.					
Cambrai . . .	Cambrai .	Mencaudée.	100 de 20 de 11	35 46 67	
		Rasière . .	150 20 11	53 20	
Le Cateau. . . Cambrésis. . .		Mencaudée.	400 10 11 ou 100 20 11	35 46 67	
		Mencaudée.	110 1/4 20 11 ou 441 10 11	39 10	
Ivry	Cambrai .	Mencaudée.	374 1/2 10 11	33 20	
		Idem .	383 1/2 10 11	34 00	
		Idem .	496 1/4 10 11	44 00	
Dans les environs de Douai.					
Douai (1). . .	Douai . .	Rasière . .	127 1/2 20 11	45 22	(1) Et la plus grande partie de l'arrondissement, mais il y a plusieurs exceptions, entre autres les localités ci-contre.
Anhiers. . . Rembeaucourt. .	Douai . .	Rasière . .	133 1/3 20 11	47 28	
Orchies. . . .		Bonnier (A).	1600 vergelles de 10 de 11	1,41 86 68	
Lambres . . .	près Douai.	Rasière . .	100 22 11	42 91 45	
Plancques (2). .	Douai . .	Rasière . .			(2) En usage audit Plancques et localités voisines du Pas-de-Calais.

(A) Le bonnier contient quatre mesures en Flandres, trois en Hainaut et à Liége, mais cela varie en plusieurs endroits.

LOCALITÉS.	ARRONDISSEMENTS.	ANCIENNES MESURES. Dénomination.	Contenance.			CONCORDANCE avec le système métrique.	OBSERVATIONS.
Dans les environs de Douai (suite).							
			verges.	pieds.	pouces.	ares. centiares.	
Hazebrouck . .	Hazebrouck.	Mesure . .				35 42	
Merville. . . .	Hazebrouck.						
Estaire	Hazebrouck.	id.				35 28	
Lille.	Lille. . .	Bonnier. .				1,41 87	
Dans le Hainaut.							
Avesnes	Avesnes .	Journal . .				47 80	
Idem	Idem . .	Rasière . .				27 94	
Le Quesnoy . .	Avesnes .	Mencandée.				29 88	
A St-Amand il y a aussi un bonnier de . . .	. . . .	. . . . .	. . .	. . .	. . .	1,22 06	
Saint-Amand-les-Eaux. . . .	Douai . .	Quartier (1)	100 de 18 4 pouc. 1/2.	de 11 p.		30 18	(1) Il faut quatre quartiers pour un bonnier.
Valenciennes . .	Valenciennes . .	Mencaudée.				22 72	
			perches.	pieds.	pouces.	ares. centiares.	
Orléans. . . .		Arpent . .	100	20	12	42 80 83	
Dunois (2). . .	(Le Septerée).	id.	100	20	12	42 80 83	(2) Dans le Dunois en Beauce.
Marchennoir . .		id.	100	22	12	51 07 38	
Freteval. . . .							
Le Maine . . .		id.	100	22	12	51 07 38	
Normandie. . .		id.	100	22	12	51 07 38	
Idem. . . .		Acre (3) .	160	22	12	81 71 57	(3) L'acre se divise en quatre vergées de 40 perches chaque.
Paris et environs.	Dépt. de la Seine. .	Arpent . .	100	22	12	51 07 38	
			100	18	12	34 18 9	
Montargis . . .		id.	100 cordes de 20 pieds de 12 pouces.			42 20 83	

L'article 14 du titre VII de l'ordonnance des eaux et forêts, de 1669, exige que la mesure des bois soit d'un arpent de 100 perches de 22 pieds de 12 pouces (à 12 lignes pour pouce), mais elle n'empêchait pas les particuliers de vendre à d'autres mesures.

D'APRÈS LA COUTUME GÉNÉRALE DU BAILLIAGE ET COMTÉ DE CLERMONT EN BEAUVAISIS.

	ANCIENNE MESURE.			NOUVELLE MESURE.		
Clermont et environs :	verges.	pieds.	pouces.	ares.	centiares.	
Chaque mine contient . .	60 de	22 de	11	25	74 8	Art. 234 de cette coutume. 12 mines font un muid.
Dans la seigneurie de Sacy : au Grand-Gournay, à la Neufville, au Hez, à Milly, } 1 mine.	60	22	11	25	74 8	Art. 238, id.
En la châtellenie de Bulles : Chaque mine contient . .	50	24	11	25	53 5	Art. 236, id.
Dans la seigneurie de Conty : Chaque journeux contient.	100	24	11	51	07	Art. 237, id.
Dans la seigneurie de Remy : La mine est de.	80	22 1/3	11	35	38	Art. 239, id. Chaque verge est de 44 centiares 225.
Bois, vignes, jardins et prés se mesurent communément par arpents de.	100	26	11	59	94	Art. 241. Chaque verge est de 59 centiares 94.
Il y a lieux où l'arpent est de.	72	26	11	43	15 68	
En Bourgogne :	perches.	pieds.	pouces.	ares.	centiares.	
Pour les bois, l'arpent a. .	440	9 1/2	12	41	90 3	Chaque perche a 9 centiares 523.
Pour les terres, vignes, prés, le journal a.	360	9 1/2	12	34	28 42	
Dans le Bourbonnais : Pour les bois, l'arpent a. .	40 toises de 6 pieds de tous côtés.			60	77 76	La toise est de 6 pieds de 12 pouces.
La contenance pour les terres est arbitraire en ce sens qu'elle se compte d'après la quantité de grains qu'on y sème.						
En Touraine, arpent de. . .	100	25	12	65	94 74	
En Nivernais, arpent . . .	400 toises.			15	19 44	Chaque toise a 3 centiares 79,86.
En Poitou, arpent de . . .	6400 pas de 5 pieds ou 80 pas sur chaque côté.			1 h.68	83 20	Chaque pas de 5 pieds de 12 pouces contient 2 centiares 638.
Le Perche, la septerée. . .	100 p.	24 p.	13 p.	71	33	Il y a quatre boisselées par septerée.
En Bretagne, le journal. . .	20 cordes de 20 p. ou longueur sur 4 en largeur.			33	76 77	Chaque corde contient 42 centiares 20 839.
En Lorraine, le journal. . .	250 toises carrées de 10 pieds de 10 pouces.			18	32	Chaque toise 7 centiares 32 78.

Le pas géométrique vaut 5 pieds de roi. — Le pas commun en vaut 3.

§ 6.

Tableaux de concordance des anciennes mesures (divisées par centièmes) avec les nouvelles.

Les anciennes mesures idéales, connues sous les dénominations d'arpents, mesures, mencaudées, rasières, bonniers, etc...., se divisaient aussi par mesures idéales de demi-mesure, quartier, bosselet, pinte, etc.... Ces mesures, quelque fût le nombre et la grandeur des verges ou perches, se divisaient par centièmes, et chaque centième se nommait verge ; de sorte que la demi-mesure représentait 50 centièmes, le quartier et le bosselet chacun 25 centièmes, le demi-quartier et le demi-bosselet chacun 12 centièmes 1/2, la pinte 6 centièmes 1/4.

L'emploi des tableaux qui suivent est très simple.

La correspondance des nombres 1 centième, 2 centièmes, 3 centièmes, 4 centièmes, etc... de la première ligne horizontale se trouve immédiatement au-dessous de ces chiffres ; exemple : 1 centième correspond à 53 centiares 6 millièmes d'are, 4 centièmes à 2 ares 14 centiares 4 milliè-mes. La correspondance des 10 centièmes, 20, 30, etc. centièmes de la 1re colonne verticale se trouve sur la même ligne dans la 2e colonne verticale, exemple : à 50 centièmes vous trouvez 26 ares 82 centiares.

Si vous voulez connaître la concordance d'une contenance quelconque, par exemple : de 35 centièmes (35 verges vulgaires) portez-vous au nombre 30 de la 1re colonne verticale, suivez la ligne de chiffre horizontale jusqu'au nombre 5 de la 1re ligne horizontale, vous trouverez 18 ares 77 centiares 3 millièmes, et ainsi pour toute contenance de 1 centième (une verge) à 99 centièmes (99 verges vulgaires).

1er TABLEAU.

Mesure de 53 ares 64 cent. 33 (125 verges de 22 pieds de 11 pouces).

cent.	ares. cent.	1 centième.	2 centièmes.	3 centièmes.	4 centièmes.	5 centièmes.	6 centièmes.	7 centièmes.	8 centièmes.	9 centièmes.
1/4	» 13 5	ares. c. m.	ares. c. m.	ares. c. m.	ares. c. m.	ares. c. m.	ares. c. m.	ares. c. m.	ares. c. m.	ares. c. m.
1/2	» 27 »									
3/4	» 40 5	0 53 6	1 07 2	1 60 8	2 14 4	2 68 »	3 21 6	3 75 2	4 28 8	4 82 8
10	5 36 4	5 90 »	6 43 6	6 97 2	7 50 8	8 04 4	8 58 »	9 11 6	9 65 2	10 19 2
20	10 72 8	11 26 4	11 80 »	12 33 6	12 87 2	13 40 8	13 94 4	14 48 »	15 01 6	15 55 6
30	16 09 3	16 63 »	17 16 5	17 70 1	18 23 7	18 77 3	19 31 »	19 84 5	20 38 1	20 92 1
40	21 45 6	21 99 2	22 52 8	23 06 4	23 60 »	24 13 6	24 67 2	25 20 8	25 74 4	26 28 4
50	26 82 »	27 35 6	27 89 2	28 42 8	28 96 4	29 50 »	30 03 6	30 57 2	31 10 8	31 64 8
60	32 18 6	32 72 2	33 25 8	33 79 4	34 33 »	34 86 6	35 40 2	35 93 8	36 47 4	37 01 4
70	37 55 »	38 08 6	38 62 2	39 15 8	39 69 4	40 23 »	40 76 6	41 30 2	41 83 8	42 37 8
80	42 91 2	43 44 8	43 98 4	44 52 »	45 05 6	45 59 2	46 12 8	46 66 4	47 20 »	47 74 »
90	48 27 6	48 81 2	49 34 8	49 88 4	50 42 »	50 95 6	51 49 2	52 02 8	52 56 4	53 10 4

Cette mencaudée correspond à.		53 ares	64 cent.	33.
Le double bosselet,	id.	26	82	
Le bosselet,	id.	13	41	
Le demi-bosselet,	id.	6	70 1/2.	
La pinte,	id.	3	35 1/4.	

2e TABLEAU.

Mesure de 42 ares 91 cent. 45 (100 verges de 22 pieds de 11 pouces).

cent.	ares. cent.	1 centième.	2 centièmes.	3 centièmes.	4 centièmes.	5 centièmes.	6 centièmes.	7 centièmes.	8 centièmes.	9 centièmes.
1/4	» 10 8									
1/2	» 21 5	ares. c. m.	ares. c. m.	ares. cent.	ares. c. m.	ares. c. m.	ares. c. m.	ares. c. m.	ares. c. m.	ares. c. m.
3/4	» 32 3	» 42 9	» 85 8	1 28 7	1 71 6	2 14 5	2 57 4	3 00 3	3 43 2	3 86 1
10	4 29 1	4 72 »	5 14 8	5 57 8	6 00 7	6 43 6	6 86 5	7 29 4	7 72 3	8 15 2
20	8 58 2	9 01 1	9 44 »	9 86 9	10 29 8	10 72 7	11 15 6	11 58 5	12 01 4	12 44 3
30	12 87 3	13 30 2	13 73 1	14 16 »	14 59 »	15 01 8	15 44 7	15 87 6	16 30 5	16 73 4
40	17 16 4	17 59 3	18 02 2	18 45 1	18 88 »	19 30 9	19 73 8	20 16 7	20 59 6	21 02 5
50	21 45 7	21 88 6	22 31 5	22 74 4	23 17 3	23 60 2	24 03 1	24 46 »	24 88 9	25 31 8
60	25 74 8	26 17 7	26 60 6	27 03 5	27 46 4	27 89 3	28 32 2	28 75 1	29 18 »	29 61 »
70	30 03 9	30 46 8	30 89 7	31 32 6	31 75 5	32 18 4	32 61 3	33 04 2	33 47 1	33 90 »
80	34 33 8	34 76 7	35 19 6	35 62 5	36 05 4	36 48 3	36 91 2	37 34 1	37 77 »	38 20 »
90	38 62 1	39 05	39 48 »	39 91 »	40 34 1	40 76 9	41 19 8	41 62 7	42 05 6	42 48 5

Cette mesure correspond à.	42	ares 91	cent.	4 m.
Trois quartiers 1/2 correspondent à.	37	55		
Trois quartiers, id.	32	18		5.
Une demi-mesure, id.	21	45		7.
Un quartier, id.	10	72		8.
Un demi-quartier, id.	5	36		4.

3e TABLEAU.

Mesure de 45 ares 22 cent. (127 verges 1/2 de 20 pieds 11 pouces), *dite d'Ostrevent.*

cent.	ares. cent.	1 centièmes. ares. c. m.	2 centièmes. ares. c. m.	3 centièmes. ares. c. m.	4 centièmes. ares. c. m.	5 centièmes. ares. c. m.	6 centièmes. ares. c. m.	7 centièmes. ares. c. m.	8 centièmes. ares. c. m.	9 centièmes. ares. c. m.
1/4	» 11 3									
1/2	» 22 6									
3/4	» 34 »	» 45 2	» 90 4	1 35 6	1 80 8	2 26 1	2 71 2	3 16 5	3 61 6	4 07 »
10	4 52 2	4 97 2	5 42 6	5 87 8	6 33 »	6 78 3	7 23 4	7 68 7	8 13 8	8 59 2
20	9 04 4	9 49 6	9 94 8	10 40 »	10 85 2	11 30 5	11 75 6	12 21 »	12 66 »	13 11 4
30	13 56 6	14 09 8	14 47 7	14 92 2	15 37 4	15 82 7	16 27 8	16 73 1	17 18 2	17 63 6
40	18 08 8	18 54 »	18 99 2	19 44 4	19 89 6	20 35 »	20 80 »	21 25 3	21 70 4	22 15 8
50	22 61 »	23 06 2	23 51 4	23 96 6	24 41 8	24 87 8	25 32 2	25 77 5	26 22 6	26 68 »
60	27 13 2	27 58 2	28 03 6	28 48 8	28 94 »	29 39 3	29 84 4	30 29 7	30 74 8	31 20 2
70	31 65 4	32 10 6	32 55 8	33 01 »	33 46 2	33 91 5	34 36 6	34 82 »	35 27 »	35 72 4
80	36 17 6	36 62 8	37 08 »	37 53 2	37 98 4	38 43 7	38 88 8	39 34 1	39 79 2	40 24 6
90	40 69 8	41 15 »	41 60 2	42 05 4	42 50 6	42 96 »	43 41 »	43 86 3	44 31 4	44 76 8

Trois quartiers 1/2 correspondent à. . . .	39	ares 56	cent. 3/4
Trois quartiers, id.	33	91	1/2
Demi-mesure 1/2 quartier, id. . . .	28	26	1/4
Demi-mesure, id.	22	61	
Un quartier, id.	11	30	1/2
Un demi-quartier, id.	5	65	1/4

4e TABLEAU.

Mesure de 44 ares 33 cent. 3 m. (500 vergelles de 10 pieds de 11 pouces).

cent	ares. cent.	1 centième.	2 centièmes.	3 centièmes.	4 centièmes.	5 centièmes.	6 centièmes.	7 centièmes	8 centièmes.	9 centièmes
1/4	» 11 1									
1/2	» 22 2									
		ares. c. m.	ares. c. m.	ares. c. m.	ares. c. m.	ares. c. m.	ares. c. m.	ares. c. m.	ares. c. m.	ares. c. m
3/4	» 33 3	» 44 3	» 88 6	1 33 »	1 77 3	2 21 6	2 66 »	3 10 »	3 54 6	3 98 9
10	4 43 3	4 87 6	5 32 »	5 76 »	6 20 6	6 65 »	7 09 »	7 53 »	7 98 »	8 42 »
20	8 86 6	9 31 »	9 75 2	10 19 6	10 64 »	11 08 2	11 52 6	11 96 6	12 41 2	12 85 5
30	13 30 »	13 74 3	14 18 6	14 63 »	15 07 3	15 51 6	15 96	16 40 3	16 84 6	17 28 9
40	17 73 2	18 17 5	18 61 8	19 06 »	19 50 5	19 94 8	20 39 2	20 83 2	21 27 8	21 72 1
50	22 16 6	22 61 »	23 05 2	23 49 »	23 94 »	24 38 2	24 82 »	25 26 6	25 71 2	26 15 5
60	26 60 »	27 04 3	27 48 6	27 93 »	28 37 3	28 81 6	29 26 »	29 70 »	30 14 6	30 58 8
70	31 03 2	31 47 5	31 92 »	32 36 »	31 80 5	33 24 8	33 69 »	34 13 2	34 57 8	35 02 1
80	35 46 4	35 90 7	36 35 »	36 79 »	37 23 7	37 68	38 12 »	38 56 4	39 » »	39 45 3
90	39 89 7	40 34 »	40 78 3	41 22 7	41 67 »	42 11 3	42 55 7	42 99 7	43 44 3	43 89 »

Trois quartiers 1/2 correspondent à. . . .		38 ares	78 cent.	
Trois quartiers,	id.	33	24	
Demi-mesure 1/2 quartier,	id.	27	70	
Demi-mesure correspond à	. . . .	22	16	1/2
Un quartier,	id.	11	08	
Un demi-quartier,	id.	5	54	

5e TABLEAU.

Rasière de 47 ares 28 centiares (133 verges 1/3 de 20 pieds de 11 pouces).

cent.	ares. cent.	1 centième.	2 centièmes.	3 centièmes.	4 centièmes.	5 centièmes.	6 centièmes.	7 centièmes	8 centièmes.	9 centièmes.
1/4	» 11 8									
1/2	» 23 6	ares. c. m.	ares. c. m.	ares. c. m.	ares. c. m.	ares. c. m.	ares. c. m.	ares. c. m.	ares. c. m.	ares. c. m.
3/4	» 35 4	» 47 2	» 94 5	1 41 8	1 89 1	2 36 4	2 88 5	3 30 8	3 78 1	4 25 5
10	4 72 8	5 20 »	5 67 3	6 14 6	6 62 »	7 09 2	7 56 3	8 03 6	8 51 »	8 98 3
20	9 45 6	9 92 8	10 40 1	10 87 4	11 34 7	11 82 »	12 29 1	12 76 4	13 23 7	13 71 1
30	14 18 4	14 65 6	15 13 »	15 60 2	16 07 5	16 54 8	17 02 »	17 49 2	17 96 5	18 44 »
40	18 91 2	19 38 4	19 85 7	20 33 »	20 80 3	21 27 6	21 74 7	22 22 »	22 69 3	23 16 7
50	23 64 »	24 11 2	24 58 5	25 05 8	25 53 1	26 » 4	26 47 5	26 94 8	27 42 »	27 89 5
60	28 36 8	28 84 »	29 31 3	29 78 6	30 26 »	30 73 2	31 20 3	31 77 6	32 15 »	32 62 3
70	33 09 6	33 56 8	34 04 1	34 51 4	34 98 7	35 46 »	35 93 1	36 40 4	36 87 7	37 35 1
80	37 82 4	38 29 6	38 77 »	39 24 2	39 71 5	40 18 8	40 66 »	41 16 2	41 60 5	42 08 »
90	42 55 2	43 02 4	43 49 7	43 97 »	44 44 3	44 91 6	45 38 7	45 86 »	46 33 3	46 80 8

Trois quartiers 1/2 correspondent à. . . 41 ares 37 cent.
Trois quartiers, id. . . . 35 46
Une demi-rasière 1/2 quartier, id. . . 29 55
Une demi-rasière, id. . . . 23 64
Un quartier, id. . . . 11 82
Un demi-quartier (8e de rasière), id. . . 5 91

6e TABLEAU.

Mesure de 44 ares 08 cent. 76 m. (300 vergelles de 14 pieds de 10 pouces).

cent. 1/2	ares. cent. » 11 »	1 centième. ares. c. m.	2 centièmes ares. c. m.	3 centièmes ares. c. m.	4 centièmes ares. c. m.	5 centièmes ares. c. m.	6 centièmes ares. c. m.	7 centièmes ares. c. m.	8 centièmes ares. c. m.	9 centièmes ares. c. m.
1/4	» 22 »									
3/4	» 33 »	» 43 1	» 86 1	1 29 2	1 72 3	2 15 4	2 58 5	3 01 6	3 44 6	3 87 7
10	4 30 8	4 74 »	5 17 »	5 60 1	6 03 2	6 46 3	6 89 4	7 32 5	7 75 6	8 18 7
20	8 61 6	9 04 7	9 47 8	9 91 »	10 34 »	10 77 1	11 20 2	11 63 3	12 06 4	12 49 5
30	12 92 5	13 35 6	13 78 7	14 21 7	14 65 »	15 08 »	15 51 1	15 94 2	16 37 1	16 80 2
40	17 23 2	17 66 3	18 09 4	18 52 5	18 95 6	19 38 7	19 81 8	20 25 »	20 68 »	21 11 »
50	21 54 1	21 97 »	22 40 »	22 83 1	23 26 »	23 69 1	24 12 2	24 55 3	24 98 4	25 41 7
60	25 85 »	26 28 »	26 71 »	27 14 1	27 57 2	28 » 3	28 43 4	28 86 5	29 29 6	29 73 »
70	30 16 »	30 59 »	31 02 »	31 45 »	31 88 »	32 31 »	32 74 2	33 17 3	33 60 4	34 03 5
80	34 46 4	34 89 5	35 32 6	35 75 7	36 18 8	36 61 9	37 05 »	37 48 »	37 91 »	38 34 »
90	38 77 2	39 20 3	39 63 4	40 06 »	40 49 »	40 92 »	41 35 »	41 78 8	42 22 »	42 65 »

Trois quartiers 1/2 correspondent à. . .		37 ares	69 cent.	1/2
Trois quartiers,	id.	32	31	
Demi-mesure 1/2 quartier,	id.	26	92	
Demi-mesure,	id.	21	54	
Un quartier,	id.	10	77	
Un demi-quartier,	id.	5	38	1/2

7e TABLEAU.

Mesure de 42 ares 20 cent. 83 m. (100 verges de 20 pieds de 12 pouces.
A Montargis un arpent de 100 cordes de 20 pieds de 12 pouces.

cent.	ares. cent.	1 centième. ares. c. m.	2 centièmes ares. c. m.	3 centièmes ares. c. m.	4 centièmes ares. c. m.	5 centièmes ares. c. m.	6 centièmes ares. c. m.	7 centièmes ares. c. m.	8 centièmes ares. c. m.	9 centièmes ares. c. m.
1/4	» 10 5									
1/2	» 21 »									
3/4	» 31 6	» 42 2	» 84 4	1 26 6	1 68 8	2 11 »	2 53 2	2 95 4	3 37 6	3 79 8
10	4 22 1	4 64 2	5 06 4	5 48 7	5 91 »	6 33 »	2 75 3	7 17 5	7 59 7	8 02 »
20	8 44 2	8 86 4	9 28 6	9 70 7	10 13 »	10 55 2	10 97 3	11 39 5	11 81 7	12 24 »
30	12 66 3	13 08 5	13 50 6	13 93 »	14 35 »	14 77 »	15 19 »	15 61 »	16 03 »	16 46 »
40	16 88 3	17 30 5	17 72 7	18 15 »	18 57 1	18 99 3	19 41 5	19 83 7	20 26 »	20 68 »
50	21 10 3	21 52 5	21 94 7	22 37 »	22 79 »	23 21 »	23 63 »	24 05 7	24 48 »	24 90 »
60	25 32 3	25 74 5	26 16 7	26 59 »	27 01 »	27 43 »	27 85 5	28 27 7	28 70 »	29 12 »
70	29 54 »	29 96 2	30 38 »	30 80 6	31 22 8	31 65 »	32 07 2	32 49 4	32 91 6	33 33 8
80	33 76 1	34 18 3	34 60 5	35 02 7	35 45 »	35 87 »	36 29 »	36 71 »	37 13 7	37 56 »
90	37 98 »	38 40 »	38 82 6	39 24 8	39 67 »	40 09 2	40 51 4	40 93 8	41 36 »	41 78 4

Trois quartiers 1/2 correspondent à. . . .		36 ares	93 cent.	2
Trois quartiers,	id.	31	65	6
Demi-mesure 1/2 quartier,	id.	26	38	
Une demi-mesure,	id.	21	10	4
Un quartier,	id.	10	55	2
Un demi-quartier,	id.	5	27	6

8e TABLEAU.

Mesure de 39 ares 90 cent. (450 vergelles de 10 pieds de 11 pouces).

cent.	ares. cent.	1 centième.	2 centièmes.	3 centièmes.	4 centièmes.	5 centièmes.	6 centièmes.	7 centièmes.	8 centièmes.	9 centièmes.
		ares. c. m.	ares. c. m.	ares. c. m.	ares. c. m.	ares. c. m.	ares. c. m.	ares. c. m.	ares. c. m.	ares. c. m.
1/4	» 10 »									
1/2	» 20 »									
3/4	» 30 »	» 40 »	» 79 8	1 19 7	1 59 6	1 99 5	2 39 4	2 79 3	3 19 2	3 59 1
10	3 99 »	4 30 »	4 70 »	5 18 7	5 68 6	5 98 5	6 58 4	6 78 3	7 18 2	7 58 1
20	7 98 »	8 38 »	8 77 8	9 17 7	9 57 6	9 97 5	10 37 4	10 77 3	11 17 2	11 57 1
30	11 97 »	12 37 »	12 76 8	13 16 7	13 56 6	13 96 5	14 36 4	14 76 3	15 16 2	15 56 1
40	15 96 »	16 36 »	16 15 8	17 55 7	17 55 6	17 95 5	18 35 4	18 75 3	19 15 2	19 55 1
50	19 95 »	20 35 »	20 74 8	21 14 7	21 54 6	21 94 5	22 34 4	22 74 3	23 14 2	23 54 1
60	23 94 »	24 34 »	24 73 8	25 13 7	25 53 6	25 93 5	26 33 4	26 73 3	27 13 2	27 53 1
70	27 93 »	28 33 »	28 72 8	29 12 7	29 52 6	29 92 5	30 32 4	30 72 3	31 12 2	31 52 1
80	31 92 »	32 32 »	32 71 8	33 11 7	33 51 6	33 91 5	34 31 4	34 71 3	35 11 2	35 51 1
90	35 91 »	36 31 »	36 70 8	37 10 7	37 50 6	37 90 5	38 30 4	38 70 3	39 09 2	39 50 1

Trois quartiers 1/2 correspondent à. . .		34 ares	91 cent.	2 m.
Trois quartiers,	id.	29	92	5
Demi-mesure 1/2 quartier,	id.	24	93	7
Demi-mesure,	id.	19	95	
Un quartier 1/2,	id.	14	96	2
Un quartier,	id.	9	97	5
Un demi-quartier,	id.	4	98	7

9e TABLEAU.

Mesure de 35 ares 46 cent. 65 (400 vergelles de 10 pieds de 11 pouces, ou 100 verges de 20 pieds de 11 pouces).

cent.	ares. cent.	1	2	3	4	5	6	7	8	9
1/4	» 09 »	centième.	centièmes.	centièmes.	centièmes.	centièmes.	centièmes.	centièmes.	centièmes.	centièmes.
1/2	» 18 »	ares. c. m.	ares. c. m.	ares. cent.	ares. c. m.	ares. c. m.	ares. c. m.	ares. c. m.	ares. c. m.	ares. c. m
3/4	» 26 6	» 35 4	» 71 »	1 06 4	1 41 8	1 77 3	2 12 8	2 48 3	2 83 7	3 19 2
10	3 54 6	3 90 »	4 25 4	4 61 »	4 96 4	5 32 »	5 67 4	6 03 »	6 38 3	6 73 8
20	7 09 2	7 44 6	7 80 1	8 15 6	8 51 »	8 86 5	9 22 »	9 57 5	9 93 »	10 28 4
30	10 63 8	10 99 2	11 34 7	11 70 2	12 15 6	12 41 1	12 76 6	13 12 1	13 47 5	13 83 »
40	14 18 4	14 53 8	14 89 3	15 24 8	15 60 2	15 95 7	16 31 2	16 66 7	17 02 8	17 36 6
50	17 73 »	18 08 4	18 44 »	18 79 4	19 14 8	19 50 3	19 85 8	20 21 3	20 56 7	20 92 2
60	21 27 6	21 63 »	21 98 5	22 34 »	22 69 4	23 05 »	23 40 4	23 76 »	28 11 3	24 46 8
70	24 82 2	25 17 6	25 53 1	25 88 6	26 24 6	26 59 5	26 95 »	27 30 5	27 66 »	28 01 4
80	28 36 8	28 72 2	29 07 8	29 43 2	29 78 6	30 14 1	30 49 6	30 85 1	31 20 5	31 56 »
90	31 91 4	32 26 8	32 62 2	31 97 8	33 33 2	33 68 7	34 03 2	34 39 7	34 75 1	35 10 6

Trois quartiers 1/2 correspondent à	. . . .	31 ares	03 cent.	2 m.
Trois quartiers,	id.	26	59	9.
Demi-mesure 1/2 quartier,	id.	22	16	6.
Demi-mesure,	id.	17	73	3.
Un quartier,	id.	8	86	6.
Un demi-quartier,	id.	4	43	3.

10e TABLEAU.

Mesure de 51 ares 07 centiares **(100 perches de 22 pieds de 12 pouces, ou un arpent).**

cent.	ares. cent.	1 centième. ares. c. m.	2 centièmes. ares. c. m.	3 centièmes. ares. c. m.	4 centièmes. ares. c. m.	5 centièmes. ares. c. m.	6 centièmes. ares. c. m.	7 centièmes. ares. c. m.	8 centièmes. ares. c. m.	9 centièmes. ares. c. m.
1/4	» 12 7									
1/2	» 25 5									
3/4	» 38 3	» 51 »	1 02 1	1 53 1	2 04 2	2 55 3	3 06 3	3 57 4	4 08 5	4 59 5
10	5 10 7	5 61 7	6 12 8	6 63 8	7 15 »	7 66 »	8 17 »	8 68 1	9 19 2	9 70 2
20	10 21 4	10 72 4	11 23 5	11 74 5	12 25 6	12 76 7	13 27 7	13 78 8	14 30 »	14 81 »
30	15 32 »	15 83 »	16 34 1	16 85 1	17 36 2	17 87 3	18 38 3	18 89 4	19 40 5	19 91 5
40	20 42 5	20 93 5	21 44 6	21 95 6	22 46 7	22 97 8	23 48 8	24 » »	24 51 »	25 02 »
50	25 53 4	26 04 4	26 55 5	27 06 5	27 57 6	28 08 7	28 59 7	29 10 8	29 62 »	30 13 »
60	30 64 »	31 15 »	31 66 1	32 17 1	32 68 2	33 19 3	33 70 3	34 21 4	34 72 5	35 23 5
70	35 74 5	36 25 5	36 76 6	37 27 6	37 78 4	38 29 8	38 80 8	39 32 »	39 83 »	40 34 »
80	40 85 »	41 36 »	41 87 1	42 38 »	42 89 2	43 40 3	43 91 3	44 42 4	44 93 5	45 44 5
90	45 95 5	46 46 5	46 97 6	47 48 7	47 99 7	48 50 8	49 02 »	49 53 »	50 05 »	50 56 »

Trois quartiers 1/2 correspondent à. . . .		44 ares	68 cent.	6 m.
Trois quartiers,	id.	38	30	2
Demi-mesure 1/2 quartier,	id.	31	92	
Demi-mesure,	id.	25	53	5
Un quartier,	id.	12	76	7
Un demi-quartier,	id.	6	38	3

11e TABLEAU.

Mesure de 50 ares 18 cent. **(100 verges de 18 pieds 4 p. 1/2, pied de 11 pouces).**

cent	ares. cent.	1 centième.	2 centièmes.	3 centièmes.	4 centièmes.	5 centièmes.	6 centièmes.	7 centièmes	8 centièmes.	9 centièmes
1/4	» 07 5	ares. c. m	ares. c. m.	ares. c. m.	ares. c. m.	ares. c. m.	ares. c. m.	ares. c. m.	ares. c. m.	ares. c m
1/2	» 15 »									
3/4	» 22 6	» 30 2	» 60 3	» 90 5	1 20 7	1 51 »	1 81 1	2 11 2	2 41 4	2 71 6
10	3 01 8	3 32 »	3 62 1	3 92 3	4 22 5	4 52 7	4 83 »	5 13 »	5 43 2	5 73 4
20	6 03 6	6 33 8	6 64 »	6 94 1	7 24 3	7 54 5	7 84 7	8 14 8	8 45 »	8 75 2
30	9 05 4	9 35 6	9 65 7	9 96 »	10 26 1	10 56 3	10 86 5	11 16 6	11 46 8	11 77 »
40	12 07 2	12 37 4	12 67 5	12 97 7	13 28 »	13 58 1	13 88 3	14 18 4	14 48 6	14 78 8
50	15 09 »	15 39 2	15 69 3	15 99 5	16 29 7	16 60 »	16 90 1	17 20 2	17 50 4	17 80 6
60	18 10 8	18 41 »	18 71 1	19 01 3	19 31 5	19 61 8	19 92 »	20 22 »	20 52 2	20 82 4
70	21 12 6	21 42 8	21 73 »	22 03 1	22 33 3	22 63 5	22 93 7	23 23 8	23 54 »	23 84 2
80	24 14 4	24 44 6	24 74 7	25 05 »	25 35 1	25 63 3	25 95 5	26 25 6	26 55 8	26 86 »
90	27 16 2	27 46 4	27 76 5	28 06 7	28 36 9	28 67 1	28 97 3	29 27 4	29 57 6	29 87 8

Trois quartiers 1/2 correspondent à. . .		26 ares	41 cent.	
Trois quartiers,	id.	22	63	5
Demi-mesure 1/2 quartier,	id.	18	86	2
Demi-mesure,	id.	15	09	
Un quartier,	id.	7	54	5
Un demi-quartier,	id.	3	77	2

Cette mesure, en usage à St-Amand-les-Eaux (département du Nord), est le quart du bonnier, mesure en usage dans les environs de Douai ; mais le bonnier de St-Amand est moins grand que celui en usage du côté d'Orchies, arrondissement de Douai.

§ 7

Notions d'arpentage.

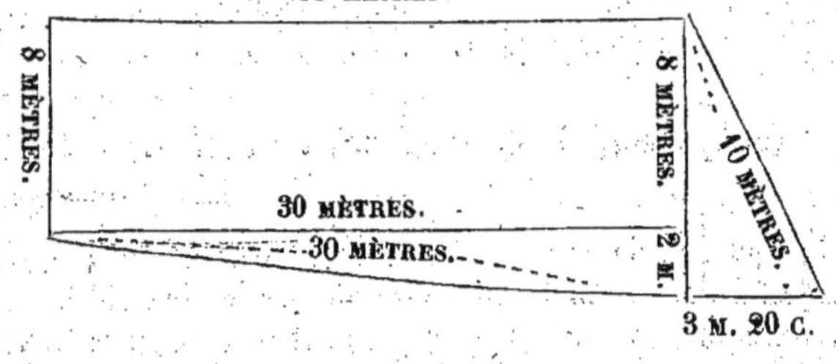

Les personnes qui prendront la peine de parcourir la présente section, ne seront sans doute pas fâchées de trouver un enseignement bien simple pour vérifier par elles-mêmes la contenance de leurs propriétés rurales.

Elles savent déjà que 100 mètres carrés représentent 1 are, d'où il s'en suit qu'un carré plus ou moins grand contient 1 are par 100 mètres carrés; ainsi un carré de 30 mètres de long sur 10 mètres de large produit 300 mètres carrés en multipliant 30 par 10 ; ce qui correspond à 3 ares. Mais si la pièce de terre est d'une forme irrégulière, il faut d'abord former un carré et avec ce qui reste on fait un ou plusieurs triangles. Voici un exemple de cette opération :

La pièce de terre figurée ci-dessus étant irrégulière tant en sa forme que pour les longueurs des côtés, il convient, pour connaître sa contenance, de faire les trois opérations suivantes :

1re OPÉRATION : Le plus grand carré qu'il soit possible de former dans cette pièce se trouve être de 30 mètres de long sur 8 mètres de large ; ces deux chiffres, multipliés l'un par l'autre, donnent . 240^{m} carrés.

2e OPÉRATION : Le triangle le plus long est supposé avoir 30 mètres de long en suivant la ligne marquée par des points.... Pour en former un carré long, coupez-le en imagination en suivant cette ligne; réunissez ces deux parties du triangle en plaçant l'une des extrémités terminées par une pointe à côté de la partie la plus large de l'autre extrémité (c'est-à-dire en les croisant), vous obtiendrez un carré long qui aura 30 mètres de longueur sur 1 mètre de largeur. Ces deux nombres, multipliés l'un par l'autre, donneront. . . . . 30^{m} carrés.

3e OPÉRATION : Suivez le même procédé à l'égard de l'autre triangle qui est supposé avoir 10 mètres de long ; en suivant la ligne pointillée, vous trouverez un carré long qui aura 10 mètres de long sur 1 mètre 60 centimètres de large. En multipliant ces deux chiffres l'un par l'autre, vous trouvez pour résultat. . . . . 16m carrés.

Total 2 ares 86 centiares, ou. . . . . . 286 mètres.

Pour la réduction de cette contenance en verges, voyez aux tableaux ci-dessus, celui qui concorde avec votre mesure locale : ainsi, en supposant que votre mesure soit de 39 ares 90 centiares, vous trouverez au 8e tableau que 7 verges correspondent à 2 ares 79 centiares, et 3/16es de verges à 7 centiares.. En total 7 verges 3/16es.

TROISIÈME PARTIE.

Un grand nombre de personnes, et parmi elles plusieurs hommes d'affaires, entraînées par l'esprit rénovateur qui dicta la plupart des actes de la révolution de 1789, se persuadèrent que le Code civil avait rompu entièrement avec l'ancienne législation, dont il ne fallait plus se préoccuper, que pour l'appréciation de certains faits accomplis : rejets de haies, égoûts des toits, etc.... Dans cette persuasion, et sans étudier les dispositions du Code relatives aux servitudes légales de voisinage, ces personnes crurent que depuis la promulgation de ce Code, il fallait (pour les plantations par exemple) se conformer aux distances prescrites par l'article 671 du Code civil : erreur qui est de nature à entraîner de nombreuses contestations que MM. les Notaires devront prévenir, autant que possible, en ayant soin dans la rédaction des actes translatifs de biens ruraux, de constater si les haies ont été plantées sous le régime du Code civil, et dans ce cas d'indiquer à quelle distance les plantations ont été faites des héritages voisins.

Cette circonstance et le désir de faciliter les décisions d'arbitres ou rapports d'experts lors des difficultés soulevées dans les questions de voisinage, de réparations locatives et autres du même genre, me décident, quoique la tâche soit difficile, à offrir au public une manipulation des anciennes coutumes et des anciens règlements dont j'ai pu prendre connaissance, appropriée aux dispositions du Code civil qui en conservent l'usage.

Les lois ne pouvant pas avoir d'effets rétroactifs, l'étude des anciens usages devient aussi très utile pour l'appréciation de faits antérieurs aux lois promulguées depuis 1789.

Malgré le motif d'utilité générale qui me guide dans ce travail, je n'en sollicite pas moins l'indulgence de mes lecteurs.

L'esprit et la lettre de l'article 671 du Code civil ne peuvent donner lieu qu'à cette seule interprétation :

Les distances indiquées par cet article ne doivent être observées qu'à défaut de règlements particuliers antérieurs ou d'usages constants et reconnus... Ceci est la lettre.

Quant à l'esprit de la loi, où le trouver mieux que dans l'exposé des motifs qui ont dirigé les rédacteurs des articles 668, 670 et 671 du Code civil, soumis à la sanction du Corps législatif, exposé présenté par M. le conseiller d'Etat Berlier, qui s'exprimait en ces termes :

« En établissant un droit commun sur les caractères auxquels on devra » reconnaître la mitoyenneté des fossés et des haies, on l'a fondé sur nos » habitudes et sur les usages reçus le plus universellement.

» Mais la conciliation des usages a été jugée impossible, lorsqu'il a été » question des plantations limitrophes, ou du moins il n'a pas été permis » de les assujettir à une mesure commune et uniforme. Les principes gé- » néraux déduits de la seule équité, indiquent suffisamment, sans doute, » que le droit de tout propriétaire cesse là où commencerait un préjudice » pour son voisin ; mais à quelle distance de l'héritage voisin serait-il » permis de planter des arbres de haute tige ou autres ? sera-ce à un ou » deux mètres pour les premiers, à un demi-mètre pour les seconds ? » et la fixation précise d'une distance quelconque est-elle compatible » avec les variétés de culture et du sol, sur un territoire aussi étendu » que celui de la République.

» Pour ne rien retrancher du légitime exercice de la propriété, mais » pour ne pas blesser non plus les droits du voisinage, il a donc fallu se » borner à indiquer une distance commune, en l'absence de règlements » et usages locaux.

» Il n'a pas été moins nécessaire de renvoyer à ces règlements et usa- » ges pour ce qui se rapporte aux contre-murs, ou à défaut de contre- » murs, aux distances prescrites pour certaines constructions que l'on » voudrait faire près d'un mur voisin, mitoyen ou non. En effet, la loi ne » saurait prescrire l'emploi de tels ou tels matériaux qui n'existent pas » également partout. Un voisin, s'il veut construire une cheminée, une » forge ou un fourneau, ne peut néanmoins mettre ma propriété en dan- » ger, et elle y sera selon qu'il employera tels matériaux au lieu de tels » autres, ou que, suivant la nature de mes constructions, il en rapproche » plus ou moins les siennes..... Il a donc fallu sur tous les points s'en » rapporter aux règlements et usages locaux. »

M. le conseiller d'Etat Galli, sur les articles 590 et 593, s'exprime ainsi : « Vous voyez par là, citoyens législateurs, respectés et maintenus » partout où il faut, les habitudes, les coutumes des peuples. Cette ex- » cellente partie de la législation est due aux sages réflexions des rédac- » teurs du projet, puisqu'ils ont, dans leurs discours préliminaires, très » ouvertement manifesté l'intention qu'il y eût une tradition suivie d'u- » sages, de maximes, de règles pour que l'on puisse, en certains cas, ju- » ger aujourd'hui comme on a déjà jugé hier. »

Les jurisconsultes qui ont écrit sur ce sujet, reconnaissent la sagesse de ces dispositions.... Je citerai, entre autres, l'opinion de M. Henrion de Pansey, dans son ouvrage sur la compétence des Juges-de-Paix, où il dit : « En France, le législateur avait abandonné cette matière (distance » des plantations de haies et arbres) à la sagesse des cours souveraines » dont les ressorts différaient par le sol, la culture et les plantations, » chaque Parlement prenant conseil des circonstances et des localités, » avait sur ce point une jurisprudence qui lui était particulière ; nous » avions néanmoins quelques coutumes qui s'en occupaient ; rédigées par » des hommes parfaitement au fait de la culture du pays, elles ne pou- » vaient être qu'infiniment sages; aussi les suivait-on littéralement.... Tel » était l'état de notre jurisprudence avant la promulgation du Code. Les » auteurs de cet important ouvrage ont senti le danger de soumettre des » lois, qui ont pour objet l'agriculture, à ces idées d'uniformité qui, » comme le dit Montesquieu, saisissent quelquefois les *grands esprits,* » *mais frappent infailliblement les petits;* et ils ont maintenu les rè- » glements et les usages que le temps et l'expérience avaient fait établir » et adopter dans les différentes parties du royaume. »

L'obligation de se conformer aux prescriptions des anciennes coutumes, n'est donc pas douteuse!.... Les divers titres qui vont suivre cet exposé, établiront les règles qui devront servir de guide dans les différentes matières qui y sont traitées.

TITRE 1er.

Règlements et Coutumes d'où sont tirés les citations indicatives des règles à suivre.

SECTION 1re.

Parmi les Coutumes que j'ai compulsées, il s'en trouve un grand nombre qui ne contiennent aucunes dispositions utiles à conserver : néanmoins, je crois devoir les citer ici pour mémoire. Ce sont les coutumes : d'Arras ville, cité et bailliage — Audruick — Anapes — Armentières — Amiens, bailliage de 1507 — Béthune ville, banlieue, advouerie et gouvernance — Bovine — Bouillon — Bourgogne, comté — Boulogne ville — Baralle et Buissy — Berneville — Bailleul-sire-Berthould — Billy — Bruges, suivie à Dunkerque — Chimay — Châlons, — Coucy — Chaulny — Chauny — Chisoing — Commines — Camphin, seigneurie — Defresne-lez-Montauban — Doullens — Dainville — Debeauquesne — Douai et Orchies — Desvres — Demencourt — Dewissent — Dequesque — Estaples — Estaires — Ennetière-en-Wèpes — Equinghehem — Esquerme — Fleurbaix et villages voisins — Feuchy — Ficheux — Guisne — Gaverelle — Gorre — Herlies — Herly — Hervain — Hattries — Haisnes — Hamblain — Lessine — Lendrecies (1) — La Bassée — Lannoy — Merville — Meurchin — Mons-en-Pevèle — Monveaux — Mons (à cause de Maubeuge qui en ressort) — Mont-St-Eloi — Mazingarbe — Neuville-St-Vaast — Noyon — Neufville — Nédonchel, Westrehem, Ligny et la Tiremanne, dépendant du comté de Boulogne — Ostrincourt, Pernes, châtellenie, — Ponthieu (pays de) — Péronne — Pont-à-Vendin — Roclencourt — Ribemont — St-Quentin — Senlis — Sedan — Seclin — Salomez-lez-Labassée — St-Riquier — St-Vaast — Servins, grand et petit — Telluch — Thérouanne — Tourcoing — Verdun — Vimeu — Vidame de Gerberoie — Villers-Castel — Vis-en-Artois — Wahaignies, seigneurie et échevinage.

(1) Cette coutume contient une disposition assez curieuse :

Art. 21. — Le Seigneur peut, trois fois par an, mener les bourgeois, pendant six jours, contre ses adversaires ; les deux premiers jours aux frais desdits bourgeois, et les quatre autres jours aux frais d'icelui seigneur.

SECTION IIe.

Pour éviter toutes répétitions inutiles, il est entendu que l'expression *homologuée*, signifie qu'il y a ordonnance du souverain prescrivant l'application de la coutume. La date permettra de connaître le souverain qui a rendu l'ordonnance.

En ce qui concerne les provinces de France :

Louis XIII a régné du 15 mai 1610 au 14 mai 1643.

Louis XIV du 14 mai 1643 au 1er septembre 1715.

Louis XV du 1er septembre 1715 au 27 avril 1774.

Louis XVI du 27 avril 1774 à juin 1791, époque de son arrestation (La royauté a été abolie le 21 septembre 1792).

En ce qui concerne les Pays-Bas :

Philippe d'Autriche, fils de Marie de Bourgogne, du 25 mars 1481 au 25 septembre 1506.

Charles-Quint du 25 septembre 1506 au 25 octobre 1555.

Philippe II du 25 octobre 1555 au 24 novembre 1599.

L'archiduc Albert et la princesse Isabelle, sa femme, fille de Philippe II, qu'on désignait sous la dénomination *les archiducs,* ont régné sur les Pays-Bas du du 24 novembre 1599 au 13 juillet 1621.

Philippe IV du 13 juillet 1621 au 7 novembre 1659 pour l'Artois cédé (1), et du 13 juillet 1621 au 17 septembre 1665 pour l'Artois réservé (2).

Charles II a régné du 17 septembre 1665 au 17 septembre 1678 pour l'Artois réservé (Aire et St-Omer), qui depuis cette époque se trouve sous la domination des rois de France, ainsi que la Flandre flamande, la Flandre gallicane et le Hainaut français.

L'ancien Aa séparait la Flandre de l'Artois. Le parlement de Douai avait sous sa juridiction la Flandre française (composée de Flandre flamande et Flandre gallicane), le Hainaut français et le pays français entre la Sambre et la Meuse (3).

(1) Par le traité des Pyrénées du 7 novembre 1659, Philippe IV a cédé à la France, savoir : en Artois, Arras, Hesdin, Béthune, Bapaume, Lillers, Thérouanne, le comté de St-Pol ; dans la Flandre, Bourbourg, St-Venant, Lescluse, Gravelines ; dans le Hainaut, Le Quesnoy, Landrecies, Marienbourg, Philippeville, Avesnes, etc.

(2) Qui a été cédé à la France par le traité de Nimègue du 17 septembre 1678.

(3) La Flandre gallicane se composait de la ville et châtellenie de Lille, Douai et Orchies.

Indication des Coutumes.

Aire, bailliage, châtellenie, ville, banlieue, homologuée le 26 septembre 1743.

Auxerre, Abbeville, Amiens, ville, banlieue et prévôté.

Boulenois, 1493, ne donne aucune disposition utile.

Boulenois, comté, publiée le 16 décembre 1495, augmentée sous le titre de : *Coutumes générales de la sénéchaussée et comté de Boulogne*, publiées en 1550 (1).

Biache, Bouvain, Bailleul, Berry, Bourbonnois, Bapaume ville et bailliage, homologuée le 28 juin 1745.

Bergh-St-Winoc, ville et châtellenie, homologuée le 29 mai 1617 (2).

Bourbourg, ville et châtellenie, publiée le 13 octobre 1615.

Bussigny, lettre-patente du duc de Lorraine du 1er octobre 1580.

Clermont en Beauvaisis, coutumes générales, bailliage, comté et ressort d'icelui. (En cette coutume, le pied est de 11 pouces).

Clermont en Beauvaisis, bailliage seulement, publiée le 3 août 1571

Calais, lettres-patentes du 22 mars 1583.

Cambrai, accordée et ordonnée par l'archevêque le 28 avril 1574.

Cassel, Hazebrouck et Watten.

Douai, ville et échevinage, homologuée le 16 septembre 1627.

Enneulin.

Furnes, ville et châtellenie, homologuée le 19 mai 1615.

Hainaut, chartes générales publiées le 5 mars 1619.

Ham, abbaye, homologuée le 9 avril 1570 (comprend Laire, Robecq, Rombly, Linghem, Molinghem).

(1) Cette coutume indique, comme étant de son ressort, le comté de St-Pol tenu du roi à cause de son château de Desvres, les châtellenies de Fiennes, Thingry, Hucqueliers et Beale.

(2) Grande-Sainte, Petite-Sainte, de Ghivelde, de Zuicote et de Vermoussat-Cappelle (du bailliage de Dunkerque), suivent la coutume de Bergh-St-Winoc. Dans cette coutume, le pied exprimé est celui de 12 pouces.

L'article 1er des coutumes de Eskelbeke et de Ledinghem, inséré dans la coutume de Bergh, porte que ces communes étant tenues en fief du comté de Fauquembergue en Artois, ressortissent du bailliage de St-Omer en Artois.

Hesdin, ville, bailliage et châtellenie, rédigée en premier lieu en 1243, homologuée le 20 juillet 1627.

Hondschoote, homologuée le 29 mai 1617.

Laon, baillage ; Lorraine, lettres-patentes du 16 septembre 1594.

Lagorgue, homologuée le 14 mai 1626.

Langle (pays de), homologuée le 25 juin 1570, comprenait St-Nicolas, Ste-Mariekerque, St-Omer-Cappelle et St-Folquin, esclissé de la châtellenie de Bourbourg.

Lallœu (pays de), homologuée le 28 juin 1745, se composait de Laventie, Fleurbaix, Sailly, Lagorgue.

Lillers, rédigée le 19 septembre 1507.

Lille, ville, banlieue et échevinage, lettre-patente du 1er décembre 1533.

Lille, salle, bailliage et châtellenie, publiée en 1567 (1).

Lens, rédigée en 1509.

Metz, lettre-patente de 1609 et 1611.

Marquentière-sur-Mer (pays de Ponthieu).

Montreuil-sur-Mer, prévôté, — Mons, publié le 15 mars 1534.

Melun, Montargis, Nielles-lez-Boulonnais, Péronne, Montdidier et Roye (la gouvernance), publiée en 1507.

Normandie.

Pernes ville, Pitgam, Orléans, Orchies, Rheims (2), Richebourg-l'Advoué, rédigée le 1er avril 1670.

Richebourg-St-Vaast, rédigée le 3 décembre 1669.

St-Omer, rédigée le 13 juillet 1509 ; id. le 31 mars 1612.

St-Omer, ville, banlieue, bailliage, homologuée le 26 septembre 1743 (3).

(1) La châtellenie se composait de Anapes, Armentières, Bovines, Camphin, seigneurie, Chisoing, Commines, Esquerme, Ennetière en Wèpe, Erquinghehem (Fleurbaix et villages voisins, pays de Lalleu), Herlies, Labassée, Lannoy, Mouveaux, Neuféglise, Ostrincourt, Pont-à-Vendin, Seclin, Salomez-lez-Labassée, Tourcoing, Wahaignies, seigneurie et échevinage.

(2) La plupart des coutumes, sans date, ont été adoptées en assemblée de notables présidée par M. le président de Thou.

(3) Un article de la coutume de 1612 porte que, pour les cas non-spécifiés, on se règle au bailliage d'Hesdin, et, à son défaut, à la coutume générale d'Artois. La coutume de 1743 dit que la châtellenie d'Audruick et pays de Bredenarde, la châtellenie de Tournehem et le pays de Langle ressortissent aussi du bailliage de St-Omer.

St-Pol, le comté, homologuée le 22 mai 1631.

St-Amand-lez-Eaux, règlement des magistrats du 22 juin 1742, homogué par le Parlement de Douai le 7 mars 1743, dont M. de Courmaceul, juge-de-paix, a eu l'obligeance de donner le texte.

St-Flour, Sens, Tournehem ville et châtellenie, homologuée le 26 septembre 1743. — Tournehem, ordonnance du seigneur de Beures.

Valois, publiée le 14 septembre 1539. (En cette coutume, le pied est de 12 pouces).

La coutume générale d'Artois, homologuée le 3 mars 1544.

La coutume de Paris, la loi des douze tables, le droit Romain et une loi de Solon incorporée dans ce droit.

Suivant Maillart, Hébert et autres jurisconsultes, le défaut d'homologation viciait si peu les coutumes écrites que la plupart en France ne l'étaient pas, entre autres celle de Paris. En effet, depuis 1668, le Conseil d'Artois ainsi que le Parlement ont jugé selon les coutumes locales non-homologuées. (Arrêt du Parlement du 4 juillet 1762, entre autres, qui a été rendu conformément à la coutume de St-Omer, non-homologuée).

En Artois et Boulenois, les coutumes locales, pour les matières non-prévues, renvoyaient aux coutumes de leurs bailliages et châtellenies, et, à défaut de celles-ci, à la coutume générale d'Artois.

Une règle générale de droit dans les pays coutumiers, lorsqu'un cas quelconque n'était pas prévu par la coutume du pays, était de suivre les dispositions des coutumes des pays voisins, dont les usages avaient le plus d'analogie avec le leur (1), et c'était seulement à défaut de celle-ci qu'on avait recours à la coutume de Paris, comme droit commun.

En Flandre, on procédait comme en Artois, sauf qu'à défaut des coutumes locales, des châtellenies, bailliages, chartes et des coutumes voisines ; on suivait les règles du droit Romain comme droit commun.

Dans les pays de droit écrit, le droit Romain était aussi le droit commun, à défaut des coutumes locales (2).

(1) Cette règle de droit se trouve consacrée dans la disposition de la coutume de St-Omer, note 3 ci-dessus.

(2) En 1507, le roi Louis XII ordonna la rédaction des coutumes locales qui n'étaient pas encore écrites, pour être déposées à Amiens au gros du bailliage. Ces coutumes y furent envoyées et s'y trouvaient en grand nombre, avant la révolution de 1789, enfermées au-dessus de l'auditoire du bailliage, sous deux

SECTION IIIe.

Ordonnances, Arrêts du Conseil, Arrêts des Parlements, Règlements, Lois administratives et auteurs d'où sont tirées les citations indicatives des règles à suivre.

1° Arrêt du Parlement de Grenoble du 8 novembre 1612, sur les plantations entre voisins, et un règlement du Parlement de Provence sur le même sujet; arrêt du Parlement de Dijon du 3 mai 1578;

2° Ordonnance du 13 août 1669, des eaux et forêts;

3° Un arrêt du Conseil du 28 avril 1671, sur la largeur des chemins dans la Normandie, le Perche et Châteauneuf;

4° Edit du 20 décembre 1682, sur les plantations des riverains des chemins dans l'Artois, la Flandre et le Hainaut;

6° Arrêt du Conseil des 29 juin 1706, 14 mai 1724, 26 août 1727, sur les coupes des bois taillis particuliers, en Flandre, Artois et Hainaut;

6° Arrêt du Conseil du 3 mai 1720, qui règle les plantations sur les héritages riverains des grands chemins, etc.;

7° Lettre-patente du 11 septembre 1714 qui règle le pâturage dans les forêts royales du Boulenois;

8° Règlement du 14 mars 1741, ouverture de carrières près des chemins;

9° Ordonnance du roi Stanislas, en sa qualité de duc de Lorraine, du 4 septembre 1741, réglant les plantations près des chemins;

10° Arrêt du Parlement du 1er août 1750, réglant les plantations dans l'intérieur des villages et sur les routes aboutissantes; et loi du 15 août 1790 et 28 août 1792;

11° Règlement du Parlement de Normandie du 17 août 1751, qui règle les plantations entre voisins;

12° Arrêt du Parlement de Paris, du 15 juillet 1762, qui fixe la distance pour les plantations entre voisins;

13° Règlement par arrêt du 26 août 1768, pour l'administration des marais de l'Artois;

clefs, dont une était conservée par le greffier du bailliage, et l'autre confiée à un officier de ce siége. M. Baligand, notaire honoraire de l'arrondissement de Douai (Nord), possède un manuscrit du XVIIe siècle qui peut être aussi très utile à consulter.

14° Arrêt royal de règlement du 5 avril 1772, pour la distance des carrières près des chemins, suivant les prescriptions de l'arrêt du Conseil, du 14 mars 1741 et de l'ordonnance du bureau des finances du 29 mars 1754.

15° Ordonnance du trésorier de France, du 2 décembre 1773, qui fixe la distance des moulins près les grands chemins (1);

16° Arrêt du Conseil d'Artois du 13 juillet 1774, sur le même sujet;

17° Arrêt du Conseil du 6 février 1776, qui fixe définitivement la largeur des chemins publics (2);

18° Arrêts du Parlement de Flandre du 17 août 1776, du 14 août 1780 et 8 octobre 1782, qui chargent les propriétaires riverains du curage des ruisseaux, courants et fossés;

19° Lettres-patentes du 27 mars 1777, règlant la jouissance des marais de la Flandre gallicane;

20° Lettres-patentes du 13 novembre 1779, qui règle le partage des marais de l'Artois;

21° Décrets du 4 août 1805 (16 messidor an XIII) et 28 février 1805, et du 15 avril 1811 et 12 mai 1825;

22° Arrêts de la Cour d'Amiens du 31 décembre 1821, et de la Cour de Paris du 2 décembre 1820;

23° Jugement du Tribunal de St-Pol, du 12 février 1853, jugement du Tribunal de Boulogne;

24° L'ouvrage manuscrit du conseiller Hébert, sur la Coutume d'Artois;

25° Le Commentaire de Maillart sur la même Coutume;

26° Le Répertoire de jurisprudence (avant 1789);

27° Desgodets, annoté par l'architecte Goupi et commenté par Lepage, ancien avocat;

28° Les annotations de Paillet sur les cinq Codes;

(1) Il est probable que cette ordonnance, citée dans l'enquête du 25 juin 1856, n'existe pas; on l'a cherchée en vain dans les bureaux des Ponts-et-Chaussées. Cette citation est sans doute le résultat d'une erreur.

(2) Cet édit fut promulgué sous l'administration de Turgot, que Louis XVI, trop faible pour résister à une intrigue de cour, renvoya dans le courant de la même année, en disant avec attendrissement: « *C'est dommage, car il n'y a ici que* » *M. Turgot et moi qui aimions le peuple.* » (Administration de Turgot, par M. Billet, avocat à Arras).

29° L'enquête faite, le 25 juin 1856, sur les usages locaux du département du Nord ;

30° L'intéressant ouvrage de M. Clément, juge-de-paix, où se trouvent classés les renseignements obtenus sur les usages locaux du Pas-de-Calais, au moyen des enquêtes administratives faites conformément à la circulaire ministérielle du 15 février 1855.

31° Les ordonnances, arrêts et règlements, sur la police des grands chemins, en date des 26 mai 1705, 28 mai 1714, 17 juin 1721, 4 août 1731, 27 mars 1739, 14 novembre 1724, 13 février 1741, 23 août 1743, 22 juin 1754, 16 décembre 1759, 19 juillet 1757, 14 novembre 1760, 18 juin 1765, 30 avril 1772, 7 septembre 1755, 2 août 1774, 17 juillet 1781 ; 28 floréal an X, 16 décembre 1811, 10 avril 1812, 30 mai 1851 et son règlement du 10 août 1852, ainsi que les ordonnances des 26 octobre et 19 novembre 1666, également sur la police des routes (1).

Les ressorts des Coutumes d'Artois dont les dispositions peuvent encore être mises en vigueur, se trouveront à la fin de cet ouvrage.

Les renvois aux coutumes, ordonnances et ouvrages énumérés dans les sections 2 et 3 de ce titre, seront indiqués de la manière suivante :

Les coutumes seront désignées par les noms des localités. — ord. de

(1) Nous croyons faire plaisir à nos lecteurs en leur donnant les considérations qui ont motivé l'édit de février 1776, qui supprime les corvées et ordonne la confection des grands chemins à prix d'argent :

« La protection que nous devons à l'agriculture et la faveur que nous voulons » accorder au commerce, nous feront rechercher à lier de plus en plus par des » communications faciles toutes les parties du royaume. Nous avons vu avec » peine que les travaux de construction et d'entretien des chemins sont exécutés » au moyen des corvées exigées de nos sujets, même de la portion la plus pauvre, » sans qu'ils reçoivent aucun salaire pour le temps qu'ils y emploient. Enlever » forcément le cultivateur à ses travaux, c'est toujours lui faire un tort réel.... En » vain l'on croirait choisir, pour lui demander ce travail forcé, des temps où les » habitants de la campagne sont moins occupés ; les opérations de la culture sont » si multipliées, si variées qu'il n'est aucun temps entièrement sans emploi.... » Prendre le temps des laboureurs sans les payer est un double impôt, et cet impôt est hors de toute proportion, lorsqu'il tombe sur le simple journalier.

1669, signifiera : l'ordonnance du 13 août sur les eaux et forêts. — Ord. ordonnance; — arr. d. C., arrêt du Conseil ; — éd., édit ; — l. p., lettres patentes ; — règl., règlement ; — arr. d. P. d. P., arrêt du Parlement de Paris ; — règl. d. P. de N., règlement du Parlement de Normandie ; — ord. d. t., ordonnance des trésoriers ; — déc., décret ; — Héb., Hébert ; — Mail., Maillart ; — Desg., Desgodets ; — Paill., Paillet ; — enq. d. N., enquête du Nord ; — Clém., Clément (ouvrage de) ; — Rép. j. to. pa., Répertoire jurisprudence, tome, page.

» Le travail exécuté par corvée est presque toujours mal fait, tandis que les » ouvriers salariés qui font, de la construction et de la réparation des chemins, leur » métier habituel, exécutent des ouvrages mieux entendus et plus perfectionnés.»

Lors de la lecture qui en fut faite au Parlement, le procureur-général, tout en louant Sa Majesté sur le bon usage qu'il fesait de son autorité royale, émet le désir, qu'à l'exemple des Romains, on fasse travailler pendant la paix les soldats aux chemins publics.

Ce mode de construction et de réparation aux routes, si utilement expérimenté en Afrique, serait en France un nouveau pas fait en civilisation et donnerait à l'armée un titre de plus à la reconnaissance du pays. Par son concours, on pourrait donner aux chemins la solidité qui fait tant admirer les voies romaines.

Les divers matériaux qui formaient ces voies avaient un mètre d'épaisseur. Ils étaient divisés en trois couches : une première couche de pierres larges et plates, de 10 pouces de hauteur, posées sur un bon ciment, une 2e couche de petites pierres rondes de 8 pouces d'épaisseur, liées aussi avec du ciment, une troisième couche de terre grasse mêlée avec de la chaux et des gravois délayés.

TITRE II.

Des Usufruitiers.

Art. 590, C. c. *Si l'usufruit comprend des bois taillis, l'usufruitier est tenu d'observer l'ordre et la quotité des coupes, conformément à l'aménagement ou à l'usage constant des propriétaires; sans indemnité toutefois en faveur de l'usufruitier ou de ses héritiers pour les coupes ordinaires, soit de taillis, soit de baliveaux, soit de futaie, qu'il n'aurait pas faites pendant la jouissance.*

Les arbres qu'on peut tirer d'une pépinière sans la dégrader, ne font aussi partie de l'usufruit qu'à la charge par l'usufruitier de se conformer aux usages des lieux pour le remplacement.

Art. 593. — *Il peut prendre dans le bois des échalas pour les vignes; il peut aussi prendre sur les arbres des produits annuels ou périodiques; le tout, suivant l'usage des lieux ou la coutume du propriétaire.*

Art. 608. — *L'usufruitier est tenu, pendant sa jouissance, de toutes les charges annuelles de l'héritage, telles que les contributions et autres qui, dans l'usage, sont censées charges des fruits.*

Ce qu'on entend par taillis, baliveaux et futaies : Rép. j. to. 26, pa. 352.

Le *taillis* est un bois à pied, à coupes périodiques qui s'exécutent à fleur de terre.

Le *baliveau sur taillis* est celui qui se choisit parmi les plus beaux brins du taillis pour être réservé. Rép. j. to. 6, pa. 303.

Le *baliveau moderne* est celui qui subsiste après deux exploitations du taillis dans lequel il a été réservé.

L'*arbre de futaie* est celui âgé de trois coupes ordinaires de futaie. Pour s'en assurer, on scie l'arbre horizontalement, chaque cercle qu'on y remarque dénote une année.

Plusieurs coutumes, entre autres celle d'Amiens, art. 311; du Maine, art. 324; de Meaux, art. 173 et 174; de Normandie, art. 360, contenaient des dispositions relatives aux bois et forêts, mais l'ordonnance des eaux et forêts, du 13 août 1669, doit être le droit commun à cet égard. Voici les termes de l'article spécial à ce sujet : Ord. de 1669, tit. 26, art. 1er.

« Enjoignons à tous nos sujets, sans exception ni différence, de régler » la coupe de leurs bois taillis au moins à dix années, avec réserve de » seize baliveaux en chacun arpent (1), et seront tenus d'en réserver aussi » dix ès-ventes ordinaires des futaies, pour en disposer néanmoins à leur » profit après l'âge de 40 ans pour les taillis et de six vingts ans pour la » futaie. » Dix ans étant le minimum déterminé, rien n'empêche de régler » à un plus long terme.

Lille, salle et chat. chap. 16, art, 6. Une exception existe en faveur des provinces de Flandre, Artois et Hainaut, par arrêt du 29 juin 1706, révoqué le 14 mai 1724, mais renouvelé par un autre arrêt du 26 août 1727, qui permet aux propriétaires qui ont des bois dans ces trois provinces, de se conformer aux anciens placards et ordonnances de ces pays. Je n'ai pas été assez heureux pour me procurer ces placards et ordonnances, néanmoins j'ai trouvé dans la coutume de la Salle et Châtellenie de Lille, un article qui peut être considéré comme la règle générale pour l'Artois, la Flandre flamande et la Flandre gallicane, en voici le texte :

« Un censier peut couper haies faisant clôture, à bouche d'homme, et » épincer bois montants à six ans, hallots à tête à trois ans, et couper bois » à pied à six ans, le tout en temps convenable. » Cet article entend-il que les haies doivent être coupées à six ans ou à la volonté du fermier, ce qui, du reste, ne présente pas d'inconvénients.

Règl. du 17 aoû. 1751. En Normandie, on suit à peu près la même règle pour les haies qui doivent être tondues tous les six ans du côté du voisin et réduite à la hauteur de cinq à six pieds.

Jur. to. 62, pa. 562. Les bois saussaies, qui ne sont ni futaies, ni taillis peuvent seulement être étêtés par l'usufruitier.

Les oseraies, suivant arrêts du Parlement des 2 juin 1698, 8 août 1699, 8 mars 1717, sont aussi classés comme bois à coupes ordinaires.

Enq. d. N. A l'égard des pépinières, l'usage est d'enlever les jeunes arbres tous les sept à huit ans, à charge de les remplacer.

Enq. d. N. Les usages des Flandres flamande et gallicane et de l'Artois, n'ayant aucun rapport de conformité avec ceux du Hainaut et du Cambrésis, il me semble convenable de rechercher les renseignements fournis pour ces contrées en l'enquête du Nord : il paraîtrait, d'après cette opération, que à Avesnes, au Quesnoy, à Solre-le-Château et à Clary, les coupes de bois

(1) La même ordonnance fixe la contenance de l'arpent à cent perches de 22 pieds de 12 pouces (51 ares 7 centiares). Mesure légale et générale pour tous les bois et forêts tant de l'Etat que des particuliers (article 14, titre 27).

taillis se font de 12 à 15 ans, celles des hallots à neuf ans, ainsi que pour les haies environnant les pâturages ou pacages.

Dans le Pas-de-Calais, les renseignements fournis à l'enquête de 1855, indiquent 7 à 10 ans pour les bois taillis, avec le droit d'abattre un certain nombre de baliveaux, en choisissant de préférence les plus défectueux. Clém. pa. 6.

La jouissance des carrières et des mines, aux termes de l'article 598 du code civil, laisse matière à interprétations. Il peut être utile de connaître les règles de l'ancienne jurisprudence sur ce sujet : « L'usufruitier » ne peut extraire des trous et carrières à tourbes, pierres, craies, sables, argiles, etc., que ce dont il a besoin pour son usage personnel. » Rép. j. to. 62, pa. 502.

Les divers règlements, ordonnances, coutumes et auteurs que j'ai consultés, ne disent rien des usages qui autorisent les usufruitiers à prendre des échalas pour les vignes; quant aux charges annuelles de l'héritage, autres que les contributions, elles seront indiquées au titre suivant qui traite des servitudes légales.

TITRE III.

Des servitudes établies par la loi.

Art. 650, C. c. *Celles établies pour l'utilité publique ou communale ont pour objet le marche-pied le long des rivières navigables ou flottables, la construction ou réparation des chemins, et autres ouvrages publics ou communaux. Tout ce qui concerne cette espèce de servitude est déterminé par des lois ou des règlements particuliers.*

La loi des 14-24 floréal an XI, renvoie aux usages locaux pour le curage des cours d'eau.

SECTION Ire.

Cours d'eau et Fossés.

Les textes des différentes coutumes ci-après transcrits, établissent suffisamment que le curage et l'entretien des ruisseaux, courants d'eau et fossés sont à la charge des propriétaires riverains.

Ham. art. 11, abbaye. « Tous ceux qui ont héritages contigus aux chemins, courants et filets » d'eau, sont tenus de les tenir, entretenir, avec tous ponts, *plancques* et » appuis, à leurs frais et dépens, en ayant les plantins si aucun y en a; » sauf la réserve du pont à le Hourduit, le pont de Billy, le pont à le » Cloye et le pont de la Chocquellière, lesquels sont entretenus en com» mun, moyennant quoi les habitants sont francs et quittes en la ville de » Lillers, de travers, cauhys et autres subsides. »

Ham. abb. art. 12. « Chacun an, au mois de mai ou de septembre, on publie que chacun » relieve chemins, ponts, courants et *plancques* à l'encontre de son héri» tage, en dedans sept jours et sept nuits en suivant. »

St-Omer, art. 17 « Ceux qui ont leurs terres voisines et joignantes aux chemins, seront » tenus de les entretenir : doivent, avant la St-Jean-Baptiste, réparer les » chemins, relever les becques, fossés, ruisseaux, élaguer et essarter les » arbres et les haies pour faciliter l'écoulement des eaux. »

Tournehem, art. 5. « Appartient au mayeur et échevins, la *visitation* ou *écauwage* des » chemins, rues et flégards, dans l'étendue de la ville et banlieue, avant la » St-Jean-Baptiste (24 juin). »

« La coutume est telle que l'on publie, chaque année, les bans de mars, » afin que chacun ait à nettoyer les rivières et cours d'eau, réédifier » les chaussées et chemins, chacun à l'encontre de son héritage, pendant » sept jours et sept nuits. » Richebourg-St Vaast, art. 16.

« Au bailly de Lens et officiers du bailliage appartient la *visitation* » des cours d'eau, ponts, *plancques*, pierrettes *estants* sur les flots et flégards ès-mettes audit bailliage, en telle façon que si aucun ou aucune » personne propriétaire ayant leurs héritages contigus auxdits cours d'eau » et autres, sont défaillants et qu'ils n'aient relevé et entretenu les choses » susdites en dedans quarante jours après la publication, payeront amende » de 60 sols parisis. La publication ne se peut faire que le mi-mars ne » soit passé, et quarante jours après la publication on peut faire la *visitation*. Et pareillement pour le cours des eaux quarante jours après les » bans d'août, publiés au mi-juillet. » Lens, art. 1er.

Le chapitre 134 des chartes du Hainaut porte que les chemins et rivières en son pays seront entretenus en leur largeur par les possesseurs d'héritages marchissants qui sont tenus d'ouvrir et relever lesdites rivières toutes les fois qu'il sera nécessaire et de les entretenir.

Les souverains des Pays-Bas ont publié plusieurs placards sur les réparations des chemins et curages des ruisseaux, cours d'eau et fossés :

Un placard du 1er mars 1505 ordonne que chaque année, vers le milieu du mois de mars, on avertisse les habitants de se mettre en règle à cet égard.... ; que les chemins dont les réparations sont impossibles soient abandonnés et remplacés par d'autres à travers les champs voisins, en causant aux propriétaires le moins de tort possible..... Ce placard, renouvelé par ceux des 17 mars 1507, 24 avril 1510, 17 mai 1536, 15 février 1555, 3 février 1570, 14 décembre 1588 et 6 mars 1610, exige qu'on borde de pieux les rivières qui cotoient les chemins.... ; que dans les pays humides et aquatiques, on perce entre les chemins et les héritages voisins des fossés de cinq pieds de large par le haut, pied et demi par le bas et cinq pieds de profondeur.... ; que du tout visitation serait faite quarante jours après la publication, pour faire exécuter aux frais et dépens des riverains les travaux non-exécutés en temps prescrit...

Tous ces placards furent règlementés par un arrêté du Conseil souverain de Tournay du 8 août 1671, et l'exécution de ce règlement fut prescrite dans son ressort par arrêt du Parlement de Flandre du 20 décembre 1763. Un règlement interprétatif desdits placards, arrêté par le Conseil provincial d'Artois le 14 août 1756, indique le mode de réparations, et, entre autres dispositions, il prescrit que les riverains ne fourniront qu'un jour de travail et que la communauté achèvera par corvée de bras et de chevaux.

Enq. d. N. Trois arrêts du Parlement de Flandre des 14 août 1780, 17 août 1776 et 8 octobre 1782, chargent les propriétaires riverains du curage des ruisseaux.

On voit, par les citations qui précèdent, que les fossés devaient être relevés avant le 24 juin, jour de St-Jean-Baptiste, et que le curage des ruisseaux et courants d'eau se faisait habituellement après les bans d'août. La largeur que doivent avoir ces courants d'eau se trouve indiquée par l'article 177, titre 30 de la Coutume générale du Boulenois ainsi conçu :

« La rivière ou cours d'eau, au plus près du commencement des sour-
» geons, doit porter la largeur de 6 à 7 pieds (pieds de 12 pouces) et en
» descendant, selon qu'elle s'efforce par sources, se doit maintenir en lar-
» geur de 10 à 12 pieds jusqu'aux grosses rivières et eaux de nom. »

Cet article très judicieux me paraît devoir servir de règle générale pour fixer la largeur des ruisseaux et courants d'eau.

Deux dispositions exceptionnelles m'ont paru devoir également être annotées dans cette section comme renseignements.

Richebourg-l'Avoué, art. 14. L'une est extraite de la coutume de Richebourg-l'Advoué (arrondissement de Béthune) : « A madame *** appartient un moulin à eau qui a
» droit sur la rivière jusqu'au pont de Courbettes, de sorte que si la digue
» de cette rivière se rompait, elle peut prendre terre sous quelque sei-
» gneurie que ce soit pour la racommoder. »

Mons, chap 103. L'autre se trouve dans la coutume de Mons : « A Condé, en-dessous du
» *chasteau*, là où la Saisne *deschent* en l'Escault, *plancques* devront être
» mises pour l'eau avoir telle hauteur que les nefs puissent descendre et
» monter de la Saisne en l'Escault, et afin que lesdits nefs puissent aller
» et passer sans *desquerquier* de Mons à Tournay. »

Ce même article défend de planter à moins de 20 pieds du cours desdites rivières.

Ord. 1669, titre 28, art. 7. La règle générale pour les marche-pieds le long des rivières navigables se trouve déterminée par l'ordonnance de 1669 sur les eaux et forêts, dont voici le texte : « Les propriétaires des héritages aboutissants aux
» rivières navigables laisseront le long des bords 24 pieds au moins de
» place en largeur pour chemin royal et trait des chevaux, sans qu'ils
» puissent planter arbres ni tenir closture ou haies plus près que 30 pieds
» du costé que les batteaux se tirent, et 10 pieds de l'autre bord, à peine
» de 500 livres d'amende et confiscation des arbres, et d'être les contre-
» venants contraints à réparer et remettre les chemins en estat à leurs
» frais. » L'article 40, titre 27 de la même ordonnance, défend de tirer sables et autres matériaux à 6 toises près des rivières navigables, à peine de 100 livres d'amende.

N'ayant pas disposé d'article pour les prohibitions de plantations près des forêts de l'Etat, je crois devoir donner ici la disposition de cet article 6, qui défend à toutes personnes de planter bois à 100 perches (1) des forêts de l'Etat, sans une permission expresse du souverain, à peine de 500 livres d'amende et de confiscation des bois. **Ord. 1669, titre 27, art. 6.**

SECTION IIe.

Chemins publics (2).

§ 1er.

LARGEUR DES CHEMINS.

Pour donner une idée exacte de la largeur que devaient avoir anciennement les routes et voies publiques, je donne ci-après les dénominations et les largeurs suivant les coutumes et ordonnances.

1re Catégorie :

Un chemin royal que l'on dit les chaussées Brunchaut et autres chemins de semblable longueur, 40 pieds de 12 pouces de large. **Hesdin, 43.**

Le chemin royal, 60 pieds de 12 pouces de large. **Boulenois, t. 30, art. 155.**

Chemins royaux, id. id. **Montreuil, 54.**

(1) Cette perche est de 22 pieds de 12 pouces, aux termes de cette même ordonnance (titre 27, art. 14).

(2) Il est impossible d'établir sur des titres et des documents authentiques l'origine des voies publiques : toutefois, on peut supposer que nos grandes routes doivent en partie leur origine aux voies admirables par leur étendue et aussi par leur solidité que les Romains, victorieux des Gaulois, percèrent à travers les pays conquis, pour relier entre entre eux leurs divers campements et faciliter les mouvements de leurs légions.

Depuis cette époque, les gouvernements réguliers qui se formèrent dans ces contrées construisirent plusieurs routes pour communiquer des grands centres de population avec d'autres villes importantes.

Les chemins d'une moindre importance doivent leur origine, les uns à l'usage constant qu'en firent les habitants d'un terroir quelconque dans leurs rapports avec leurs voisins d'une autre localité ; les autres furent établis par les chefs de ces peuples qui, en se fixant dans les Gaules par droit de conquête, s'appro-

St-Omer 1509, art. 29.	Les grands chemins allant de bonnes villes à autres, 60 pieds.
Clermont 226.	Le chemin royal doit avoir 64 pieds de 11 pouces.
Valois 197.	Le chemin royal, 36 pieds; en bois, 40 pieds de 12 pouces.
En Bourgogne	Chemin royal, 30 pieds.
Normandie, perche, arr. d. C. 1671	Le chemin royal, 24 pieds; en bois et forêts, 40 pieds de 12 pouces.

2e Catégorie :

Hesdin, 43.	Le chemin vicomtier, 30 pieds de 12 pouces.
Boulenois, t. 30, art. 156.	Le chemin vicomtier, id.
St-Omer 1509, art. 29.	Chemin vicomtier allant de villages à autres, 30 pieds.
Clermont 227.	Chemin : en icelui et autres chemins se doivent recueillir les traverses, 32 pieds de 11 pouces.

3e Catégorie :

Valois 196.	La voie doit avoir 16 pieds de 12 pouces.
Clermont 228.	La voie, où on peut chasser bestiaux sans cordelles, doit avoir 16 pieds de 11 pouces.
Boulenois 157.	Le châtelain doit avoir 20 pieds de 12 pouces.
Normandie, perche, arr. d. C. 1671	Chemins publics et vicinaux, 16 pieds de 12 pouces.

prièrent de grands domaines. Ces seigneurs, maîtres d'étendues de terrains considérables, ne pouvant les mettre en valeur par eux-mêmes, en firent des concessions et y multiplièrent les chemins pour faciliter les communications.

De là vient probablement le droit de justice et de plantation que les seigneurs avaient sur les chemins vicomtiers, et l'habitude, dans les mesurages des terrains limitrophes, de comprendre la moitié des chemins dont le sol a été généralement pris sur les terres limitrophes sans indemniser les possesseurs, ainsi que cela est constaté par un placard de Philippe d'Autriche, du 1er mars 1505, qui ordonne que les chemins dont les réparations sont impossibles seront abandonnés et remplacés par d'autres à travers les champs voisins, après avoir consulté les propriétaires, afin de leur causer le moins de tort possible (ce qui explique le détour que font certains chemins pour éviter de morceler les champs); et l'arrêt du Conseil du 28 avril 1671, qui ordonne, en Normandie, de prendre sur les champs voisins pour donner aux chemins la largeur qu'il prescrit.

4e Catégorie :

Le chemin forain doit avoir 15 pieds de 12 pouces. Hesdin, 43.

Le chemin forain, id. Boulenois 158.

La carrière, où on peut mener charrette l'une après l'autre et bétail en cordelles, 8 pieds de 11 pouces. Clermont 229.

La carrière, 8 pieds de 12 pouces de large. Valois, 195.

Le chemin de traverse, id. Normandie, perche, arr. d. C. 1671

5e Catégorie :

Le chemin volontaire, dit issue de ville, 12 pieds de roi. Hesdin, 43.

Le chemin volontaire, id. 11 pieds de 12 pouces. Boulenois 159.

6e Catégorie :

La sente, sur laquelle on peut seulement aller à cheval et à pied et peut se couvrir d'une herse, a 5 pieds de 12 ponces. Hesdin, 43.

La sente, id. Boulenois 160.

Le sentier a 4 pieds de 12 pouces. Valois, 194.

Le sentier, où on ne doit pas mener charrette, 4 pieds de 11 pouces. Clermont 230.

7e Catégorie :

La piedsente, on peut seulement y aller à pied et on y peut mettre planches et sautoirs, 2 pieds 1/2 de 12 pouces. Hesdin, 43.

La piedsente, id. (1). Boulenois 161.

Sous l'ancienne jurisprudence, aussi bien que sous le régime actuel, les chemins étaient imprescriptibles, de sorte que l'Etat, les départements ou les communes ne doivent d'indemnités aux propriétaires riverains en cas d'élargissement d'une route quelconque, qu'autant qu'on lui donne une plus grande largeur que celle qu'elle avait dans le principe. Les diverses catégories qui précèdent peuvent guider les parties intéressées sur leurs droits respectifs.

Après ces coutumes, vinrent les ordonnances, arrêts et règlements émanés de l'autorité du souverain; ainsi, l'ordonnance des eaux et forêts de 1669, s'exprime en ces termes : Ord. 1669, tit. 28, art. 1er

« En toutes les forêts de passage où il y a et doit avoir grand che-

(1) Sentiers et chemins d'exploitation dans le département du Nord. Enq. d. N. page 72.

Dans les environs de Lille : sentiers, 50 cent. à 1m50 de largeur.

Les carrières ou chemins d'exploitation, 2m à 2m70 de largeur.

Dans les environs d'Armentières : Les piedsentes ont de 4 à 5 pieds ; les sentiers, de 2 pieds 1/2 à 3 pieds ; les carrières, 8 pieds de 11 pouces.

» min royal servant aux coches, carosses, messagers et roulliers de ville » à autres, les grandes routes auront au moins soixante et douze pieds de » largeur, et où elles se trouveraient en avoir davantage, elles seront » conservées en leur entier.

Art. 2. » S'il était jugé nécessaire de faire de nouvelles routes, les grands- » maîtres feront leurs procès-verbaux d'alignement.

Art. 3. » Dans les six mois de la publication des présentes, tous bois, épines » et broussailles qui se trouveront dans l'espace de 60 pieds ès-grands » chemins, tant de nos forêts que de celles du clergé, des communes, » des seigneurs et particuliers, seront essartés et coupés, en sorte que le » chemin soit libre et plus *seur*, le tout aux frais des propriétaires ou » possesseurs. » (1).

Arr. d. C. du 28 avril 1671. Un arrêt du Conseil rendu pour les provinces de Normandie, des pays de Perche et Châteauneuf en Thimerais, explicatif d'un arrêt du 18 juillet 1670, « ordonne que les chemins royaux aient 24 pieds de largeur, les » chemins publics vicinaux 16 pieds, ceux de traverse 8 pieds, lesquelles lar- » geurs seront prises des deux côtés sur les terres voisines, avec défense » de planter aucun arbre qu'à distance de dix pieds; les chemins royaux » sont ceux qui conduisent de la ville capitale de chaque province aux » lieux où il y a poste et messagerie royale. »

Arr. d. C. du 3 mai 1720. « L'arrêt du Conseil de 1720 fixe la largeur des grands chemins à 60 » pieds et celle des autres chemins à 36 pieds.

Arr. d. C. du 6 février 1776. Enfin, un arrêt du Conseil du 6 février 1776, établit quatre catégories de chemins publics et en fixe la largeur de la manière suivante : (2).

Art. 1er. « 1re classe : les grandes routes qui conduiront de la capitale dans les » principales villes, doivent avoir 42 pieds.

» 2e classe : les routes par lesquelles les principales villes du royaume » communiquent entre elles, doivent avoir 36 pieds.

(1). Un arrêt du Conseil du 20 novembre 1671, cité par M. Clément, a décidé que dans la traverse de la forêt de Senart, l'essartement serait de 60 pieds à partir du milieu de la route.

(2) Voici en partie le préambule de cet arrêt : « Sa Majesté a reconnu que si, en » vue de procurer un accès facile aux grandes villes, on avait prescrit une lar- » geur considérable aux routes, cette mesure enlevait dans l'intérieur du pays un » terrain précieux à l'agriculture; considérations qui la détermine à fixer aux » grands chemins une largeur moindre que celle qui leur était précédemment as- » signée, etc. »

» 3e classe : Les routes qui ont pour objet la communication entre les villes principales d'une même province ou d'une province voisine, doivent avoir trente pieds.

» 4e classe : les chemins particuliers entre les petites villes et les bourgs, doivent avoir 24 pieds.

» Les fossés, empattements, tallus ou glacis ne sont pas compris dans ces largeurs. En général, la largeur des fossés est de 6 pieds dans le haut, 3 pieds dans le bas. (Art. 2, ord. 1720). Art. 2, 3.

» Le Roi se réserve de déterminer dans quelle classe chacune de ces routes doit être rangée (1). Art. 4.

» Ces règles ne doivent pas être appliquées aux chemins percés à travers bois, la largeur reste telle qu'elle est fixée par l'ordonnance de 1669. Art. 5.

» Dans les pays montagneux, le Roi se réserve de fixer une moindre largeur, suivant les renseignements fournis par les intendants de ces provinces. Art. 6.

» Le Roi pourra augmenter, par des arrêts particuliers, la largeur des chemins aux abords des villes, sans néanmoins qu'elle puisse être étendue au-delà de 60 pieds. Art. 7.

» Les routes ne doivent être bordées de fossés, que dans le cas où ils auront été jugés nécessaires pour les garantir des emprises des riverains ou pour faciliter l'écoulement des eaux. Art. 8.

» Les routes seront plantées d'arbres convenables à la nature du sol.... Art. 9.

» Le Roi suspend, quant aux routes déjà existantes, l'effet des dispositions qui précèdent, il ne doit y être fait aucun changement sans l'ordre de Sa Majesté. Art. 10.

(1) Les départements du Nord et du Pas-de-Calais sont traversés par les routes impériales suivantes :

1re *Classe :* No 1, de Paris à Calais ; — no 2, de Paris à Maubeuge et à Mons.

2e *Classe :* No 16, de Paris à Dunkerque par Hazebrouck ; — no 17, de Paris à Lille par Cambrai et Douai.

3e *Classe :* No 25, du Hâvre à Lille ; — no 28, de Rouen à St-Omer ; — no 29, de Rouen à Valenciennes ; — no 37, de Château-Thierry à Béthune ; — no 39, de Mézières à Montreuil-sur-Mer ; — no 40, de Calais à Dunkerque et Ypres par Bergues ; — no 41, de St-Pol à Lille et Tournay par Labassée ; — no 42, de Lille à Boulogne par Cassel ; — no 43, de Bouchain à Calais ; — no 45, de Châlons à Cambrai par Bonavis ; — no 48, de Marles à St-Amand par Landrecies et Valenciennes ; — no 50, d'Arras à Douai ; — no 51, de Valenciennes à Condé par Audenarde ; — no 52, de Valenciennes à Givet et Neufchâteau par Bavai et Maubeuge.

Art. 11. « L'arrêt du 3 mai 1720, en ce qui n'y est pas dérogé par le pré- » sent arrêt, continuera à être exécuté. »

Ainsi, l'article 6 de cette ordonnance de 1720, qui règle les plantations sur les terrains limitrophes, se trouve maintenu, de sorte que cette ordonnance du 6 février 1776 et les articles 1, 2 et 3, titre 28 de l'ordonnance du 13 août 1669 sont toujours en vigueur, et continuent à servir de règle générale pour les grandes routes (2).

Les Chemins vicinaux.

Loi du 21 mai 1836. Art. 15. — Art. 21.

Les chemins, autres que les routes impériales, sont divisés en deux catégories, savoir : chemins de grande communication et chemins vicinaux simples, se trouvent régis par la loi du 21 mai 1836. Cette loi attribue aux Préfets le soin de déterminer la largeur de chacun d'eux par un règlement qui fixe, dans chaque commune, le maximum de leur largeur.

M. le Préfet du Pas-de-Calais a arrêté, le 16 janvier 1837, le classement de 61 chemins de grande communication de la manière suivante :

Nos 1 de Bapaume à Douai, par l'Ecluse;
2 d'Arras à Pas ;
3 d'Arras à Hénin-Liétard ;
4 d'Arras à Metz - en - Couture ;
5 d'Houdain à Bruay ;
6 de Béthune à Saint-Venant ;
7 de Chocques à Pernes ;
8 de Béthune à Lucheux ;
9 de Béthune à La Bassée ;
10 d'Aubers au pavé d'Estaires, par Laventie ;
11 de Carvin à Douai, par Oignies ;
12 de Carvin à la route départementale de Lens à La Bassée ;
13 de Carvin à Hénin-Liétard;
14 de Souverain-Moulin à Hardinghem, par Wierre-Effroy ;
15 des Courteaux, près Desvres, et la chaussée Brunehault ;
16 de Desvres à la route impériale de Lille à Boulogne ;
17 de Marquise à Guines ;
18 d'Hardinghem à la route impériale de Lille à Boulogne ;
19 de Colembert à Licques et à Guines ;
20 d'Hucqueliers à Samer ;
21 d'Hesdin à Doullens ;

(2) Voir § 3 ci-après, plantations le long des chemins.

22 de Montreuil à Saint-Omer ;
23 de Montreuil à Fruges;
24 d'Etaples à Hucqueliers;
25 de Montreuil à Rue;
26 de Montreuil à Maintenay;
27 de Montreuil à Cucq ;
28 de Montreuil à Berck ;
29 d'Hucqueliers à Samer;
30 d'Hesdin à Frévent;
31 de Berck à Nempont;
32 d'Hucqueliers à Lillers ;
33 de Montreuil à Desvres ;
34 de Dourier à Hucqueliers ;
35 de Montreuil au Pas-d'Authies;
36 de Nempont à Labroye;
37 de Montreuil à Hesdin ;
38 d'Hesdin à Hucqueliers ;
39 d'Hesdin à Crécy ;
40 d'Hesdin à Dourier ,
41 de Montreuil à Saint-Omer;
42 des Attaques au Bac-de-St-Folquin;
43 de Polincove à Audruick ;
44 de la Porte sud de Saint-Omer à Saint-Martin;
45 d'Ardres à Hennuin ;
46 d'Enceinte de la ville d'Aire;
47 de Moulle à Watten ;
48 d'Audruick à Oye ;
49 de Saint-Omer à Nabringhem ;
50 de Licques à Nordausques ;
51 de Fauquembergues à Coyecques ;
52 de Lugy à Marthes ;
53 de Licques à Ardres ;
54 de Fauquembergues à Senlecques ;
55 de Saint-Omer à Saint-Pol ;
56 de Saint-Pol à Étrées-Wamin ;
57 de Béthune à Lucheux ;
58 de Frévent à Hesdin ;
59 de Saint-Pol à Saint-Omer;
60 de Doullens à Hesdin ;
61 de Pernes à Chocques.

En ce qui concerne les simples chemins vicinaux , les personnes qui y ont intérêt peuvent connaître leur largeur en prenant connaissance des classements dans les communes d'où ils dépendent (1).

§ 2.

DISTANCES EXIGÉES POUR CERTAINS OBJETS.

Carrières. Ord. de 1669, t. 27, art. 12.

Défendons à toutes personnes d'enlever dans l'étendue et aux reins de » nos forêts, sables, terres, marnes ou argiles, ni de faire faire de la chaux » à cent perches de distance, sans notre permission expresse, sous peine » de 500 livres d'amende.

Art. 40.

» Ne seront tirés terres, sables et autres matériaux, à six toises près » des rivières navigables, à peine de cent livres d'amende.

Cout. de Cassel Hazebrouck, Watten, a. 487

» On ne peut creuser pour tirer sable en terre, plus proche que vingt pieds des chemins.

Tournehem, seigneurie, art. 11.

» Défense de faire trous à argiles, plus près que sept pieds des chemins et autres terres. »

Arr. d. C. de 1741.

Suivant le règlement du 14 mars 1741, les carrières de pierres de taille, moëllons, glaise, marnes et autres matériaux ne peuvent être ouvertes qu'à trente toises de distance du pied des arbres plantés le long des grands chemins, et à 32 toises du bord des chemins non plantés, à moins d'une permission expresse ; les galeries ne peuvent être poussées du côté desdits chemins.

Arr. d. C. du 5 avril 1772, art. 1er.

Le règlement royal du 5 avril 1772, défend d'ouvrir carrières de pierres, moëllons, grés et autres matériaux, à une distance moindre de 30 toises du pied des arbres plantés au long des grandes routes, et de pousser aucune galerie ou fouille souterraine du côté de la route, qu'il n'y ait trente toises de distance, soit de la plantation, soit du bord extérieur de la route, ainsi qu'il est prescrit par l'arrêt du conseil du 14 mars 1741, et par l'ordonnance du bureau des finances du 29 mars 1754. L'article 18 du titre 27 de l'ordonnance de 1669, défend de construire à l'avenir, châteaux, fermes, maisons dans l'enclos, aux rives et à demi-lieue des forêts de l'Etat, sous peine de confiscation du fonds et des bâtiments.

(1). Le *maximum* de la largeur des chemins est fixé à huit mètres, non compris les fossés pour ceux de grande communication, et à six mètres non compris les fossés pour les autres chemins vicinaux. La décision du Préfet qui donne le classement et l'ouverture, fixe la largeur dans les limites ci-dessus.

L'arrêt du Conseil d'Artois, de 1774, fait défense d'ériger des moulins à vent plus près que 200 pieds des chemins royaux, et de 150 pieds des autres chemins, à peine de 200 livres d'amende. — Moulins, — Arr. d. C. d'Artois, 13 juil. 1774.

Ces arrêts, règlements et ordonnances cités dans le présent § et dans § 1er, qui avaient force de loi sous l'ancien régime et n'ont pas été remplacés par d'autres dispositions légales, restent en vigueur et continuent toujours à régir les matières qu'ils traitent. La distance à laisser entre les moulins à vent et les routes impériales n'ayant pas été fixée par les ordonnances, lois et décrets ci-dessus rappelés, cet oubli a été réparé par l'administration départementale. Ainsi, un arrêté de M. le préfet du Pas-de-Calais, du 10 août 1859, sur les permissions à accorder pour les alignements le long des routes qui dépendent de la grande voirie, défend de construire des moulins à vent plus près que 70 mètres (215 pieds 1/2 de roi, ou 235 pieds d'Artois), de l'axe de la chaussée ; mais ne fixe pas de distance pour les carrières. — Arr. préf. du 10 août 1859

Il n'en est pas de même en ce qui concerne les chemins, autres que les routes qui se trouvent sous le régime de la grande voirie... La loi du 21 mai 1836, comprend dans sa juridiction, sous la dénomination générale de *chemins vicinaux*, tous les chemins qui n'ont pas été classés par le souverain aux termes de l'article 4 de l'ordonnance du 6 février 1776. L'art. 21 de cette loi prescrit aux préfets de déterminer, par un règlement, la largeur desdits chemins; l'ouverture des fossés, les alignements, etc. etc. de sorte que les règlements faits par ces fonctionnaires, en conformité de cet article, sont parfaitement légaux et à l'abri de toutes critiques. Celui de M. le Préfet du Pas-de-Calais exige une distance (à partir du bord des chemins) de 15 mètres pour les carrières, marnières et galeries souterraines; de 10 mètres pour les puits et citernes ; de 3 mètres pour les argilières, sablonnières et excavations du même genre, les mares publiques et particulières ; d'un mètre pour les caves et fosses d'aisance ; de 150 pieds pour les moulins à vent, suivant l'arrêt du Conseil d'Artois ci-devant cité (réduit à 48 mètres 726 centimètres en calculant ces 150 pieds au pied de roi). — Cette réduction devait-elle être faite au pied de 12 pouces ou à celui de 11 pouces? — Régl. du préf. du Pas-de-Calais, du 19 avril 1837. — Règlement du Pas-de-Calais, 19 avril 1837. Art. 107.

Celui de M. le Préfet du Nord défend :

D'établir aucun four à chaux ou à briques à une distance moindre de 50 mètres de la crête extérieure des fossés, à peine de démolition, à moins que ce ne soit dans un terrain clos de mur de deux mètres de hauteur... — Enq. d. N. — Arr. du 22 juin 1812, art 59.

D'ériger un moulin à vent à une distance moindre de 70 mètres des — Arr. du 30 sept. 1854.

chemins vicinaux; de percer carrières, marnières et galeries souterraines à une distance moindre de 15 mètres; puits et citernes, plus près que 10 mètres; argilières, sablières, mares et autres excavations, à moins de 3 mètres; caves et fossés, plus près qu'un mètre, le tout des bords extérieurs des chemins vicinaux.

§ 3

DES PLANTATIONS LE LONG DES CHEMINS.

Les propriétaires d'héritages contigus aux chemins publics qui ont encore à réclamer des arbres croissant sur les routes en face de leurs propriétés, à défaut d'autres documents, pourront consulter les indications qui vont suivre et s'identifier jusqu'à un certain point sur le bien-fondé de leurs prétentions.

Coutumes.

—

P. de l'angle, Art. 51.

« Chacun peut planter hallots et autres bois croissant à l'encontre de » leurs terres, sur les côtés des rues, dedans le pays, et en peuvent les » propriétaires jouir et profiter chascun en l'endroit de sa terre hérita- » blement, sans que le seigneur puisse demander aucun droit.

Ham. abbaye et seignerie, art. 11.

» Ceux qui ont héritages contigus aux chemins et courants d'eau, sont » tenus de les entretenir avec ponts, plancques et appuys, en ayant les » plantins si aucun y en a.

Hesdin baill. Art 11 et 46.

» Les seigneurs vicomtiers ont la faculté de planter sur les chemins » vicomtiers, hors des enclos et haies du village et à l'endroit de leurs » tènements. — Tous les arbres croissants sur flégards de ville, contre » haies de bois, saillies hors de bornes, appartiennent au seigneur.

Lallœu, Art. 5.

» Tous arbres et plantis étant sur chemins royaux, ou autres chemins » et flégards, appartiennent au propriétaire des terres adjacentes, à la » charge d'entretenir les chemins.

Lillers baill. Art. 5.

» Toutes plantes sur flégard, à l'encontre et à l'opposite d'aucun tène- » ment, compètent et appartiennent à ceux qui possèdent lesdits tène- » ments, sauf que rietz et places au milieu des flégards compètent aux » seigneurs vicomtiers et ruyers, s'il n'y a fait spécial au contraire. »

Nielle-lez-Boulonnais.

« Chaque habitant peut planter sur les flégards et flos à 6 pieds de » son héritage et haies, et peut couper les branches sans pouvoir abattre » les corps qui doivent rester pour l'embélissement du village, à moins » qu'ils ne tombent par vent ou pourriture. »

Richebourg-Saint-Vaast, art. 20.

« Les arbres et haies bordant les chemins appartiennent aux proprié- » taires riverains. »

M. Hébert, dans son Commentaire manuscrit sur la Coutume d'Artois, dit que dans la plupart des villages du quartier de Béthune et autres pays bas et aquatiques, les propriétaires riverains plantaient les chemins à l'encontre de leurs héritages sur les rives en face d'iceux héritages, mais que les seigneurs vicomtiers plantaient en tous autres endroits libres et vacants au milieu desdits chemins, mais nullement sur le bord des fossés. Conseiller Hébert.

« Tous arbres croissants sur flégards et places communes appartiennent » au seigneur vicomtier. (1) » Montreuil, art. 41, art. 19 de 1511

L'édit de 1682, rendu pour l'Artois, les Flandres et le Hainaut, oblige les particuliers à planter sur la crête des fossés et lisières de leurs terres contiguës aux grands chemins, en tous les endroits où il n'y en a pas d'autres, des ormes destinés à la confection des affûts et rouages d'artillerie. Ces arbres doivent être à distance égale de huit toises les uns des autres, et il est fait défense de les abattre. Edit du 20 décemb. 1682.

Les articles 17 et 75, titre 1er de la châtellenie de Lille, et les articles 6 et 9 de la gouvernance d'Arras, accordent aux propriétaires voisins des chemins vicomtiers le droit de planter par prévention avec le seigneur.

Nous arrivons en second lieu à une période moins éloignée, c'est celle qui précède l'ordonnance de 1776, laquelle doit encore servir de règle pour les autorisations à donner aux propriétaires qui désirent faire des plantations sur leurs héritages limitrophes des grandes routes.

Deux documents de cette époque méritent d'être cités :

L'ordonnance de 1741, du Roi Stanislas de Pologne, duc de Lorraine, prescrit aux propriétaires riverains des grandes routes, en ses États, de planter leurs terrains adjacents auxdites routes, à la distance de six pieds de la crête extérieure des fossés, en laissant un espace de trois toises (mesure de France) entre chaque arbre. Ord. du duc de Lorraine du 4 septemb. 1741.

Un arrêt du Parlement du 1er août 1750, autorise le seigneur à planter dans les rues des villages, de manière qu'il y ait cinq pieds de distance entre les arbres et les héritages voisins, 25 pieds entre les deux rangs parallèles et 18 pieds d'un arbre à un autre sur la même ligne; à l'égard de la place du village, il faut 75 pieds de vide entre les deux rangs Arr. du Parl. du 1er août 1750.

(1) Loi du 26 juillet, 15 août 1790 : « Le régime féodal étant aboli, le droit de planter et de propriété des arbres le long des chemins, rues et places publics, qui était attribué aux seigneurs, n'existe plus; ces arbres sont reconnus appartenir aux riverains ou aux communes sans indemnités envers les seigneurs. »

d'arbres, 5 pieds des bâtiments et 18 pieds d'un arbre à un autre sur la même ligne. Quant aux endroits vagues et inutiles à la voirie, le seigneur peut y planter, comme bon lui semble, mais toujours à la distance de cinq pieds des héritages voisins.

Pour les chemins, hors et aboutissants aux villages (autres que les chemins royaux) le seigneur peut les planter, sans préjudice aux droits des voisins, savoir : deux rangées d'arbres à 18 pieds de distance entre les arbres, et 30 pieds entre les deux rangs parallèles, et une seule rangée d'arbres dans les chemins qui n'auront que 20 pieds. Ces arbres doivent être ébranchés à 15 pieds de hauteur.

Loi du 15 août 1790. Ces plantations ayant une origine féodale, les seigneurs vicomtiers qui les ont faites ou leurs ayant-droits, ne peuvent plus y prétendre ; elles appartiennent maintenant aux propriétaires riverains et aux communes pour les terrains vagues et inutiles (Voir la loi du 12 mai 1825.)

Nous avons en troisième lieu à nous occuper du régime qui règle actuellement les plantations, soit sur le sol des routes de grande voirie, soit sur les héritages qui y sont contigus.

La dernière ordonnance (6 février 1776) est la seule qui régisse les diverses routes de l'État, classées conformément à l'article 4 d'icelle. Voici le texte des articles qui s'occupent des plantations :

« Art. 9. Les bords des routes seront plantés d'arbres propres au ter-
» rain, lorsque la situation et la disposition des routes auront fait juger
» convenable cette plantation, d'après les mémoires qui auront été en-
» voyés au Conseil à cet égard. » (Cet article est évidemment relatif aux plantations à faire par l'État.)

Art 11. Ordonne l'exécution de l'ordonnance ou arrêt du Conseil, du 3 mai 1720, en ce qui n'y est pas dérogé par la présente ordonnance. Voici l'article 6 de l'ordonnance de 1720, réglementaire des plantations.
« Les propriétaires d'héritages tenants et aboutissants aux grands chemins
» et aux branches d'iceux, seront tenus de les planter d'ormes, hestres,
» chataigners, arbres fruitiers ou autres, suivant la nature du terrain, à
» la distance de trente pieds l'un de l'autre et à une toise au moins du
» bord extérieur des fossés desdits grands chemins. L'article 7 autorise
» les seigneurs à faire ces plantations à défaut des propriétaires. (1) »

(1) Loi du 28 août 1792 : Tous les arbres existants sur les chemins autres que les routes nationales et sur les rues des bourgs, villes et villages, sont censés appartenir au propriétaire riverain, à moins que les communes ne justifient en avoir acquis la propriété par titre ou possession. — Tous les arbres existants sur les places et dans les marais ou autres biens communaux sont censés appartenir aux communes, sans préjudice des droits que des particuliers non seigneurs pourraient y avoir acquis par titre ou possession.

MM. les ingénieurs des ponts-et-chaussées ont exigé jusqu'à ce jour les distances prescrites ci-dessus, elles m'ont été imposées, en 1837, par le génie des ponts-et-chaussées, les particuliers qui désirent faire des plantations sur leurs terrains le long des routes de grande voierie, doivent encore s'y conformer : néanmoins, aux termes de l'art 1er de l'arrêté préfectoral du 10 août 1859, ils doivent, dans le département du Pas-de-Calais, adresser au préfet une demande en autorisation, rédigée sur papier timbré, indiquant leurs noms, prénoms, domiciles, les tenants et aboutissants de la pièce de terre et les bornes kilométriques de sa situation, à la suite de laquelle demande, MM. les Préfets indiquent, dans leurs autorisations, la règle à suivre pour l'exécution des travaux de plantations. L'article 671 du Code civil ne fixant de distance qu'à défaut de règlement, il est à désirer que ces fonctionnaires se conforment autant que possible au mode de plantations déterminé par l'article 6 de l'ordonnance du 3 mai 1720, pour les plantations d'arbres montants, et les distances exigées par les coutumes écrites (on en trouvera plusieurs au titre IV, section IV ci-après) pour les haies, et à leur défaut, les distances prescrites par l'article 671 du Code civil. Loi du 9 ventôse, an XIII, art. 5. — Décret du 16 d. 1811, art. 91.

En suivant les prescriptions de cette ordonnance, qui a toujours force de loi, les chemins n'en seront que plus aérés et les propriétaires se trouveront récompensés, par la belle végétation de leurs plantations, de l'obligation d'espacer à une plus grande distance que celle qu'ils admettent habituellement.

Il nous reste en dernier lieu à indiquer les distances exigées pour les plantations, le long des chemins vicinaux, tâche bien facile, puisqu'il suffira d'analyser les règlements des Préfets du Nord et du Pas-de-Calais, exigés par la loi du 21 mai 1836 (article 21) pour assurer son exécution. Enq. d. N.

Dans le département du Nord :

Les propriétaires riverains ne peuvent faire aucune plantation d'arbres même dans leurs enclos, sans en avoir obtenu l'autorisation, à moins de 3 mètres de la crète extérieure des fossés ; le tout sans aucune indemnité envers les seigneurs qui les auraient plantés. Dans les lieux où les communes avaient l'usage de s'approprier les arbres épars sur les propriétés des particuliers, ces derniers auront la libre disposition de ces arbres. Arr. du 30 janvier 1854, art. 296.

Loi du 28 février 1805 (9 ventôse an XIII) :

Art. 1er. « Prescrit aux propriétaires riverains des grandes routes de » planter, sur le terrain appartenant à l'Etat, des arbres qu'ils ne pour- » ront élaguer ou enlever qu'avec l'autorisation du préfet. »

Art. 5. « Dans les grandes routes dont la largeur ne permettra pas de

» planter sur leur sol, le particulier riverain qui voudra planter des arbres
» sur son terrain à une distance moindre que celle exigée (6 mètres de
» la route), sera tenu de demander et d'obtenir l'alignement à suivre de la
» préfecture du département ; dans ce cas, le propriétaire n'aura besoin
» d'aucune autorisation particulière pour disposer entièrement des arbres
» qu'il aura plantés. »

Décret du 16 décembre 1811 :

Art. 86. « Tous les arbres plantés, avant la publication du présent dé-
» cret, le long des routes impériales, sur le terrain de la route, appar-
» tiennent à l'Etat, excepté ceux qui auraient été plantés en vertu de la
» loi du 9 ventôse an XIII. »

Art. 87. « Tous les arbres plantés avant la publication des présentes, le
» long des routes, sur le terrain des propriétés communales et particu-
» lières, sont reconnus appartenir aux communes et aux particuliers pro-
» priétaires du terrain. »

Art. 88. « Toutes les routes impériales non plantées et qui seront sus-
» ceptibles de l'être sans inconvénient, seront plantées par les particuliers
» ou communes propriétaires riverains de ces routes. »

Art. 89 « Ces propriétaires et ces communes seront propriétaires des
» arbres qu'ils auront plantés. »

Art. 90. « Les plantations seront faites au moins à la distance d'un
» mètre du bord extérieur des fossés et suivant l'essence des arbres. »

Art. 91. « Les alignements des plantations seront proposés par les in-
» génieurs des ponts-et-chaussées et fixés par un arrêté du préfet, soumis
» à l'approbation du ministre. »

Art. 102. « L'élagage des arbres plantés sur les routes, conformément
» aux dispositions du présent titre, sera exécuté sous la direction des ponts-
» et-chaussées, en vertu d'un arrêté du préfet qui contiendra les instruc-
» tions nécessaires sur la manière dont l'élagage sera fait. »

Enfin la loi du 12 mai 1825, qui abandonne aux particuliers la propriété des arbres existant sur le sol des routes royales et départementales, que ces particuliers justifieront avoir légitimement acquis à titre onéreux ou avoir plantés à leurs frais, en exécution des anciens règlements. Ces arbres ne peuvent toutefois être abattus et élagués qu'avec la permission de l'administration.

Les autres plantations sont réglées ainsi qu'il suit :

Art. 298. Pour les poiriers, pommiers et autres arbres formant parasol, à 2 mètres 50 centimètres.

Pour les arbres tels qu'ormes, peupliers qui croissent en pyramide, 2 mètres.

Pour les joncs marins et bois-taillis, 3 mètres.

La distance des arbres entre eux ne pourra être inférieure à 8 mètres. Art. 299.

Les haies vives ne peuvent être plantées à moins de 50 centimètres de la crête extérieure des fossés. Art. 309.

La hauteur des haies ne devra jamais excéder 1 mètre 33 centimètres. Art. 310.

Il est interdit de laisser croître dans les haies qui bordent les chemins vicinaux aucuns baliveaux ou grands arbres. Art. 311.

Dans le département du Pas-de-Calais :

Les plantations d'arbres ne pourront être faites qu'à un mètre au moins du bord extérieur du chemin ou du fossé qui en fait partie et les plantations de haies vives qu'à la distance d'un demi-mètre. L'espacement des arbres entre eux ne sera pas moindre de dix mètres. La hauteur des haies ne pourra pas excéder deux mètres au-dessus du sol. Les haies qui excéderaient cette hauteur devront également être réduites à 2 mètres. Régl. du 19 avril 1837. Rectifié le 21 déc. 1837, art. 1er

Chaque année, avant le 1er mars, les propriétaires riverains devront couper les branches des arbres et haies qui avanceraient sur les chemins au-delà d'un mètre pour les arbres et d'un demi-mètre pour les haies. Les arbres dont la cime serait recourbée sur les chemins et y formerait une voûte nuisible par son égoût et son ombrage, devront être redressés ou abattus.

TITRE IV

Plantations d'arbres et haies, fossés, bornes.

Art. 646 c. c. *Tout propriétaire peut obliger son voisin au bornage de leurs propriétés contiguës. Le bornage se fait à frais communs.*

Art. 666, 667, 668. *Les fossés sont présumés mitoyens s'il n'y a titre ou marque du contraire : il y a marque de non mitoyenneté lorsque la levée ou le rejet de la terre se trouve d'un côté seulement, dans ce cas, le fossé est censé appartenir à celui du côté duquel se trouve le rejet.*

Art. 671 c. c. *Il n'est permis de planter des arbres de haute tige qu'à la distance prescrite par les règlements particuliers actuellement existants ou par les usages constants et reconnus; et, à défaut de règlements et d'usages, qu'à la distance de deux mètres de la ligne séparative des deux héritages pour les arbres à haute tige et à la distance d'un demi-mètre pour les autres arbres et haies vives.*

SECTION Ire.

Bornes.

Les actions en bornages étant régies par le nouveau droit, il n'y a pas lieu de s'en occuper; néanmoins, dans le cours des opérations qu'elles nécessitent, les arpenteurs géomètres ont à s'occuper de travaux préliminaires qui exigent la connaissance des dispositions des anciens règlements et coutumes qui indiquent les règles à suivre pour fixer les limites et lignes séparatives des héritages contigus et poser les bornes, ainsi que des mesures préservatrices imposées aux laboureurs et propriétaires, afin d'empêcher le déplacement des bornes, lesquelles méritent d'être signalées à la sagesse des membres du conseil d'État, chargés de la rédaction d'un projet de code rural...

Ces deux motifs me font donner les textes des coutumes qui y sont relatifs.

Hesdin, baill. art. 45. « Clôture de haie morte se doit faire de borne à autre et entre deux » limites : et s'il y avait bornes diverses en tout entièrement, elles doivent,

» par mesureur juré, être redressées à plomb et à ligne, et encore au-
» cune peut en ses tènements faire ploye s'il ne le montre par bornes ou
» autres suffisants enseignements : et si haies sont plantées en aucun jardin
» ou tènement sans bornes, on s'arrête sur les anciennes épines y étant,
» portant ligne l'une à l'autre, par enseignement de mesureur juré et des
» anciens qui ont et peuvent avoir connaissance desdites épines.

» Toutes terres à labour étant entre ou contre bois, se peuvent ahœn-
» ner (labourer) jusqu'aux vraies houches, à savoir : anciennes épines,
» hêtres ou autres bois portant ligne l'un à l'autre, et s'il y avait appa-
» rence de fossés, ceux où les rejets des fossés seraient trouvés, aussi
» bien contre terres labourables que bois, peuvent prendre à leur droit
» lesdits fossés et tous bois y croissants ; mais s'il y avait rejet autant à
» un côté qu'à l'autre desdits fossés, on doit prendre l'entre-deux au mi-
» lieu desdits fossés. Hesdin, baill. art. 50.

» Pour redresser une haie, lorsqu'il y a des bornes, on doit se fonder
» sur les anciennes épines portant ligne de l'une à l'autre. Boulenois, 1550 art. 172.

» S'il n'y a aucune division entre bois et labourables sans bornes, les
» terres se doivent labourer jusqu'à pied et demi près des vrais houches,
» on se doit fonder sur les anciennes épines, hêtres ou autres bois portant
» ligne de l'une à l'autre. Art 173.

» Si aucunes divisions sont entre bois, sans bornes, sans fossés, et il y
» eut haies anciennes d'aucun bois sans âge, savoir : grosses épines, hê-
» tres, charmes et autres bois, on se doit fonder sur celles qui portent
» plus droite ligne de l'un à l'autre, et doivent être icelles haies par
» moitié à chacune des parties. » Art 174.

En ce qui concerne les bois, forêts et autres domaines, les pieds corniers qui servaient de bornes devaient être marqués, sur les deux faces qui regardaient la vente, des marteaux du Roi, des grands maîtres, des eaux et forêts, ou de l'arpenteur.

» Défense de hauwer ou fouyr à pied et demi près des bornes, ou épi-
» nes réputées bornes, à peine d'une amende de 60 sols parisis. St-Omer 1509, art. 26.

» Défense de creuser plus près que trois pieds, ou planter plus près que deux pieds des bornes de pierres. Bailleul rubr. 18 art. 26.

» Nul ne peut hauwer ou fouyr qu'à pied et demi près d'une borne ou
» étang. » Tournehem seignerie, art. 23.

SECTION II.

Fossés entre héritages voisins.

Les articles 666, 667 et 668 du code civil indiquent les marques auxquelles on reconnaît la mitoyenneté ou la non mitoyenneté des fossés ; de sorte que les indications qui vont suivre n'ont pas d'autre but que d'aider les arpenteurs et les experts à reconnaître, pour les fossés percés anciennement, à qui appartiennent, d'après l'état des lieux et la situation des terrains, ceux qui sont l'objet de difficultés entre voisins.

Enq. d. N. rép. d. jurisp Boulenois, 173 Clermont, ch. 19, art. 9. Lorraine, tit. 14, art. 13. Cambrai. tit. 16, art. 7. Metz, tit. 13, art. 21. Rheims, art. 369. Loiselle, Coquille. — Nivernois, ch. 25, art. 1er Berry, tit. 1, art. 22.

A l'égard des fossés non-mitoyens, la règle la plus générale était que celui qui voulait se clore par un fossé devait le creuser sur son terrain et laisser un pied et demi au-delà, entre le talus du fossé et l'héritage voisin.

Un grand nombre de coutumes, la coutume de Paris en tête, proclamaient qu'à moins de titres contraires, le fossé était présumé appartenir à celui sur le terrain duquel se trouvait le rejet ou jet des terres provenant du curage d'icelui.

Si l'état du fossé est tel qu'on ne peut distinguer à qui il appartient, il il doit être adjugé au propriétaire du fonds qui a le plus besoin de se clore; exemple : un jardin, une vigne, un pré ont plus besoin de clôture qu'une terre labourable. S'il se trouve entre deux fonds ayant également besoin de clôture, le fossé doit être réputé mitoyen.

Quant aux fossés mitoyens :

Un grand nombre de coutumes, particulièrement celles citées ci-dessus, Paris, Boulenois, Clermont, Lorraine, Cambrai, Metz et Rheims, admettaient que le fossé devait être réputé mitoyen lorsque le rejet ou jet des terres provenant du curage se trouvait des deux côtés.

Berg-S-Winoc rub. 15 art. 3.

Sous la coutume de Bergh, « chacun dans le Pays-Bas est tenu de » clore son voisin, savoir : vers le chemin de Loos, vers le sud, ses prai- » ries contre prairies, et contre les terres ensemencées, les prairies seu- » lement; et du chemin de Loos vers le nord, on doit s'affranchir l'un » l'autre par des fossés, s'il est possible, à frais communs. »

id. art. 13.

« Les fossés et digues sont mitoyens, s'il n'y a apparence du con- » traire. »

Pitgame, rub. 8 art. 1er

Par une disposition de la coutume de la seigneurie de Pitgame, « lors- » qu'on voulait faire fossé, le propriétaire de la terre voisine était tenu de » livrer un pied et demi de son fond dans les terres hautes et deux pieds

« et demi dans les terres basses. Le fossé se fait après un avertissement « de six semaines.... Celui qui le fait prend les terres qui en proviennent. »

Sous la coutume locale de Hondschoote, « chacun est obligé de clore « moitié par moitié aussi bien contre terre à semer que contre prairies. » Hondschoote, rub. XI art. 5.

L'ordonnance des eaux et forêts exige que les riverains possédant bois, joignant les forêts et buissons de l'Etat, les séparent d'icelles par des fossés ayant 4 pieds de largeur et 5 pieds de profondeur qu'ils entretiendront en cet état à peine de réunion. Ord^{ce} 1669. tit. 27, art. 4.

Enfin le règlement des magistrats de Bergh, du 21 avril 1717, fixe pour les mares d'eau 4 pieds de 10 pouces de franchise au-delà des eaux d'hiver.

SECTION IIIe.

Arbres à haute tige (1)

DISTANCE D'AVEC LES HÉRITAGES VOISINS.

Le droit romain observé dans le midi de la France, conforme à une loi de Solon importée à Rome par les décemvirs, exigeait 9 pieds de distance entre les oliviers et les figuiers et le fond voisin, et 5 pieds entre le même fond et les autres arbres : cette doctrine a été, au surplus, consacrée par un arrêt du Parlement de Provence. La loi des douze tables indique également une distance de 5 pieds. Henrion de Pansey. — Rep. jurisp.

Un arrêt du Parlement de Grenoble, du 8 novembre 1612, défend de planter aucun arbre plus près que 6 pieds de terre à labour, jardin, verger ou vigne des voisins, et plus près que 3 toises des bâtiments, maisons, granges, étables, à peine de 200 livres d'amende. Parl. de Grenoble, arr. 1612, Ch. assemblées

(1) Dénomination générale :

Arbres, haies, buissons, c'est le bois sur pied encore vivant.

Dénominations spéciales :

Haut bois, bois montant, futaie, c'est le bois à haute tige.

Bois à bâtir, bois à brûler, c'est le bois abattu.

Le bois mort, c'est le bois sec.

Le mort-bois est celui qui ne porte pas fruits, tels que le bois-blanc, tremble, saule, charme, bouleau, etc.

Le rabougris, c'est le bois à basse tige.

Les balots sont les arbres étêtés à 2 mètres du sol.

Régl. du 17 août 1751. art. 5.

Un règlement du Parlement de Normandie exige 7 pieds de distance de l'héritage voisin pour les poiriers, les pommiers et autres arbres.

Orléans.

La coutume d'Orléans porte qu'il n'est loisible de planter ormes, noyers et chênes, au vignoble d'Orléans, plus près des vignes de son voisin que de 4 toises. Dans les autres lieux de cette coutume et à l'égard des autres arbres, soit dans le vignoble soit ailleurs, on suit le droit commun qui exige une distance de 5 pieds.

Limoges.

La coutume de Limoges exige 4 toises de distance près des vignes.

Aix.

L'ancien statut dans le ressort du Parlement d'Aix fixe la distance des plantations à 5 pieds et demi du fonds voisin.

Arr. du 1er août 1750. et 15 juil. 1762.

Le Parlement de Paris, qui d'abord n'avait pas adopté une distance fixe et se prononçait par appréciation des circonstances, a fini par consacrer pour règle uniforme une distance de 5 pieds entre les plantations et l'héritage voisin.

Arr. parl. de Dijon, 3 mai 1578.

Plusieurs arrêts ont exigé de couper les branches des arbres voisins des héritages d'autrui jusqu'à la hauteur de 15 pieds.

Arr. du parl. de Paris, 1er août 1750.

L'article 31, rubrique 15 de la coutume de Bergues, défend de planter bois montants plus près que 100 verges d'un moulin au grain ; mais cette disposition a été supprimée par lettres-patentes du 13 août 1776, enregistrées au Parlement de Flandre le 8 novembre 1776.

M. Billet, avocat à Arras, qui a beaucoup étudié les questions de voisinage et d'économie rurale, a eu la complaisance de me donner connaissance de plusieurs jugements prononcés sur ce sujet ; ce sont :

Un arrêt de la Cour royale d'Amiens du 21 décembre 1821, qui constate qu'en Picardie l'usage était de planter les arbres à haute tige à 5 pieds des héritages voisins.

Un jugement du tribunal civil de St-Pol (plaidoirie de Me Billet), du 12 février 1853, qui admet la même règle à Bavincourt, canton d'Avesnes-le-Comte.

Toutefois, le tribunal civil de Boulogne a rangé les têtards ou halots qui dépassent 2 mètres de hauteur dans la catégorie des arbres à haute tige, et a exigé 2 mètres de distance.

Enq. d. N. — Clermont, pag. 67,

Dans l'arrondissement de Lille, l'usage est de planter les arbres à haute tige à 3 pieds de 11 pouces (90 centimètres) du voisin. Ainsi jugé par la Cour de Douai le 9 juin 1847.

L'ordonnance de 1669 prescrivait aussi des distances entre les plantations et les forêts et rivières navigables. Ord. 1669.

L'article 6, titre 27, défend de planter bois plus près que 100 perches des forêts de l'Etat, sous peine de 500 livres d'amende.

L'article 7, titre 28, défend de planter arbres, clôture ou haies le long des rivières navigables plus près que 30 pieds du côté que les bateaux se tirent, et 10 pieds de l'autre bord, sous peine de 500 livres d'amende.

Voici, en outre, les renseignements qui ont été constatés en l'enquête du 25 juin 1856 dans le département du Nord. Dans le ressort de la châtellenie de Lille, la distance en usage serait celle déterminée par l'arrêt de la Cour de Douai ci-devant rappelé (3 pieds de 11 pouces). Dans la Flandre flamande, le Hainaut et le Cambrésis, à défaut de coutumes et règlements écrits, on a généralement adopté la distance de 2 mètres prescrite par l'article 671 du Code civil.

Pour vérifier si les plantations sont à distances convenables, on mesure en ligne droite l'espace qui se trouve entre le milieu de l'arbre et la ligne séparative des deux héritages. Desgodets.

Les avis sont partagés sur la question de savoir si les halots doivent être considérés comme arbres à haute tige et plantés à la même distance que ceux-ci .. Il est avéré que ces arbres, par leurs couplets, ombragent davantage les terrains voisins et par suite causent un tort au moins aussi considérable que les arbres à haute tige, tels que les ormes par exemple, et que leurs racines sont également très préjudiciables... Ces motifs ont déjà déterminé plusieurs tribunaux à exiger la même distance que pour les arbres montants... Il serait à désirer que le Code pénal, qui est actuellement à l'étude, prescrive impérieusement la distance de 2 mètres au moins.

D'après toutes les citations qui précèdent, les usages suivis dans les provinces d'Artois, Flandre flamande, Flandre gallicane, Hainaut et Cambrésis, sur les plantations d'arbres montants, ne paraissent pas offrir les conditions désirées par l'article 671, ou en d'autres termes, il n'est pas bien avéré qu'il existe sur cette matière des règlements particuliers ou usages assez constants et reconnus... Les arrêts du Parlement de Paris du 1750 et 1762 peuvent-ils être considérés comme le droit commun dans ces provinces qui, probablement avant cette époque, n'avaient pas de jurisprudence bien constatée, puisqu'aucun jurisconsulte ne cite une série quelconque d'arrêts, soit du Parlement de Flandre, soit du Conseil général d'Artois, établissant l'usage de laisser 5 pieds de distance entre les arbres montants et les fonds voisins? Ce sont, sans aucun doute, ces considérations qui ont déterminé la plupart des propriétaires à laisser une distance de

2 mètres, conformément à l'article 671 du Code civil, et qui doivent avoir une grande influence sur les décisions judiciaires à intervenir sur cette matière.

Ces arrêts du Parlement de Paris ont une toute autre portée dans les autres provinces de France où il n'y avait pas de coutumes ou règlements particuliers. L'arrêt de la Cour d'Amiens du 21 décembre 1821 en a fait une juste application en adoptant la distance de 5 pieds de 12 pouces.

Quant à l'intervalle à laisser entre chaque arbre sur la même ligne, l'espace adopté, quoique non-déterminé par les coutumes écrites, paraît sans aucun doute avoir été de 18 pieds. Un arrêt du Parlement du 1er août 1750, ci-dessus rappelé ; l'ordonnance de 1741 du roi Stanislas, duc de Lorraine, exigent cette distance. M. Billet, avocat à Arras, m'a attesté cet usage, qui est aussi indiqué par Roussel de Bouret en son Traité sur les Coutumes générales d'Artois (Clément, page 66)... Néanmoins, dans l'état actuel de notre législation, la solution des difficultés qui surgiraient à cet égard est abandonnée à l'appréciation des tribunaux qui auraient à se prononcer d'après le principe que tout propriétaire, en usant de son fond, ne peut porter préjudice à son voisin .. Un arrêt du Parlement, du 4 février 1554, avait pratiqué cette maxime en jugeant qu'un voisin ne pouvait construire de manière à boucher la vue de son voisin et lui ôter toute clarté ; laquelle maxime est aussi consacrée par l'article 1382 du Code civil, qui prononce que tout fait quelconque de l'homme qui cause préjudice à autrui entraîne des dommages et intérêts. Il serait bien à désirer que, pour prévenir toutes contestations à ce sujet, le Code rural projeté répare cette omission de l'article 671.

La hauteur à laquelle les branches doivent être coupées est fixée à 15 pieds de 12 pouces du sol par plusieurs arrêts. (Arrêt du Parlement de Dijon, du 3 mai 1578. — Arrêt du Parlement de Paris, du 1er août 1750). Il y a exception pour les arbres des forêts qui sont régies par des lois spéciales.

SECTION IV.

Arbres à basses tiges et haies.

§ 1.

HAIES MITOYENNES.

L'article 670 du Code civil admet en principe que « toute haie qui » sépare des héritages voisins est réputée mitoyenne, à moins qu'il n'y » ait titre ou possession suffisante au contraire. »

Néanmoins, à cause du principe de non-rétroactivité, il est utile de connaître l'ancienne jurisprudence sur ce sujet en ce qui concerne les haies plantées avant la promulgation du Code civil. Voici, du reste, les règles qui étaient le plus généralement adoptées :

« La haie plantée sur un fossé appartient au propriétaire de l'héritage » que cette haie sépare du fossé, soit que ce fossé lui appartienne, soit » qu'il soit mitoyen ou qu'il appartienne au voisin. Rép. d. jurisp. Loiselle, Coquille, de la Thaumassière Maillart.

» Si l'état de la haie est tel qu'on ne peut distinguer à qui elle appar- » tient, elle doit être adjugée au profit du fonds qui a le plus besoin de » clôture ; exemple : un jardin, une vigne, un pré ont plus besoin de clô- » ture qu'un champ à labour. Nivernois, ch. 25 art. 1er Berry, tit. 10, art. 22.

» Si la haie se trouve entre deux héritages ayant également besoin de » clôture, elle doit être réputée mitoyenne et entretenue à frais com- » muns... »

« Chacun voisin doit clôture à sa main droite à l'encontre de son voi- » sin, sauf à l'encontre des édifices de son voisin ; mais clôture en fond » ou debout, ou de main droite contre main droite, ou de main gauche » contre main gauche, se doit faire chacun par moitié, s'il n'y a titre au » contraire. » Cambrai, tit. 18, art. 6.

« Lorsqu'une prairie est divisée, on est tenu de clore moitié par moi- » tié à frais communs. » Baillieul. rub. 28, art. 9.

« On ne peut ôter haies ayant plus de dix ans. » Art. 8.

« Dans la ville de Bergh et dans celle d'Hondschoote, on doit se clore » par des murs communs avec de la terre d'une brique et demie et en » chaux de l'épaisseur d'une brique, avec des claies, avec des haies vives » ou autres choses convenables. » Bergh-Saint-Winoc, rubr. 15, art. 4.

« Les arbres au milieu des petits fossés, des petits rideaux, des haies » ou autres clôtures sont communs, nonobstant que l'un ou l'autre les ait » plantés.... » Bergh-Saint-Winoc, rubr. 15, art. 14.

« Chacun est obligé de clore moitié par moitié aussi bien contre terre » à semer que contre prairies. » Hondschoote, rub. XI, art. 5.

Ces diverses coutumes n'indiquaient pas le mode de jouissance des haies mitoyennes, mais il est constant et généralement reconnu que l'usage était de planter les haies sur la ligne séparative et de les diviser en deux parties ; alors chacun avait son bout, l'entretenait et jouissait des arbres montants qui y croissaient ; Bergh, toutefois, faisait exception. Mon confrère et ami Delaroyère m'assure que, dans les lieux qui étaient régis par la coutume de Bergh, les voisins plantaient à la distance voulue et qu'ensuite les bouts de chacun se réunissaient au moyen d'un crochet. Dans le Cambrésis, il ne peut y avoir de doute, chaque voisin avait son bout à sa main droite.

On voit, d'après les citations qui précèdent, que la mitoyenneté des haies n'était pas de présomption légale, dans le sens absolu de l'article 670 du Code civil, notamment dans les lieux régis par des coutumes ou usages adoptés de coutumes voisines prescrivant une distance pour ces sortes de plantations ;

Que cette présomption légale de mitoyenneté n'était que relative dans les lieux régis par la coutume de Bergh, parce que cette coutume laissait le choix à chacun de contraindre son voisin à clôture commune ou de faire cette clôture sur son terrain en laissant rejet ;

Desgodets. Que la présomption de mitoyenneté existait entièrement dans les lieux régis par la coutume de Cambrai, puisqu'elle disposait que chacun devait clôture à sa main droite, à l'encontre de l'héritage de son voisin. Je termine en faisant observer qu'on ne peut faire cesser l'indivision d'une haie mitoyenne et se soustraire à son entretien qu'en abandonnant sa part de mitoyenneté, par le motif qu'en détruisant une partie de la clôture qui a été faite dans un intérêt commun, on cause un préjudice notable à son voisin : mais l'abandon d'une part de haie n'entraîne pas pour cela la cession d'un rejet à prendre sur le terrain de celui qui fait le délaissement.

§ 2.

HAIES NON MITOYENNES.

Les termes de l'article 671 du code civil, qui ne fixe la distance d'un demi-mètre qu'à défaut de règlements particuliers ou d'usages constants et reconnus. — Les motifs développés au Corps législatif par M. Berlier, conseiller d'État (lors de la discussion de cet article) où il déclare que les auteurs du projet ne se sont bornés à indiquer une distance uniforme qu'en l'absence de règlements ou d'usages locaux. — L'opinion des divers jurisconsultes, les arrêts et les jugements précités, ne laissent aucun doute sur l'obligation où se trouvent les tribunaux de faire l'application, dans les lieux qui étaient sous leurs juridictions, des anciennes coutumes et règlements écrits, reconnus et publiés, dont diverses dispositions relatives au sujet qui nous occupe, sont ci-après transcrites :

Orléans, art. 259. « Défense de planter les haies plus près d'un pied et demi de l'héritage » voisin, cette haie doit être d'épines blanches et non d'épines noires

« Le règlement du Parlement de Normandie du 17 août 1751, porte » que les haies à pied ne pourront être plantées qu'à pied et demi du » voisin, qu'elles seront tondues au moins tous les six ans et réduites à » la hauteur de cinq à six pieds au plus, sans qu'il soit permis d'y laisser » croître baliveaux ou grands arbres. Régl. d. Parl. d. N., art. 10.

« Quiconque veut planter haies vives, doit laisser, pour le respect d'i- » celles, dedans ses bornes et sur le sien, vers le vent de mer, un pied » et demi et au-dessus dudit vent de mer, deux pieds et demi, soit » contre chemins, soit contre tènements ou terres appartenant à autrui. Hesdin, art. 44

« Si quelqu'un veut entourer ses héritages de haies, il doit laisser du » côté d'Orient et de Midi deux pieds et demi entre son héritage et celui » de son voisin, et du côté d'Occident et de Septentrion un pied et demi » (mesure d'Artois). St-Omer baill., art. 18.

« Si quelqu'un veut entourer ses héritages de haies, il doit laisser du » côté d'Orient et de Midi deux pieds et demi entre son héritage et celui » de son voisin, et du côté d'Occident et de Septentrion un pied et demi » (mesure d'Artois). Aire, chât. et baill., art. 68.

« Si aucun veut planter haies contre chemins, doit laisser pour rejet » par dedans les bornes, vers le vent de la mer, pied et demi, et au-dessus » d'iceux vents, deux pieds et demi. (1). 1495 et 1550. Boulenois, art. 166.

« Si aucuns veulent planter jardins ou manoirs l'un contre l'autre, ils » doivent laisser rejets comme dessus est dit; s'ils font clôture de mortes » haies, cela se doit faire de bornes à autres; s'il y a borne renversée, » cela se doit faire à plomb et à ligne. Art. 168.

« Si aucuns veulent planter jardins, haies ou enclos contre terres labou- » rables, ils doivent à tous rejets par dedans leurs bornes, deux pieds » et demi. Art. 169.

« Si aucuns font enclos ou allongement de village ou de jardins, ils doi- » vent le clore entièrement de liste et de bout vers terres à labour, de » vives haies ou mortes, par dedans les bornes de deux pieds et demi. Art. 171.

(1). Dans la pratique, il a été interprété que, au-dessus du vent de mer, signifiait vent soufflant d'Orient et du Midi... suivant l'expression vulgaire du laboureur, depuis trois heures du matin jusqu'à trois heures après-midi... C'est ainsi que cela a été compris et interprété, et est encore pratiqué, entre autres, par MM. Clément et Paternelle, juges-de-paix, et compris par M. Billet, avocat à Arras, de Baillencourt père, octogénaire, et Deger, architectes-géomètres à Béthune. Cette interprétation se rouve du reste corroborée par les coutumes de St-Omer et Aire.

Montreuil 1511, art 13. Art. 30.

« Celui qui veut planter houches ou haies autour de son bois ou ailleurs à l'encontre de son voisin, doit laisser pied et demi contre les vents de mer, et contre les vents d'amont deux pieds.

Bergh-Saint-Winoc, rub. 15, art. 4.

« Dans la ville de Bergh et celle de Hondschoote, on doit se clore avec des murs, etc., ou avec des haies vives ou autres choses convenables.

Art. 5.

« Néanmoins, si quelqu'un ne souhaite pas agiter son voisin, il doit, pour haies vives, laisser un pied et demi d'espace entre lui et son voisin du côté du nord et deux pieds du côté du sud (pieds de douze pouces) (1). »

Après avoir recherché et constaté les distances exigées par les anciennes coutumes, ayant force de loi avant la rédaction de l'article 671, et dont l'exécution est maintenue par lui, il est nécessaire de désigner, aussi précisément que possible, les localités qui étaient régies par ces coutumes. Pour atteindre ce but, nous nous occuperons en premier lieu des pays qui composent le département du Pas-de-Calais, et en second lieu de ceux qui composent le département du Nord. Dans les autres provinces où les dispositions spéciales des coutumes et règlements sont en harmonie avec les prescriptions du Code civil, il paraît tout-à-fait naturel et légal de se conformer aux distances fixées par l'article 671.

PAS-DE-CALAIS :

Il ne peut y avoir aucun doute pour les provinces qui étaient régies directement par les coutumes ci-dessus citées, ainsi :

Les localités qui composaient le bailliage, châtellenie, ville, banlieue et échevinage d'Aire, suivaient la coutume du bailliage d'Aire (2).

(1) M. Delaroyère, ancien notaire à Bergh, m'avait dit que l'expression *nord* signifiait nord et levant, et que l'expression *midi* voulait dire midi et couchant. Lui ayant fait part de mes doutes à ce sujet, il m'a dit de nouveau que le règlement du magistrat de Bergh, du 21 août 1717, assimilait l'est au nord et l'ouest au midi. L'Enquête du Nord, page 33, donne dans les mêmes termes l'assimilation faite par le règlement du 21 avril.

(2) Hébert, sur les coutumes d'Artois : « Aucuns villages étant trop éloignés » du chef-lieu de leurs bailliages auraient voulu se soumettre à la juridiction d'un » autre bailliage plus à la main : ainsi, Blessy, Witternesse, Quernes et Liettre, » voisins du bailliage d'Aire, auraient voulu être soumis à ce bailliage; mais il a » été jugé le 2 décembre 1702 qu'ils devaient continuer à être soumis aux bail- » liages dont ils étaient respectivement tenus »

Les localités qui composaient le bailliage d'Amiens établi à Montreuil-sur-Mer, ainsi que celles du bailliage d'Ardres, qui en ressortissait, suivaient la coutume de Montreuil pour les objets non prévus par les coutumes locales, et à défaut de cette coutume, se réglait sur celle d'Amiens, avec appel au parlement de Paris.

Les localités qui composaient la sénéchaussée et le comté de Boulenois, suivaient la coutume dudit Boulenois, dont le premier article déclare que le comté de St-Pol, les châtellenies de Fiennes, Thingry, Hucqueliers et Besle en ressortissaient, ainsi que l'enclave de Nédonchel, Westrehem, Ligny, et la Tiremanne, en Artois.

Les localités qui composaient le bailliage, châtellenie, ville, banlieue et échevinage de St-Omer, suivaient la coutume du bailliage de St-Omer, qui désignait, comme étant de son ressort; le pays de Langle, la châtellenie de Tournehem, celle d'Audruicq et pays de Bredenarde, la châtellenie d'Éperlecques, la seigneurie de Renty et le comté de Fauquembergues, qui avait une enclave en Flandre, ainsi qu'il est constaté par la coutume particulière d'Eskelbeke et de Ledringhem, laquelle déclare que ces deux villages sont du ressort du bailliage de St-Omer, parce qu'ils sont tenus en fief du comté de Fauquembergues (1).

Enfin, les localités qui composaient la châtellenie et bailliage d'Hesdin, la ville, banlieue et échevinage, suivaient la coutume dudit Hesdin.

A l'égard des localités et bailliages qui n'avaient pas dans leurs coutumes de dispositions relatives aux plantations, ils étaient soumis à la règle générale dont nous avons déjà parlé, qui était de se conformer aux règles et usages prescrits par les coutumes des pays voisins avec lesquels ils avaient le plus d'analogie, et, à leur défaut, à la coutume générale d'Artois; mais comme dans l'espèce cette dernière coutume ne s'occupait en rien des servitudes et devoirs réciproques de voisinages, il était naturel que les coutumes d'Hesdin et de Boulenois servissent de droit commun en Artois... Cette opinion est corroborée par un article de la coutume de St-Omer, vérifiée le 31 mars 1612, qui dit que pour les cas non prévus, on se règle au bailliage d'Hesdin, et à son défaut à la coutume générale d'Artois... C'est du reste ce que la pratique a consacré :

(1) Suivant Maillart : Il n'y a, d'Artois, que le féodal qui relève de Fauquembergues, le reste est de Cassel, en Flandre.

ainsi il est de notoriété publique (1) et des actes privés authentiques l'attestent au besoin, que la coutume d'Hesdin était observée dans la régale de Thérouanne, la châtellenie de Lillers, l'advouerie et gouvernance de Béthune et le bailliage de Lens, à défaut de dispositions sur les plantations de haies dans les coutumes locales de ces pays, et que la coutume du Boulenois, pour le même motif, était suivie dans le ressort de la gouvernance d'Arras et du bailliage de Bapaume.

DÉPARTEMENT DU NORD.

Les localités du bailliage et châtellenie de Bergh-St-Winoc, ville, banlieue et échevinage doivent se conformer, lorsqu'ils font plantations de haies, aux distances prescrites par l'article cinq, rubrique XV de la coutume de Bergh, mais comme les usages de la Flandre flamande, de la Flandre gallicane, du Hainaut français et du Cambrésis n'avaient aucuns rapports de conformité entre eux, la coutume de Bergh ne pouvait servir de règle générale dans d'autres pays que la Flandre flamande....

Les diverses coutumes de la Flandre gallicane dont les châtellenies de Lille, Douai et Orchies faisaient partie, de même que les chartes générales du Hainaut du 5 mars 1619, n'ayant aucunes dispositions pour régler les plantations de haies entre héritages voisins, ces provinces paraissent devoir se trouver sous la juridiction des règles prescrites par l'article 671 du code civil. C'est aussi dans ce sens que se font ces sortes de plantations dans les diverses localités de ces pays, ainsi qu'il a été constâté par l'enquête sur les usages du Nord, du 25 juin 1856, corroborés par une note qu'a bien voulu me faire parvenir M. le juge-de-paix de St-Amand.

La coutume du Cambrésis, qui rendait la clôture mitoyenne obligatoire, ne devait pas prescrire de distance entre les haies et les fonds voisins, aussi garde-t-elle le silence à ce sujet.

L'enquête du 25 juin 1856 (d'accord en cela avec M. Pley, avocat, ancien chef du parquet de Cambrai, qui habite cette ville depuis plus de trente ans,) atteste que dans le Cambrésis on se règle généralement sur les distances indiquées par ledit article 671 du code civil.

(1). MM. Baillencourt et Deger, architectes à Béthune, Berode-Delaleau, ancien géomètre à Lillers; Billet, avocat à Arras; Clément et Paternelle, juges de paix, dont j'ai déjà invoqué le témoignage, ont eu, en différentes circonstances, occasion de consacrer cet usage constant et reconnu dans ces pays.

L'article 672 du Code civil qui permet d'exiger la coupe des branches qui avancent sur l'héritage voisin, ne détermine rien sur la propriété des fruits. Le silence de cette loi sur ce sujet nous oblige à rechercher les règles de l'ancien droit : **Fruits tombés sur l'héritage voisin.**

Le droit romain permet au propriétaire de l'arbre d'aller ramasser les fruits tombés sur l'héritage voisin, pourvu qu'il le fasse dans l'espace de trois jours.

L'article 193 de la coutume de Bassigny veut que la moitié des fruits appartienne au propriétaire de l'arbre et l'autre moitié au propriétaire du fonds dans lequel ils sont tombés.

Dans la coutume de Paris, l'usage est d'accorder le fruit des branches à celui qui est propriétaire de l'héritage sur lequel elles pendent.

M. de Perchembault, sur la coutume de Bretagne, dit que l'usage, dans cette province, est que les fruits sont au propriétaire de l'arbre et les feuilles au propriétaire du fonds où elles tombent.

Basnage dit que, sur cette matière, la jurisprudence n'est pas certaine en Normandie : un arrêt du 22 mars 1629 ordonne que les fruits soient partagés par moitié ; un autre arrêt du 2 août 1669 adjuge au voisin tous les fruits tombés sur son héritage (Ce jurisconsulte donne la préférence au premier arrêt).

Ferrière assure qu'il est d'usage qu'un voisin, qui souffre que les branches couvrent son héritage, a droit d'en prendre les fruits.

Coquille prétend que, dans le Nivernais, celui à qui appartient l'arbre monte dessus pour cueillir les fruits, mais ce qui touche sur l'héritage voisin appartient à ce dernier.

Si un arbre sépare deux héritages, chacun des voisins recueille les fruits des branches qui pendent sur son terrain.

La coutume du Boulenois donne les fruits des arbres qui sont sur les grands chemins et places publiques aux habitants des villages et paroisses où ils sont situés, et leur permet d'en user à leur gré.

Mais, suivant le règlement fait pour les eaux et forêts au mois de janvier 1583, les fruits des arbres qui sont sur les bords des chemins doivent appartenir aux propriétaires des terres voisines.

TITRE V.

Des murs mitoyens et des contre-murs.

SECTION Ire.

Des murs mitoyens.

§ 1.

INDICES DE MITOYENNETÉ.

Art. 653 et 654 du Code civil : *Tout mur de séparation entre héritages est présumé mitoyen, s'il n'y a titre ou marque du contraire. Il y a marque de non mitoyenneté, lorsque la sommité du mur est droite et à plomb de son parement d'un côté et présente de l'autre un plan incliné ; lors encore qu'il n'y a que d'un côté ou un chaperon ou des filets et corbeaux de pierres qui auraient été mis en bâtissant le mur. Dans ces cas le mur est censé appartenir au propriétaire du côté duquel sont l'égout, les corbeaux et filets de pierres.*

Les décisions à intervenir sur les difficultés entre voisins pour des murs construits sous l'empire de ces articles, seront prononcées d'après leurs dispositions...

Mais pour régler les difficultés qui peuvent surgir au sujet des murs construits antérieurement au code civil, il convient de consulter les anciennes coutumes ou anciens usages relatifs aux murs établis entre héritages voisins; en voici quelques textes....

Orléans, art. 241. « Lorsque des corbeaux de pierres saillants sont arrondis en dessous, » ils attestent que le mur est commun, tandis que si les corbeaux sont arrondis en dessus, il en résulte que le mur n'est mitoyen que jusqu'à la » hauteur de ces marques.

Bussigny, t. 16, art. 182. « Corbeaux mis d'ancienneté ou fenêtre à demi-mur, font démontrance » que le mur est mitoyen. » (Il est probable qu'il fallait que ces fenêtres fussent des deux côtés).

En Artois. Dans plusieurs autres localités de l'Artois, entre autres dans la châtellenie de Lillers, ces fenêtres à demi-mur, nommées chapelettes, font preuve que le mur appartient à celui du côté duquel elles se trouvent, et que ce mur est mitoyen s'il y a des chapelettes des deux côtés.

« Bois posé dessus ou dedans, ancres et bornes, qui poussent hors des » murs, têtes, corbeaux de pierres, fenêtres (à demi-mur), carnaux, petits » pilliers de maçonnerie mis pour l'entretien du mur... ou par autres sem- » blables marques mises de chacun côté... Sommiers posés d'un côté et » de l'autre côté des carnaux, indiquent qu'un mur est mitoyen; si ces » marques ne sont que d'un seul côté, c'est marque de non mitoyenneté. Bergh-Saint-Winoc, art. 9, 10, 11.

« Filets doivent être faits accompagnés de pierres, savoir : des deux » côtés pour attester la mitoyenneté, et du côté seulement de celui à qui » appartient le mur, s'il n'est pas mitoyen ; le tout à moins de titre con- » traire. » Calais, art. 200. Paris, art. 214

Dans d'autres pays, le mur mitoyen était de droit et obligatoire, ainsi que nous le verrons dans l'article suivant, qui traite de la hauteur des murs mitoyens.

§ 2.

HAUTEUR ET EXHAUSSEMENT DES MURS MITOYENS.

Art. 663 du Code civil : *Chacun peut contraindre son voisin, dans les villes et faubourgs, à clôture mitoyenne entre héritages contigus; la hauteur en sera fixée suivant les règlements particuliers ou les usages constants et reconnus; et, à défaut d'usages et de règlements, à dix pieds dans les villes de 50,000 âmes et au-dessus, et à huit pieds dans les autres.*

Art. 658 : *Tout propriétaire peut faire exhausser le mur mitoyen en payant la dépense à ce nécessaire, entretenant l'exhaussement et payant en outre une indemnité de la surcharge du mur mitoyen.*

Il suffit de comparer les articles 671 et 663 du Code civil pour être convaincu qu'ils ont été rédigés dans le même esprit : dans l'un comme dans l'autre, on n'indique une distance quelconque du fond voisin ou une hauteur relative qu'à défaut de règlements particuliers ou d'usages constants et reconnus.

Pour satisfaire à cette prescription de l'article 663, je vais donner les diverses dispositions des anciennes coutumes qui règlent les usages à suivre dans les constructions des murs de clôture :

« Tous propriétaires de bâtiments dont les murailles de séparation ne » sont que de pailleux ou de planches, seront obligés à l'avenir de faire » toutes lesdites clôtures et séparation d'une muraille mitoyenne et de » l'épaisseur d'une brique et demie, sans le pouvoir diminuer en quelque » endroit, pour y pratiquer dans ladite épaisseur des cheminées ou autres Règl. de Saint-Amand de 1742, art. 2.

» commodités; et si quelqu'un, dès à présent, s'y trouve exposé à quel- » ques dangereux inconvénients par tels pailleux ou séparations de plan- » cher, il pourra se pourvoir pardevant nous pour, sur un seul procès- » verbal de visite, y être pourvu sans frais. »

Art. 3. « Et s'il se trouvait deux séparations de planches ou pailleux adossées, » elles seront toutes deux à l'avenir démolies et les propriétaires tenus de » faire une muraille de brique et demie à frais communs avec la même » faculté qu'à l'article précédent, et en cas de dangers ou inconvénients » dès à présent; ce qui sera exécuté ainsi que le contenu en l'article pré- » cédent, à peine de 100 florins d'amende. »

Art. 4. « L'expérience ayant fait connaître plusieurs inconvénients que causent » les vides qui sont entre deux bâtiments, nous défendons à tous proprié- » taires des maisons qui se joignent de faire murailles contre murailles, » et à ceux qui en ont de les faire rebâtir ou raccommoder sans avoir » obtenu notre permission expresse et par écrit, laquelle nous n'accorde- » rons que sur procès-verbal qui sera dressé à cet effet. »

Art. 6. « Toutes les murailles et séparations ne pourront être faites à l'avenir » de moindre épaisseur que de brique et demie, et en cas que l'un des » propriétaires voudrait la faire de deux briques et plus, il le pourra faire » sur son terrain, payant seul ce qui excédera une brique et demie. »

Art. 7. « Les murailles de séparation entre cour et jardin qui sont mitoyennes » ou qui le seront par achat de la moitié d'icelle, suivant la faculté accor- » dée par l'article 5 *(cet article 5 étant remplacé par l'article 661 du* » *Code civil, n'a pas été copié)*, pourront être élevées à frais com- » muns à la hauteur de dix pieds au moins hors de terre, à prendre à la » superficie des rues où lesdites maisons sont situées, à la seule réquisition » de l'un des propriétaires desdites maisons. »

Art. 8. « Pourra aussi, l'un des propriétaires d'héritages voisins non renfermés » de murailles, obliger l'autre propriétaire à une muraille mitoyenne de » séparation, conformément à l'article précédent. »

Art. 11. « Toutes murailles portant sommiers en dedans les édifices ne pour- » ront être moindres de brique et demie d'épaisseur. »

Clermont, baill., ch. 19, art. 3. « Clôture de cheix et jardins se font à frais communs, et peuvent les » voisins se contraindre l'un l'autre ; si l'un des deux a seul fait faire en » présence de deux témoins, il a action en paiement de la moitié de la » clôture contre le voisin. »

Lagorgue, (dép. du Nord) rub. 6, art. 52, 53. « Les murs, clôtures, glands, haies vives seront tenus à dépens com- » muns, quand l'un ou l'autre le requiert ; et où ladite clôture appartient

» à l'un ou l'autre des voisins, ils seront entretenus par leurs propriétaires. »

« Tous murs séparant cours et jardins sont réputés mitoyens, s'il n'y » a titre ou marque au contraire. » Metz, t. 13, art. 13. Rheims, a. 355 Laon, a. 271.

« On peut contraindre le voisin à muraille jusqu'à 9 pieds de hauteur du rez-de-chaussée. » Laon, a. 270.

« Chacun peut contraindre à faire un mur mitoyen jusqu'à la hauteur » de 9 pieds du sol, compris le chaperon. » Calais, art. 195.

« La hauteur du mur mitoyen est fixée à 12 pieds du sol en la cité et » ville, et à 9 pieds du sol dans le faubourg. » Rheims, art. 361.

« On peut faire cave à ses dépens jusqu'au rez-de-chaussée; et au- » dessus le voisin contribue, à savoir : 12 pieds en cité et ville, et 9 pieds » hors cité. » Art. 375.

« Chacun en la ville est tenu d'affranchir son héritage, du côté et au » bout plus proche du milieu du marché, par mur de hauteur de 8 pieds » au-dessus de terre, et plus loin que 150 pieds par des haies vives. » Bailleul (Flandre), art. 7.

« Un chacun a droit au marché ou sur la rue de placer son mur sur la » moitié du terrain de son voisin, s'il n'y a pas encore de mur. » Art. 10.

« Le mur mitoyen doit avoir 9 pieds de hauteur, savoir : 2 pieds en » terre d'un pied et demi d'épaisseur, et 7 pieds au-dessus du sol. » Orléans, ch. 13, a. 234.

« Dans la ville de Bergh et dans celle d'Hondschoote, on doit se clore » par des murs communs avec de la terre d'une brique et demie, et en » chaux de l'épaisseur d'une brique avec du cheis, des haies vives ou » autres choses convenables. » Bergh-Saint-Winoc, rub. 15, art. 4.

« Aucun construisant contre l'héritage voisin un mur sur lequel il vou- » drait bâtir dans la suite, avec des scailles ou des tuiles, doit laisser un » demi-pied entre deux. » Art. 6.

« En faisant un simple mur avec le chaume, il doit laisser pour que les » pierres débordant ne s'étendent pas sous l'héritage du voisin. » Art. 7.

« Les murs de séparation sont tenus pour communs au moins jusqu'à » 9 pieds de hauteur, deux en terre et sept au-dessus du sol, à moins de » condition ou marque du contraire. » (Le pied est celui de 12 pouces). Art. 8.

« Le mur mitoyen doit avoir, en ville et faubourgs, hauteur de 9 pieds » entre cour, 8 pieds entre jardins. » Melun, art. 197.

« Dans les villes et faubourgs de la prévôté et vicomté de Paris, les Paris, art. 209.

» murs de clôture doivent avoir 10 pieds (pieds de 12 pouces) de hauteur, » compris le chaperon. »

Hesdin ville, art. 21.

« Les héritages situés en ladite ville se doivent fermer de murs entre » les voisins, chacun par moitié, à dépens communs, à la hauteur de 7 pieds » hors de terre. » (Ce doit être le pied de 12 pouces).

Je crois devoir, à titre de renseignements, donner les hauteurs qui ont été recueillies dans les enquêtes administratives faites en 1856 qui indiquent, dans le Pas-de-Calais :

Clément, pag. 51.

Pour St-Omer, une hauteur de 10 à 12 pieds d'Artois ; pour Montreuil, 8 pieds de roi, et pour Aubigny, 8 pieds de 10 pouces ; pour Arras et Bapaume, la hauteur prescrite par le Code civil (663).

Dans le département du Nord :

Enq. d. N. p. 31.

Pour Douai, une hauteur de 10 pieds de 11 pouces, et 10 pieds de 12 pouces pour Armentières.

Desgodets et Goupy.

La manière de mesurer la hauteur lorsque les deux terrains contigus ne sont pas au même niveau est enseignée par Desgodets et Goupy, qui disent qu'il faut mesurer la hauteur du mur à partir du sol le plus élevé.

Metz, t. 13, art. 1er.

Deux articles de la coutume de Metz méritent d'être consignés dans cette section ; ils sont ainsi conçus :

« Tout propriétaire peut bâtir dessus son terrain et élever son bâti- » ment aussi haut qu'il lui plait, en laissant à son voisin le tour du venti- » lon, s'il y a bâtiment joignant. »

Art. 20.

« Quand quelqu'un fait édifier ou réparer son héritage, le voisin d'icelui » est tenu de donner et prêter patience de ce faire étant averti au préa- » lable, à la charge par celui qui bâtit de réparer et amender ce qu'il » aura démoli ou détérioré. »

Règlement de Saint-Amand, de 1742, art. 9.

« En cas que l'un des deux propriétaires d'une muraille de séparation » aurait besoin d'élever au-dessus de 10 pieds, il le devra faire de toute » l'épaisseur de ladite muraille, à ses frais, sans répétition de la moitié de » la dépense contre son co-propriétaire ; mais si celui-ci venait à se ser- » vir de ladite muraille, il sera tenu de rembourser alors la moitié de la » dépense à celui qui l'aura haussé au-delà de 10 pieds, à proportion qu'il » s'en servira. »

Art. 10.

« Pour exciter les habitants de cette ville à rebâtir et ameillorer leurs » maisons, nous avons résolu de leur procurer toutes sortes de facilités, » auquel effet nous ordonnons que tous propriétaires et locataires des

» maisons voisines, en tant que les choses les regarderont seront tenus de
» laisser un passage libre à celui qui fera bâtir pour élever les murailles
» mitoyennes de séparation à la hauteur nécessaire, soit en retirant leurs
» poultres, gites, goutières, plattes queues et autres choses qui empêche-
» raient l'élévation desdits murs mitoyens sans que lesdits propriétaires
» des maisons voisines puissent prétendre, pour raison de ce, aucun dé-
» dommagement non plus que pour remettre leurs maisons en état. »

Ces deux articles se trouvent abrogés par les articles 657, 658 et 659 du Code civil, qui indiquent les règles à suivre lors de l'exhaussement d'un mur mitoyen : néanmoins, comme ces deux articles 9 et 10 donnent des enseignements plus étendus que le Code civil, je les ai également transcrits pour l'utilité des experts et des juges qui auront à se prononcer sur cette matière.

Il se présente quelquefois des contestations entre voisins sur la solidité d'un mur que l'un voudrait faire démolir, et l'autre conserver tel qu'il se trouve. L'opinion de Desgodets, à cet égard, est que pour condamner un mur à être démoli, il faut qu'il soit hors de son aplomb de plus de la moitié de son épaisseur; il ajoute que cette règle est généralement suivie pour les murs qui portent des bâtiments, mais qu'on n'est pas aussi exigeant pour les murs de clôture qu'on laisse subsister tant qu'ils ne menacent pas d'une ruine complète. Desgodets et Goupy.

L'article 658, sur l'exhaussement, est tellement impératif qu'il suffit de faire remarquer que pour l'indemnité de surcharge, il est d'usage de payer le sixième de ce qu'a coûté l'exhaussement, dont l'entretien est en entier à la charge de celui qui l'a fait construire. Desgodets.

SECTION II.

Des contre-murs.

Art. 674 du Code civil. *Celui qui fait creuser un puits ou une fosse d'aisance près d'un mur mitoyen ou non ; celui qui veut y construire cheminée ou âtre, forge, four ou fourneau, y adosser une étable, ou établir contre ce mur un magasin de sel ou amas de matières corrosives,*

Est obligé à laisser la distance prescrite par les règlements et usages particuliers sur ces objets, ou à faire les ouvrages prescrits par les mêmes règlements et usages pour éviter de nuire au voisin.

Des termes de cet article, découle nécessairement le besoin de connaître les coutumes et usages écrits qui doivent servir de règles aux experts chargés par les tribunaux de vérifier, en cas de contestation, si le voisin dont on se plaint a pris toutes les précautions exigées par les règlements et usages pour éviter de nuire au plaignant. Nous donnons, à cet effet, les documents que nous avons trouvés sur cette matière. Toutefois, il est bon de savoir que dans les localités où il n'existait pas de coutumes, règlements ou usages constants et reconnus sur cette matière, on avait recours à la coutume de Paris qui était considérée comme le droit commun.

1° *Puits ou fosses d'aisance et autres excavations.*

Calais, art. 177. « Qui veut faire aisance, puits contre un mur mitoyen, doit faire contre- » mur d'un pied d'épaisseur, et où il y a de chaque côté puits ou bien » puits d'un côté et aisance de l'autre, suffit qu'il y ait 4 pieds de ma- » çonnerie d'épaisseur entre deux, comprenant l'épaisseur des murs d'une » part et d'autre; mais entre deux puits suffisent 3 pieds pour le moins. » (Pieds de 12 pouces).

Clermont, art. 221. « Qui fait dalles (fosses) à recevoir les eaux, ou aisance contre mur » mitoyen, doit faire contre-mur d'un pied d'épaisseur pour garantir le mur » mitoyen. »

Melun, art. 208. « Pour puits contre le mur voisin ou mitoyen, il faut contre-mur d'un » pied et demi. »

Art. 209. « Pour puits contre des puits voisins, il faut un contre-mur de trois » pieds. »

Bergh-Saint-Winoc, rub. 15, art. 20. « Personne ne peut faire contre le mur mitoyen, citerne, puits privez' » à moins qu'il n'entretienne un mur entre les deux faits, afin qu'il n'arrive » aucun dommage au voisin. »

Lorraine, t. 14, art. 10. « Pour faire privez, ordes, fosses, fours, fumiers, égouts, etc., il faut » contre le mur mitoyen un autre mur bon et suffisant pour le garantir. » Si on fait puits ou citernes, on doit laisser ledit mur franc et entier. »

Art. 12. « On ne peut faire ni dresser privez, égouts d'eau de cuisine ou autres » semblables immondices, proche le puits de son voisin, qu'il n'y ait huit » pieds de distance entre deux et y soit fait contre-mur aussi bas que les » fondements des fosses et égouts. »

Bussigny, art. 184. « On ne peut faire retraits, aisance, contre un mur commun, sans y » faire contre-mur de pierres, de chaux, d'un pied d'épaisseur. »

Cambrai, t. 16, art. 2. « On ne peut faire latrine contre héritage du voisin, s'il n'y a distance » ou muraille d'un pied et demi d'épaisseur entre deux. »

« Celui qui veut faire puits, privez ou autres aisances nuisibles contre » mur mitoyen, est tenu de faire contre-mur en cet endroit de l'épaisseur » d'un pied et la main. » Metz, t. 13, art. 16.

« Pour latrines ou aisements près d'un mur mitoyen, il faut un contre- » mur de grosses murailles d'un pied d'*espois* et non de *blocailles*, et à » distance de dix pieds pour le moins du puits voisin, si puits y a. » Laon, art. 269.

« Quiconque peut faire puits, aisance, ordes, fosses, soulcis et autres » choses licites, pourvu que lesdites choses soient distantes de dix pieds » du puits de son voisin en y faisant à ses dépens bons et suffisants contre- » murs du fond en comble de 2 pieds d'épaisseur pour le moins. » Rheims, art. 367.

« Nul ne peut faire fosses à latrines ou retraits qu'il n'y ait, du côté du » voisin 2 pieds et demi de franche terre. » Amiens, art. 166.

« Privez, ou autres semblables, doivent être à 3 pieds de l'héritage » voisin ou des lieux publics. » Bailleul, art. 22.

« Pour fosses d'aisance, puits, il faut contre-mur d'un pied et demi » d'épaisseur. » Orléans, ch. 13, a. 243.

« Puits, latrines, égoûts près d'un puits voisin, il faut 9 pieds de » distance. » Art. 246.

« Qui veut faire aisances de privez ou puits contre un mur mitoyen, il » doit faire contre-mur d'un pied d'épaisseur, et où il y a de chacun côté » puits d'un côté et aisances de l'autre, il suffit qu'il y ait 4 pieds de » maçonnerie d'épaisseur entre deux, comprenant les épaisseurs des murs » d'une part et d'autre; mais entre deux puits, suffisent 3 pieds pour le » moins. » Paris, art. 191.

« Les tuyaux de descentes des fosses d'aisance doivent être séparés du mur » voisin par un contre-mur d'un pied d'épaisseur, si ce tuyau est en maçon- » nerie; s'il est en métal ou en terre cuite, il doit être isolé du mur voisin et » entouré d'une chemise de plâtre d'un pouce et demi au moins d'épaisseur. » Desgodets.

Voici, à titre de renseignements, ce qui a été constaté sur cette matière en l'enquête du Nord de 1856 : Enq. d. N. pa. 36.

« Dans le canton de Marchiennes, le contre-mur est de 14 pouces, » mais les puits se creusent à la limite de la propriété.

» A Orchies, pour les fosses d'aisance, il faut contre-mur de 22 à 24 » pouces compris le mur mitoyen, le tout lié ensemble.

» Dans l'arrondissement de Valenciennes, les contre-murs sont de 18 pouces.

» A Cambrai, les fosses d'aisance ne peuvent s'établir qu'à 10 pieds » des puits voisins. »

M. Clément, probablement d'après l'enquête administrative du Pas-de-Calais, enseigne qu'à Montreuil on exige 2 pieds et demi de 12 pouces de distance entre latrine et héritage voisin, et à St-Omer un mètre du mur mitoyen.

Desgodets et Goupy.

« Quand le puits que l'on veut faire est à la proximité soit d'un mur » qui sépare deux héritages, soit d'une cave ou d'un autre puits placé » sur le terrain du voisin, on doit, en construisant le puits, établir un » contre-mur pour garantir ou le mur de séparation, ou la cave du voi- » sin, ou son puits de tous les dommages que pourraient causer l'infiltra- » tion des eaux : ce contre-mur doit être fondé plus bas que le sol du » puits et doit monter jusqu'au niveau du terrain. Le plus sûr pour empê- » cher l'infiltration des eaux est de faire ce contre-mur circulairement ; le » plus convenable est de lier le mur et le contre-mur pour qu'ils ne fassent » qu'un seul corps de maçonnerie. »

Décret du 7 mars 18?8.

M. Clément cite aussi ce décret, qui défend de creuser des puits ou d'élever des habitations plus proche que 100 mètres des nouveaux cimetières, transférés hors des communes en vertu des lois et règlements.

Abbeville, art. 53.

Quelques coutumes ont encore des dispositions qui prescrivent des précautions pour certaines excavations.

Calais, art. 203.

Ainsi la coutume d'Abbeville, art. 53, dispose que « nul ne peut faire » en soutènement fosses et basses chambres à moins qu'il ne laisse de sa » terre, entre la fosse et l'héritage voisin, deux pieds et demi de vide, » ferme terre. »

Celle de Calais, art. 203, « que nul ne peut faire fossé à eau ou cloa- » que, s'il n'y a 6 pieds de distance, en tous sens, des murs voisins ou » mitoyens. »

Règlement des magist. de Bergh.

Le règlement des magistrats de Bergh-St-Winoc, du 21 avril 1717, qui exige pour les mares d'eau un franc bord de 4 pieds de 10 pouces au-delà des eaux d'hiver.

Voûtes de caves.

Desgodets.

« Quoique la coutume de Paris n'oblige pas à faire un contre-mur pour » soutenir la voûte d'une cave, l'usage est de prévenir la poussée qu'opère » une voûte dont la naissance touche au mur mitoyen : pour cela, on fait un » contre-mur qui soutient l'effort de la voûte.

» Ce contre-mur doit régner dans toute la longueur de la portion du » mur qu'on veut protéger. Quant à son épaisseur, on sait qu'un plein cintre » pousse moins qu'une voûte surbaissée. Il convient donc de faire un » contre-mur d'un pied d'épaisseur pour les voûtes telles qu'on les fait » ordinairement ; mais lorsqu'il s'agit d'une voûte d'un grand diamètre ou » plus surbaissée, il faudrait une plus forte épaisseur. »

2° *Cheminées.*

« Qui fait cheminée doit faire contre-mur de tuillots de demi-pied » d'épaisseur. » Calais, art. 175.

« Pour faire cheminée contre mur mitoyen, il faut contre-mur de tuil- » leaux ou de plastre de demi-pied d'épaisseur et hauteur suffisante. » Clermont, art. 219.

« Cette coutume autorise à prendre creux du tiers pour édifier che- » minée. » Rheims, art. 371.

« Muraille mitoyenne peut être creusée jusqu'à la moitié de son épais- » seur pour y dresser tuyau de cheminées, armoires et autres choses sem- » blables. » (Ces deux derniers articles sont donnés à titre de renseignements, l'article 662 du Code civil les ayant abrogés implicitement). Metz, tit. 3, art. 1er.

« Les pilles de bois doivent être à 5 pieds de tous toits. » Bergh-Saint-Winoc, rub. 15, a. 20.

« Il ne peut être placé nuls bois dans les cheminées. » Art. 21.

« Les tuyaux des cheminées doivent avoir 5 pieds au-dessus des toits. » Art. 22.

Même disposition que la précédente. Bailleul (Flandre), art. 219.

« Qui veut faire cheminées et âtres contre le mur mitoyen, doit faire » contre-mur, ou autre chose suffisante, de demi-pied d'épaisseur. » (1). Paris, art. 189.

Suivant Desgodets, ce mur sera établi jusqu'à la hauteur du manteau, en perdant insensiblement de son épaisseur... On peut le remplacer au moyen d'une plaque en fer fondu, mise à la distance d'un pouce du mur.

(1) L'âtre est la plaque sur laquelle est placé le combustible ; à droite et à gauche, se trouvent deux jambages dont la partie supérieure est marquée par une saillie nommée le manteau, qui sert à porter une tablette ; le devant de cette saillie, ainsi que les faces des jambages, sont revêtus d'un chambranle. Le corps de la cheminée est la portion du tuyau par où s'échappe la fumée ; le contre-cœur est le mur qui forme le fond de la cheminée et que l'on couvre ordinairement d'une plaque de fer fondu.

Desgodets.

Le corps de cheminée ne peut être enfoncé dans l'épaisseur du mur mitoyen ; il est défendu de faire entrer des pièces de bois dans un corps de cheminée ; le chassis qui soutient la saillie qui forme le manteau doit être en fer ; l'âtre des cheminées ne peut être posé au-dessus d'une pièce de bois, de sorte que l'âtre est ordinairement placé sur une voûte.

Règl. du 17 mars 1780, art. 7.

M. Clément cite l'article 7 du règlement du Conseil d'Artois de 1780, qui exige que les cheminées de forges soient élevées de 3 pieds de roi au-dessus du toit. Nous aurons occasion de revenir sur ce règlement en l'article suivant.

3° *Forges, fours, fourneaux.*

Calais, art. 176.

« Qui veut faire four, forges, fourneaux, doit laisser demi-pied de vide et » intervalle entre le mur du four, forge ou fourneaux et le mur mitoyen, et » doit être ledit mur du four, forge ou fourneau d'un demi-pied d'épaisseur. »

Clermont, art. 225.

« Entre four d'un boulanger et le mur mitoyen doit avoir demi-pied de » ruelle d'espace, ou autrement qui le vaille, pour le garantir de la cha- » leur et du feu dudit four. »

Sens, art. 106.

« Pour four, forges, fourneaux, il faut contre-mur d'un pied. »

Clermont bail. art. 4.

« Entre four et un mur mitoyen doit y avoir espace pour obvier au » danger du feu. »

Lagorgue, rub. 6, art. 59

« Pour four à cuire ou fournaise contre le mur voisin ou mitoyen, il » faut un mur d'une brique d'épaisseur, et contre paroie de terre deux » briques d'épaisseur. »

Lorraine, t. 14, art. 10.

« Pour fours et autres semblables contre le mur mitoyen, il faut un » autre mur bon et suffisant pour le garantir. »

Cambrai, t. 18, art. 3.

« On ne peut faire four contre héritage du voisin s'il n'y a distance ou » muraille d'un pied et demi d'épaisseur entre deux. »

Metz, t. 13, art. 16.

« Celui qui veut faire four, forges ou fourneaux contre mur mitoyen » est tenu de faire contre-murs en cet endroit de l'épaisseur d'un pied et » la main. »

Rheims, art. 368.

« Four d'un boulanger, forge d'un maréchal, joignant un mur mitoyen, » doit avoir un contre-mur d'un pied d'épaisseur pour le moins. »

Bailleul (Flandre), rub. 21, a. 18.

« Fours, fournoirs ou autres à périls d'incendie, ne peuvent être placés » qu'à demi-pied du mur voisin lorsqu'il est en pierres, autrement la dis- » tance est d'un pied. »

Montargis, ch. 10, a. 247.

« Pour four, forges, fourneaux, il faut laisser un demi-pied de vide du » côté du mur mitoyen ou appartenant à autrui. »

« Pour four, forges, fourneaux, il faut contre-mur d'un pied. » Melun, art. 207.

« Pour faire four, forges ou fourneaux contre un mur voisin ou mitoyen, » il faut contre-mur de 2 pieds. » Auxerre, art. 89.

« Pour fours, forges ou fourneaux contre un mur voisin ou mitoyen, il » faut un pied franc entre lesdits fours, forges, fourneaux et le mur voisin. » Berry, t. XI, art. 12.

« Pour four, forges ou fourneaux contre mur voisin ou mitoyen, il faut » un demi-pied de vide. » Bourbonnois, chap. 31, art. 511.

A Nevers, on exigeait un contre-mur d'un demi-pied et autant de ruelle; à Blois, un demi-pied et un empan; à Sedan, à Troyes, un pied et demi; dans les coutumes de Bar et de Châlons, deux pieds; et presque partout, en outre, un intervalle vide de 6 pouces qu'on nommait le *tour du chat.*

« Qui veut faire forges, fours ou fourneaux contre le mur mitoyen doit » laisser demi-pied de vide et intervalle entre deux du mur, du four ou » forge, et doit être ledit mur d'un pied d'épaisseur. Paris, art. 190.

» Les contre-murs doivent s'étendre dans toute la largeur et la hauteur » de la forge, du four ou du fourneau, et l'espace vide ne doit pas être » fermé aux extrémités afin que l'air puisse circuler librement; les tuyaux » par où la fumée doit s'échapper seront isolés du mur voisin. »

Comme pour tous les autres cas non-prévus par les coutumes locales, cet article de la coutume de Paris est le droit commun.

Le règlement du Conseil d'Artois de 1780 porte : Règlement du 17 mars 1780.

« Art. 6. Toutes les forges seront construites en murs de briques et de » pierres et seront séparées par des pignons de tous bâtiments voisins.

» Art. 7. Le foyer sera en briques, maçonné au bon mortier, ainsi que » les cheminées qui seront élevées de 3 pieds de roi au-dessus du toit, » lequel sera de tuiles ou pannes ainsi que celui des auvents.

» Art. 8. Les forges actuellement existantes seront couvertes en tuiles » ou pannes, et les cheminées construites suivant l'article ci-dessus, en » dedans six mois; sinon, le délai passé, l'usage en sera interdit à peine » d'amende de 50 livres. »

Le Répertoire de Jurisprudence dit que, pour les fours des potiers ou autres, où le feu est très ardent ou se continue plusieurs jours, on exige un vide d'un pied au lieu d'un demi-pied; et pour les forges de ceux qui travaillent sur le fer, outre cet intervalle, on exige encore un contre-mur.

4° Etables, écuries et autres choses semblables.

Calais, art. 174. « Qui fait étable contre un mur mitoyen doit faire un contre-mur de » 8 pouces d'épaisseur jusqu'au rez de la mangeoire. »

Clermont, art. 220. « Pour faire étable contre mur mitoyen, il faut contre-mur d'un demi- » pied d'épaisseur jusqu'au rez de la mangeoire. »

Bailleul, (Flandre), rub. 21, art. 22 « Privez, étables à porcs ou semblables, doit être à distance de l'héri- » tage voisin ou des lieux publics. »

Paris, art. 188. » Qui fait étable contre un mur mitoyen, il doit faire contre-mur de » 8 pouces d'épaisseur, de hauteur jusqu'au rez de la mangeoire. »

Suivant Desgodets, le contre-mur doit régner dans toute la longueur de l'étable avec l'épaisseur et hauteur prescrite par la coutume du pays, et s'il n'y en a pas, il n'y aurait aucun inconvénient à suivre celle de Paris, qui indique, comme on vient de le voir, une épaisseur de 8 pouces, ce qui suffit si on emploie de bons matériaux ; quant à la hauteur, elle doit être jusqu'à la mangeoire, lors même que la mangeoire ne serait pas placée du côté du mur mitoyen, et pour que la précaution du contre-mur soit utile, il faut en outre 3 pieds de fondation lorsque l'étable n'est pas pavée à chaux et à ciment, et au moins un pied de fondation lorsque l'étable est pavée à chaux et à ciment.

5° Magasins de sel, amas de matières corrosives.

Metz, tit. 13, art. 16. « Qui veut faire aisances nuisibles contre mur mitoyen est tenu de faire » contre-mur en cet endroit, de l'épaisseur d'un pied et la main. »

Bergh-Saint-Winoc, rub. 15, art. 20. « Personne ne peut faire contre le mur mitoyen citerne, etc., ni placer » piles de bois, fumiers, boues, fanges ou autres donnant humidité, à moins » qu'il n'entretienne un mur entre les deux faits, afin qu'il n'arrive aucun » dommage au voisin.

» Les piles de bois doivent être à 5 pieds de tous toits. »

La coutume de Paris n'indique aucune précaution spéciale pour les magasins de sel ou amas de matières corrosives. Les deux articles des coutumes de Metz et de Bergh ne désignent qu'en termes généraux ; toutefois, cette dernière désigne les fumiers, boues, fanges.

L'opinion de Desgodets est d'une grande autorité en ces matières. Voici les travaux préservatifs qu'il indique pour garantir le mur mitoyen ou le mur du voisin :

Si on fait un magasin de sel ou de morue salée, ou autres choses semblables, tous les architectes veulent que le contre-mur, fait en bons matériaux, ait un pied d'épaisseur avec la même longueur et la même hauteur que le mur mitoyen, et avec une fondation de 3 pieds de profondeur.

Quand on entasse du fumier près d'un mur mitoyen ou à autrui, on doit le garantir par un contre-mur pour empêcher les fumiers d'altérer ce mur et ses fondations. Le contre-mur doit avoir au moins 8 pouces d'épaisseur, s'étendre en longueur et en hauteur autant que la masse du fumier et avoir 2 pieds de fondation.

Les mêmes précautions doivent être prises pour amas de toutes autres matières corrosives.

Pour faire passer de l'eau par un aqueduc le long d'un mur mitoyen, il faut faire un contre-mur d'une épaisseur suffisante pour que l'eau ne puisse pas pénétrer jusqu'à ce mur.

Pour faire couler de l'eau à la superficie le long d'un mur mitoyen, il faut le garantir par un revers de pavé bien cimenté.

Les personnes qui ont droit à un passage à voitures doivent placer des bornes pour garantir les murs voisins; si ce passage est trop étroit pour y placer des bornes, on garantit les murs voisins au moyen de bandes de fer placées à la hauteur des essieux.

6° *Objets divers.*

« Pour jetter terres contre-mur mitoyen ou autre, doit faire contre-mur d'épaisseur suffisante pour garantir ce mur. » Clermont, art. 223.

« Si on a terrassé contre le mur du voisin, il faut faire contre-mur. » Lorraine, tit. 14, art. 11

« Le voisin qui a de son côté la terre de son héritage plus haute que l'héritage du voisin, est tenu d'avoir de son côté contre-mur de la hauteur de ses terres pour les retenir. » Cambrai, tit. 18, art. 5.

D'après Desgodets, l'épaisseur du contre-mur doit être prise sur le terrain de celui qui est tenu de l'établir. Cette construction doit régner en longueur et en hauteur dans toute l'étendue des terres supérieures qu'elle est destinée à retenir (il est entendu que ces travaux sont aux frais du propriétaire du terrain supérieur). Toujours suivant Desgodets, l'épaisseur du contre-mur doit être de 6 pouces lorsque les terres supérieures ne sont élevées que de un pied ; si la hauteur est plus considérable, jusqu'à 3 pieds, l'épaisseur est de 12 pouces; on augmente ensuite l'épaisseur en partant du bas, à raison de 2 pouces par chaque pied qui excède en hauteur les trois premiers pieds. Desgodets

Calais, art. 158.

« Qui veut faire labourer terrain contre le mur d'autrui, doit faire » contre-mur d'un demi-pied d'épaisseur, et s'il a terres jectisses, un » pied d'épaisseur. »

Clermont, Art. 222.

« Qui veut faire labourer un terrain, qui joint un mur mitoyen ou autre, » doit faire contre-mur d'épaisseur suffisante pour garantir le fondement » de ce mur. »

Paris, Art. 192.

« Celui qui a place, jardin ou autre lieu vide, qui joint immédiatement » au mur d'autrui ou à mur mitoyen et y veut faire labourer et fumer, il » est tenu de faire contre-mur de demi-pied d'épaisseur, et s'il y a terres » jectisses, il est tenu de faire contre-mur d'un pied d'épaisseur. »

Desgodets.

Néanmoins, il était admis qu'on pouvait éviter la construction de ce contre-mur en laissant un espace de trois pieds de terre ferme le long du mur mitoyen ou à autrui, sans le labourer ou remuer à la bêche ou autres instruments aratoires.

Répertoire de jurisp. t. 15 p. 430.

On n'exige pas non plus de contre-murs dans les petits jardins, les propriétaires s'en déchargent réciproquement ; à moins qu'on ne veuille planter des espaliers le long des murs; et encore si leurs racines dégradaient les murs, les propriétaires des arbres n'en seraient pas moins tenus de réparer le dommage.

Si on rapporte des terres de l'autre côté d'un mur mitoyen ou à autrui, pour mettre le sol à la même hauteur que le terrain naturel, il ne faut de contre-mur qu'autant que les terres rapportées sont remuées pour la culture. Si les terres rapportées sont plus élevées que le terrain de l'autre côte du mur, il faut contre-mur sur un fond solide avec l'épaisseur indiquée par Desgodets, à la page qui précède.

Quand le mur de séparation sert à porter un édifice avec des caves au-dessous et que le voisin de l'autre côté a des terres rapportées plus élevées que l'ancien terrain, le propriétaire des édifices doit soutenir le terrain de son voisin au-dessous du terrain solide. Le propriétaire des terres rapportées ne doit soutenir que depuis le fond solide. Il n'est même pas d'usage de faire contre-murs le long des caves, parce que les terres sont suffisamment soutenues par le butement des voûtes, à moins que ces terres n'occasionnent de l'humidité ; dans ce cas, le contre-mur doit être d'épaisseur suffisante pour empêcher cette humidité.

Arrêts du 27 août 1639 et 30 avril 1644

Si on élève des rues et que les propriétaires, pour se mettre au niveau, emploient chez eux des terres rapportées, ils doivent faire des contre-murs pour conserver les murs de séparation et les préserver d'humidité.

TITRE VI.

Des servitudes, du tour de l'échelle et de l'égout des toits.

SECTION Ire.

Des servitudes et du tour de l'échelle.

Parmi les servitudes telles qu'égoûts des toits, tours d'échelles, écoulements d'eaux provenant des fonds voisins; les unes ont pour origine la destination du père de famille, ou des conventions souscrites entre les parties; d'autres (les passages d'eau) peuvent résulter de la règle générale (art. 640 c. c.) que les fonds inférieurs doivent recevoir les eaux qui découlent des terrains supérieurs.

La destination du père de famille qui, aux termes des articles 692 et 693 du code civil vaut titre à l'égard des servitudes continues et apparentes, lorsqu'il est prouvé que les deux fonds contigus ont appartenu au même propriétaire et que c'est par lui que les choses ont été mises dans l'état duquel résulte la servitude, cette destination, dis-je, n'était pas admise sous l'ancienne jurisprudence par toutes les coutumes; cette non similitude des coutumes doit embarrasser les experts, ainsi que les tribunaux qui ont à se prononcer sur les difficultés qui naissent à l'égard des servitudes d'existence ancienne sans titres à l'appui. Pour faciliter la solution de ces difficultés, j'ai recherché dans un grand nombre de coutumes et je donne ci-après les dispositions qui traitent de cette matière. Ces dispositions se divisent en trois catégories.

Première catégorie :

« Quand un père de famille met hors ses mains partie de sa maison, il » doit spécialement déclarer quelles servitudes il retient sur l'héritage qu'il » met hors ses mains, ou quelles il constitue sur le sien; et les faut nommément et spécialement déclarer, tant pour l'endroit, grandeur, hauteur, » mesure, qu'espèce de servitude, autrement toute constitution générale » de servitudes, sans les déclarer comme dessus, ne valent; Paris, Art. 215.

» La destination du père de famille vaut titre, quand elle est ou a été » par écrit et non autrement; Paris, 216. Orléans, 227. Calais, 201.

Cette catégorie n'admet la destination du père de famille que par titre et stipulation spéciale.

Deuxième catégorie :

Lodunois, ch. 21. art. 1er Normandie, art. 607. Touraine, 212

Les trois coutumes ci-contre admettent la destination du père de famille sans preuves écrites, mais seulement en cas de partage et notamment pour les vues et les égouts.

Troisième catégorie :

Dourdem, 72. Étampes, 73. Melun, 189. Montfort, 84. Rheims, 350. Sédan, 3 79,

Les coutumes de Dourdan, Étampes, Melun, Monfort-Lamaurie, Rheims et Sedan admettent la destination du père de famille dans tous les cas, sans exiger de preuves écrites.

Prescriptions :

St-Omer, (ville) art. 30.

Suivant les coutumes d'Aire et de St-Omer « les servitudes se peuvent » acquérir soit par titre, soit par possession suffisante à prescription ; et » se perdent et s'éteignent de même : et quant à l'usage desdites servi- » tudes, on se conforme aux us et coutumes de la prévôté et vicomté de » Paris. »

Aire, baill. art. 18

L'article 18 de la coutume du bailliage d'Aire, est en tout conforme à l'article qui précède.

Les coutumes de Calais et de Clermont n'admettent de prescriptions en aucun cas.

Calais, 172.

« Vues, égouts ou autres servitudes ne peuvent s'acquérir par pres- » cription, même centenaire.

Clermont, 216

L'article 216 de la coutume de Clermont est conçu dans les mêmes termes.

La jurisprudence ancienne atteste qu'en dehors du ressort des diverses coutumes contenant des dispositions relatives à ces diverses servitudes, on s'en rapportait généralement à la coutume de Paris.

Tour d'échelle.

Le tour d'échelle qui est rangé dans la classe des servitudes discontinues et non apparentes, n'existait pas sans titre. Suivant une règle du droit ancien, celui qui, construisant un mur, voulait laisser entre son mur et le terrain voisin, un espace pour le tour de l'échelle, devait le signifier au propriétaire voisin, prendre alignement avec lui et en dresser un acte pour conserver ses droits ultérieurs. Ces précautions, dont il est inutile de faire ressortir l'utilité, devraient encore être prises maintenant.

La coutume de Rheims fait exception au droit commun. L'article 378 porte : « S'il est besoin de recouvrir un toît et la goutte tombe sur son » voisin, tel voisin est tenu de bailler place pour dresser les échelles et ne » pourra l'empêcher. »

Un acte de notoriété du Châtelet de Paris, délivré le 23 août 1701, donne au tour de l'échelle trois pieds à compter du pied du mur en faveur duquel il est établi.

Clément, en son *Essai sur les usages locaux*, dit que dans les campagnes de l'Artois le tour d'échelle est de cinq pieds.

SECTION II.

Égout des toits.

Art. 681 du code civil. *Tout propriétaire doit établir ses toits de manière que les eaux pluviales s'écoulent sur son terrain ou sur la voie publique; il ne peut les verser sur le fonds de son voisin.*

Cet article ne renvoie pas, il est vrai, aux anciens règlements et usages locaux, néanmoins pour le pratiquer, il est indispensable que les experts chargés par les tribunaux de visiter les lieux en cas de contestation, aient connaissance des précautions qui étaient, sous l'ancien régime, exigées pour que les eaux des toits ne tombassent pas sur les héritages contigus et ne pussent nuire aux voisins...

L'étude de ces anciens règlements et des usages locaux est aussi très utile pour apprécier l'espace, nommé vulgairement rejet, laissé entre les fonds voisins et les bâtiments qui devaient verser leurs eaux de ce côté, car il arrive souvent qu'à la suite de la démolition d'un vieux bâtiment, il y a contestation sur la quantité de terrain à reprendre ; à ce sujet, il est bon de faire remarquer que dans toutes les localités où la destination de père de famille ne se présumait pas et où la prescription, en pareils cas, n'était pas admise, il y avait présomption légale que les possesseurs de ces bâtiments ou leurs auteurs auteurs avaient dû laisser, en les construisant, le rejet voulu par l'usage des lieux. Cette opinion que j'avance ici est partagée par Clément, p. 104, qui cite un arrêt de la Cour de Douai du 28 août 1841, consacrant cette maxime.

Il résulte du même raisonnement une distinction à admettre dans les lieux régis par les coutumes des deux dernières catégories indiquées dans la section qui précède.

Voici le texte des différentes coutumes sur cette matière :

Hesdin, baill. art. 47. « Quiconque veut édifier et asseoir maison sur flégard, peut le faire au » rez de ses bornes et limites, sans de son tènement délaisser aucune » chose du lez dudit flégard s'il ne lui plaît.

Art. 48. « Mais en maisons ou autres amazements qui se font et édifient de » pan les unes contre les autres et entre parties, l'on doit laisser pour dé- » goustière en couverture d'estrain, 2 pieds 1/2, et en couverture de » thuille, pied et demy. »

Hesdin, ville, art. 17. « Quiconque veut édifier maisons et les mettre de pan les unes contre » les autres, doit laisser pour dégoustière en couverture de tuile, un » pied portant onze pouces, à l'encontre du tènement de son voisin.

Art. 18. » Et si entre lesdits tènements y a un nocq servant à recevoir les eaux » procédantes, tant d'un côté que de l'autre, ledit nocq se doit entre- » tenir à communs despens, par ceux à qui les maisons appartiennent. »

Boulenois, 1550, art. 167 « Si aucuns veut asseoir maison à l'encontre des chemins ou flégards, » il doit asseoir auprès deux bornes, et autres maisons étant l'une contre » l'autre, il doit laisser gouttière de 2 pieds et demi à couverture d'estrain » et un pied et demi à couverture de tuile. » (Par goutière, on entendait probablement rejet).

A Marquenterre-sur-la-Mer (en Ponthieu) :

Marquenterre. « Si aucun veut édifier sur son tènement une paroie ou autre édifice, il » faut qu'il laisse en dehors de son édifice si grand espace de sa terre que » les eaux de sa maison ou édifice puissent dégoutter sur son héritage, » sans qu'il porte aucun préjudice à son voisin »

Lagorgue, art. 57, rub. 6 « Qui veut bâtir ne peut poser son mur ou paroie plus près de celui de » son voisin que de 22 pouces, tellement que chacun a 11 pouces pour » sa gouttière quant aux toits de tuiles et au double pour ceux de paille.

» Mais s'il fait un mur ou paroie droit, ou qu'il mette une nocquière » sans dégoutière, le pourra faire à 11 pouces. »

Metz, tit. 13, art. 1er. « Tout propriétaire peut bâtir dessus son terrain et élever son bâtiment » aussi haut qu'il lui plait, en laissant à son voisin le tour du ventillon s'il » y a bâtiment joignant. »

Bergh-Saint-Winoc, rubr. 15, art. 6. « Aucun construisant contre l'héritage voisin un mur sur lequel il vou- » drait bâtir dans la suite avec escailles et tuiles, doit laisser un demi- » pied entre deux (pied de 12 pouces). »

« Les goutières qui tombent du toit d'escailles ou de tuiles prouvent » que le propriétaire a un demi-pied d'héritage en dehors de ses murs ; » un pied si c'est un toit de paille (pied de 12 pouces). » art. 12.

« Chacun est tenu de faire conduire ses eaux sur son terrain, sauf titre » contraire. » Art. 18.

« Personne ne peut faire goutière, issues d'eau, au travers l'héritage » de son voisin, ni faire aucuns toits par lequel l'eau peut tomber, au grief » des voisins, à moins de convention spéciale. » Lagorgue, rub. 6, art. 50.

« Un propriétaire qui a droit d'issue d'eau en l'héritage de son voisin, » doit placer une grille de fer ayant ouverture de l'épaisseur de 3 pièces » de patagons d'argent, pour empêcher les ordures de passer. » Douai, ch. 12 art. 5. Orchies, ch. 10.

« Si sur l'héritage et charpentage d'une maison, il y a une nocquière » portant les eaux du comble du voisin et qu'il veuille le souffrir, le voi- » sin est tenu de payer les deux tiers de la coutance de cette nocquière. » Douai, ch. 12, art. 8.

« Quiconque a un égoût sur son voisin doit y mettre un treillis en » fer. » Berg-St-Winoc rub. 15 art. 19

« En faisant un simple mur avec le chaume, il doit laisser espace pour » que les pierres débordant ne s'étendent pas sous l'héritage du voisin. » Art. 7.

Pour connaître la coutume faisant loi et devant être suivie dans un lieu quelconque, en ce qui a rapport aux rejets des bâtiments et aux égoûts des toits, il suffit de se reporter aux règles et renseignements qui ont été donnés sur les ressorts des diverses coutumes de l'Artois, des Flandres flamande et gallicane, du Hainaut et du Cambrésis au § 2, section IV du titre IV ci-dessus.

Il a été, en outre, recueilli des renseignements utiles par les enquêtes administratives que j'ai déjà eu occasion de citer, et que je crois devoir reproduire.

Dans le Pas-de-Calais :

Un mur non-mitoyen, ayant deux égouts à son chaperon, doit avoir 7 pouces de rejet. Clément, page 105.

Les murets en terre, couverts en paille, 7 pouces.

Les pignons soutenant les ailes d'un toit en chaume, 7 pouces, et 14 pouces s'il y a des fascines.

Pour placer des ancres faisant saillie, 2 pouces.

Dans le canton de Cambrin et communes voisines, le rejet est de 12 pouces pour les toits en chaume, et de 6 pouces pour les toits en dur.

Dans le département du Nord :

Enq. d. N. du 25 juin 1856. Arrondissement de Douai : Pour toiture en chaume, rejet de 2 pieds 1/2 de 11 pouces; pour ceux en dur, 1 pied 1/2.

Canton de Marchiennes : Pour toits en chaume, mêmes distances que dans l'arrondissement de Douai, réduites à 9 pouces pour les toits en tuiles et en ardoises.

Arrondissement de Valenciennes : Lorsque l'égout du toit s'effectue sans gouttières, il est d'usage de considérer le terrain comme dépendant du bâtiment à 18 pouces, à partir de la muraille.

Arrondissement de Cambrai : Pour les toits en chaume, un rejet de 18 pouces ; pour ceux en pannes, tuiles ou ardoises, 12 pouces.

Canton de Solesme : Pour toits en chaume, pied et demi d'Artois; pour les autres, demi-pied.

TITRE VII.

Louage des choses.

SECTION Ire.

Congés.

Art. 1736, 1744, 1745, 1748 et 1762.

Le Code civil renvoie aux délais fixés par l'usage des lieux pour donner congé : 1° lorsque le bail a été fait sans écrit; 2° pour fixer l'indemnité à payer au locataire d'une maison, appartement et boutique, lorsqu'il a été convenu par le bail, qu'en cas de vente l'acquéreur pourrait l'expulser en le prévenant de son intention d'user de cette faculté ; et 3° lorsqu'il a été convenu dans le contrat de louage que le bailleur pourrait venir occuper la maison louée.

La plupart des coutumes sont muettes sur ce sujet; néanmoins, quelques-unes ont indiqué ces délais. En voici les textes :

St-Omer, ville, banlieue, échevinage, art. 24

« Les locataires sans baux à loyer ou avec baux à loyer, sans termes » préfix, de maisons, granges et héritages situés en la ville de St-Omer et » ses faubourgs, ou d'héritages amazés sans terres à labour, ou autres » maisons et héritages situés en la banlieue, s'ils veulent se désister de leur » occupation, sont tenus le dénoncer au bailleur en dedans la veille de la » nativité de St-Jean-Baptiste ou de la fête de Noël échéant en la dernière » demi-année ; et pareillement si le bailleur ne veut que le louage dure » plus longtemps, il doit dénoncer au locataire dans les mêmes termes, » sinon ledit louage se continuera entre eux pour le même temps qu'au- » paravant, si ledit temps est en dessous un an, sinon pour l'année » entière. »

Aire, ville, banlieue, Art. 17.

« Par us et coutumes de cette ville, l'entrée en jouissance des maisons » à titre de loyer est au jour de Noël et au jour de St-Jean-Baptiste. » (24 juin).

Art. 18.

« Par mêmes us et coutume, le locataire sans bail ou avec bail sans » terme préfix, ne peut quitter la maison qu'il tient à loyer qu'en avertis- » sant le propriétaire ou principal locataire, savoir : six mois pour un prin- » cipal locataire, et trois mois pour un locataire de portion de maison, » avant lesdits jours de Noël et de St-Jean-Baptiste ; et pareillement ne

» peut, le propriétaire ou principal locataire, donner congé qu'en avertis-
» sant dans les mêmes termes de trois mois ou de six mois, avant lesdits
» jours de Noël et de St-Jean-Baptiste. »

Art. 19. « Par mêmes us et coutume, dans la banlieue, les fermiers ou locataires
» de maison, héritages ou terres en auront la jouissance, savoir : des terres
» et héritages sujets à labour, après la dépouille levée, et des maisons et
» manoirs à la mi-mars en suivant ; et ne pourra, le propriétaire desdites
» maisons et héritages ou terres, ni locataire ou fermier sans bail ou avec
» bail sans terme préfix, expulser le locataire ou abandonner le loyer sans
» s'avertir l'un l'autre six mois auparavant les termes ci-dessus. »

Cambrai, tit. 19, art. 1er « Qui tient maison à louage, sans terre ou avec, après que le terme
» est expiré, n'est tenu de vuider s'il ne lui est pas fait commandement
» par justice trois mois auparavant. »

Art. 2. « Il ne peut vuider sans le consentement du locataire, s'il ne lui a dé-
» noncé, présents témoins, trois mois auparavant, à peine de payer le pro-
» chain terme de trois mois en suivant. »

Lille, salle, bailliage, ch. 16, art. 1er. Lille, ville, banlieue, c. 15, art. 9.

Les articles cités ci-contre des coutumes de la salle et bailliage de Lille, de la ville et banlieue de Lille, donnaient aux propriétaires jusqu'à la Chandeleur pour sommer le fermier qui avait, depuis l'expiration du bail, labouré et ensemencé, de cesser son exploitation, à la charge néanmoins de lui offrir le remboursement des labours et semences.

La coutume de Saint-Flour veut que le congé soit donné six mois avant l'expiration du bail, et celle d'Auxerre quinze jours auparavant.

Paillet, en ses notes sur l'article 1,736 du code civil, enseigne qu'à Lyon et dans la majeure partie des grandes villes de France, l'usage est de donner congé au demi-terme avant la sortie.

Qu'à Paris : pour les locations de la valeur de 400 fr. inclus et en-dessous, il faut six semaines d'intervalle entre le jour du congé et celui de la sortie, outre huit jours de grâce pleins accordés pour faire les réparations locatives et déménagements.

Pour les locations au-dessus de 400 francs, il faut trois mois d'intervalle, pleins, entre le congé et la sortie.

Pour la location d'une maison entière, d'un corps de logis entier, d'une boutique, d'un logement d'instituteur ou d'un commissaire de police et d'un moulin, il faut six mois d'intervalle plein.

Pour ces deux dernières espèces de location, il y a quinze jours de grâce pleins pour les réparations locatives et le déménagement.

A défaut de coutumes écrites, on doit, d'après les règles qui ont été indiquées dans le cours de cet ouvrage, supposer que les usages enseignés dans ces coutumes étaient pratiqués dans les localités voisines qui, quoique n'étant pas de leurs ressorts, avaient néanmoins affinité d'habitudes, de convenances et d'usages avec les lieux régis par ces coutumes; mais comme dans une matière qui présente tant de variétés, toutes les indications sont bonnes à recueillir, il me paraît utile de donner ici les renseignements contenus dans les enquêtes administratives des départements du Nord et du Pas-de-Calais.

Dans le Pas-de-Calais :

Cette enquête a fourni peu de renseignements sur les délais pour donner congé : il paraît constant, néanmoins, que les époques usitées d'entrée et de sortie, sauf les exceptions indiquées ci-devant, sont les quinze mars et premier octobre; quant aux délais pour donner congé, M. Clément, page 126, dit qu'à Arras et à St-Pol, un congé donné trois mois avant la sortie paraît suffire, il cite au surplus un document qui vaut mieux que des attestations; il résulterait d'un arrêt du tribunal civil de Boulogne, du 1er prairial an XIV, que :

1° Dans le ci-devant Boulenois, les délais de congé étaient de trois mois pour les locations de 100 fr. et au-dessous; de six mois, pour celles au-dessus de cent francs; de un an pour les fermes et habitations avec terres à labour;

2° Dans le Calaisis, les délais de congés étaient de six mois pour une maison ou deux tiers de maison; de trois mois pour un appartement, et même une boutique, si la location était pour un, deux ou trois ans; de deux mois, si la location était pour six mois; et d'un mois pour les locations en-dessous de six mois;

3° Que dans les localités qui composaient le bailliage d'Amiens, établi à Montreuil-sur-Mer, on devait suivre les délais ci-dessus déterminés pour le ci-devant Boulenois.

Dans le Nord :

A défaut des coutumes, dont une seule, celle de Cambrai, ci-dessus citée, possède une disposition sur cette matière, voici les indications recueillies en l'enquête de 1856.

Suivant l'usage de Douai, le délai des congés est de six mois, à partir de la St-Jean ou de Noël (Cour de Douai, 12 juin 1840). Clément, page 126.

A Lille, six mois avant la sortie; néanmoins, le tribunal de première Enq. d. N.

instance admet le délai de trois mois pour les locations à l'année; six semaines pour les locations de trois mois; quinze jours pour celles au mois.

Dans les autres localités :

Six mois pour les locations à l'année dans les cantons d'Arleux, Cassel, Hazebrouck, Dunkerque; et pour les maisons de commerce seulement, dans les cantons du Câteau, Bergues, Bailleul, Merville et Steenworde;

Trois mois pour les locations à l'année, à six mois ou à trois mois, dans les catnons du Câteau, de Clary, de Carnière, de Tourcoing et de Bourbourg-Campagne;

Trois mois pour les locations à l'année dans les cantons d'Avesnes, Bavai, Landrecies, Maubeuge, Le Quesnoy, Trélon, Arleux, Lille, Valenciennes, Marcoing, Seclin, La Bassée, Lannoy, Haubourdin, Werwick (sud), Bailleul, Dunkerque, Merville, Bergues, Steenworde, Hondschoote et Wormoudt;

Six semaines pour les locations à l'année dans les cantons de Bourbourg (ville), Cisoing, Quesnoy-sur-Deule, Bouchain, Pont-à-Marcq, Roubaix, Armentières, Lannoy-Campagne et Marchiennes;

Six semaines pour les locations de six mois, de trois mois, dans les cantons d'Armentières, de Seclin, Lannoy campagne, Le Quesnoy, et pour les locations de trois mois dans les cantons d'Avesnes, Arleux, Lille, Douai, Orchies, Roubaix et Dunkerque.

Pour les délais moindres de six semaines, voir ledit Recueil des usages du Nord du 25 juin 1856.

SECTION II.

Durée des baux sans écrits.

Art. 1757. *Le bail des meubles fournis pour garnir une maison entière, un corps de logis entier, une boutique ou tous autres appartements, est censé fait pour la durée ordinaire des baux de maisons, corps-de-logis, boutiques ou autres appartements, suivant l'usage des lieux.*

Art. 1758. *Le bail d'un appartement meublé est censé fait à l'année, quand il a été fait à tant par an;*

Au mois, quand il a été fait à tant par mois;

Au jour, s'il a été fait à tant par jour.

Si rien ne constate ces choses, la location est censée faite suivant l'usage des lieux.

Suivant l'article 24 de la coutume de St-Omer (ville), « les baux à loyer » sans termes préfix de maisons, granges et héritages, en la ville de » St-Omer et en ses faubourgs, ou héritages amazés sans terres à labour, » ou autres maisons et héritages situés en la banlieue, s'il n'y a eu congé » de part et d'autre, continuent pour l'année entière. St-Omer, ville, banlieue, échevinage, art. 24.

» S'il y avait un temps fixé, la location continue pour le même temps.»

Des termes de cet article, il résulte que la durée des locations de maison sans bail écrit, était année pour année.

Des termes de l'article 390 de la coutume de Rheims, on doit en tirer la même induction; pour la durée des baux de maisons, sans écrits, Rheims, Art. 390.

Il résulte également de la coutume de Bergh-St-Winoc, art. 9, rub. 7, que la durée de ces baux est d'une année pour les biens ruraux et des maisons en dehors de la ville, et de six mois pour les maisons dans la ville. Bergh, rub. 7, art., 9, 10.

La coutume de Lille (ville), banlieue et échevinage indiquent quatre termes de paiement pour les loyers de maison par-delà les quatre ponts, et deux termes en dedans lesdits quatre ponts, ce qui fait présumer que la durée des baux sans écrits serait de trois mois dans la première catégorie et de six mois dans la deuxième. Lille, ville, banlieue et échevinage, ch. 15, art. 3. Cambrai, art. 1er, art. 4, tit. 19.

Celle de Cambrai indique quatre termes d'où il résulterait une durée de trois mois pour les baux à loyer sans écrits.

En nous occupant de la durée des baux sans écrits, il me paraît logique d'indiquer en même temps les époques d'entrée en jouissance déterminées par les diverses coutumes, ainsi :

A St-Omer et à Aire, les entrées et sorties sont fixées à la Nativité de St-Jean-Baptiste et à la fête de Noël. St-Omer, ville, art. 24. Aire, ville, art. 17.

A Lille, par-delà les quatre ponts, à la St-Remy, à la fête de Noël, au jour de Pâques, à St-Pierre et St-Paul ; Lille, ville, ch. 15, art. 3.

En dedans les quatre ponts, à la fête de Noël, à St-Pierre et St-Paul ;

A Cambrai, à la fête de Noël, à l'Annonciation de la Vierge, à la Nativité de St-Jean-Baptiste et à la St-Remy (Le Câteau suit le même usage). Cambrai, tit. 19, art. 4.

A Rheims, l'année commence à la Nativité de St-Jean-Baptiste ; Rheims, art 390.

A Furnes, (nord) tit. ,33 art. 7. A Furnes, « tous fermiers doivent déloger au mois de mai, » ce qui indique suffisamment que l'entrée en jouissance a lieu à cette époque;

Bailleul rubr. 18 art. 7. A Bailleul, pour les terres à semer, à St-Bavon (St-Remy);

A la fête de Noël, pour les prés et pâturages;

Au 1er mai, pour les maisons et terres conjoints;

Bourbourg, rub. 16 art. 6. A la mi-mars, pour les maisons;

« Lorsqu'il n'y a pas de jour fixé par le bail pour le paiement, il est » entendu échoir au jour de St-Martin, pour les terres, et à chacune » demi-année pour les maisons dans la ville. »

Bergh-Saint-Winoc, rub. 7, art. 7. A Bergh, l'entrée et la sortie sont fixées à la mi-mars pour les maisons et pâturages, et pour les terres à labour semées de blé, à la St-Bavon (St-Remy);

art. 10. A l'égard des maisons dans la ville, au 1er avril et à St-Bavon (1er octobre), et au 1er avril pour les maisons en dehors.

Aux prescriptions légales qui précèdent, il convient d'ajouter les renseignements fournis par les enquêtes du Pas-de-Calais du 5 décembre 1855, et du département du Nord du 25 juin 1856, en ce qu'elles n'ont rien de contraire à ce qui est réglé par les coutumes écrites.

1° DÉPARTEMENT DU PAS-DE-CALAIS.

Durée des baux sans écrits.

Un an pour les maisons de ville, bourgs et villages, d'un loyer au-dessus de 100 fr.; six mois, si le loyer n'excède pas cette somme; trois mois pour appartements garnis; un mois pour une chambre.

Termes d'entrée et de sortie.

Ils sont indiqués au 15 mars et au 15 septembre. (Ce dernier jour n'est pas exact, car tous les baux fixent généralement le 1er octobre (St-Remy).

2° DÉPARTEMENT DU NORD.

Durée des baux sans écrits.

Un an dans la banlieue de Lille, canton de St-Amand, Avesnes, Landrecies, Le Quesnoy, Solre-le-Château, Bouchain, Gravelines, Bavai, Valenciennes, La Bassée, Roubaix, pour les maisons d'habitation.

Généralement les habitations d'ouvriers et les petits appartements sont au mois.

Entrée en jouissance.

Canton de St-Amand, St-Jean et Noël ;
Id. Roubaix, 1er octobre et 1er avril ;
Id. Bourbourg, Pâques et Saint-Michel.

SECTION III.

Tacite reconduction.

RÈGLES COMMUNES AUX BAUX DES MAISONS ET A CEUX DE BIENS RURAUX.

Art. 1736 C. c. *Si le bail a été fait sans écrit, l'une des parties ne pourra donner congé à l'autre, qu'en observant les délais fixés par l'usage des lieux.*

Art. 1737, 1738. *Le bail cesse de plein droit à l'expiration du terme fixé lorsqu'il a été fait par écrit, sans qu'il soit nécessaire de donner congé : néanmoins, si le preneur reste et est laissé en possession, il s'opère un nouveau bail dont l'effet est réglé par l'article relatif aux locations faites sans écrits. Mais lorsqu'il y a un congé signifié, le preneur, quoiqu'il ait continué sa jouissauce, ne peut invoquer la tacite reconduction.*

RÈGLES PARTICULIÈRES AUX BAUX DE MAISONS.

Art. 1759. C. c. *Si le locataire d'une maison ou d'un appartement continue sa jouissance après l'expiration du bail par écrit, sans opposition de la part du bailleur, il sera censé les occuper aux mêmes conditions, pour le terme fixé par l'usage des lieux et ne pourra plus en sortir ni en être expulsé qu'après un congé donné suivant le délai fixé par l'usage des lieux.*

RÈGLES PARTICULIÈRES AUX BAUX DE BIENS RURAUX.

Art. 1774, 1775, 1776 C. c. *Le bail des héritages ruraux, quoique fait sans écrit, cesse de plein droit à l'expiration du temps pour lequel il est censé fait. Néanmoins si, à l'expiration du bail, le preneur reste et est laissé en possession, il s'opère un nouveau bail qui suit la règle des baux sans écrits qui pose en principe que s'il s'agit d'un fonds rural, il dure le temps nécessaire pour recueillir tous les fruits,* savoir : *un an pour les fonds dont les fruits se recueillent en entier dans le courant de l'année, et autant d'années qu'il y a de soles pour les terres labourables qui se divisent par soles ou saisons.*

De la combinaison de ces diverses dispositions, il paraît incontestable que :

1° Si un bail de maison a été fait sans écrit, il faut nécessairement, pour éviter l'effet de la tacite reconduction, donner congé dans les délais d'usage, aux termes de l'article 1736 du code civil.

2° S'il y a un bail écrit pour la location d'une maison, il faut supposer que l'article 1739 doit s'entendre également pour les beaux de maisons réglés par l'article 1759, et que dans la pratique, il faut expliquer conjointement ces deux articles. Dans ces circonstances, il est prudent d'observer, dans la signification du congé, les délais fixés par l'usage des lieux afin de ne laisser au locataire aucun prétexte de prétendre à la tacite reconduction.

3° Pour les baux écrits de biens ruraux, la détermination du propriétaire de faire cesser le bail n'a pas besoin d'être formulée par un congé en forme, il lui suffit, dans ce cas, de manifester cette intention par un acte quelconque connu du fermier et qu'il ne puisse ignorer, tel qu'apposition d'affiches annonçant la vente ou la location de ces biens, des travaux faits dans les champs aussitôt après l'enlèvement des récoltes ou autres choses et faits analogues, assez évidents pour porter la conviction dans l'esprit du juge.

Toutefois, ce qui abonde ne nuit pas : un congé donné avant l'expiration du bail est le moyen le plus certain d'éviter toutes difficultés. Cet acte extra-judiciaire n'ayant pas d'autre but que de faire connaître au fermier la détermination du propriétaire, il n'y a aucun délai à observer, il suffit qu'il soit signifié avant le terme de sortie.

4° Les baux faits sans écrits cessent également de plein droit, mais ne dispensent pas le bailleur de donner congé; sans cette distinction, l'article 1775 était inutile. En effet, l'article 1737 dispense de donner congé, tandis que l'article 1775 est muet à cet égard. De cette différence de rédaction découle, en bonne logique, la nécessité de signifier congé, sans être tenu pour cela de se conformer aux délais prescrits par l'usage des lieux ; les fermiers n'ayant aucuns motifs sérieux pour exiger ces délais, puisque la loi dispose formellement que ces sortes de baux cessent de plein droit à l'expiration du temps pour lequel ils sont censés faits et que les fermiers ne peuvent invoquer la tacite reconduction qu'autant qu'ils restent et sont laissés en possession....

A cette opinion, on peut, il est vrai, opposer les termes de l'article 1736, compris dans la section des règles communes aux baux des maisons et des biens ruraux ; mais comme dans la section des règles particulières aux baux à loyer il n'y a pas de dispositions spéciales relatives aux locations sans écrits de maisons, tandis qu'il y en a une toute spéciale à la section des règles particulières aux baux sans écrits de biens ruraux, on doit en conclure que cet article 1736 a été particulièrement rédigé pour régler les baux de maisons; il n'y a aucune autre manière de le concilier avec l'article 1775. Cette interprétation coïncide parfaitement avec le procès-verbal de la discussion de l'article 1736 au Conseil d'État, de laquelle il résulte que c'est uniquement pour les baux de maisons qu'il a été proposé et adopté.

Le Code civil ayant suffisamment établi les effets de la tacite reconduction et les circonstances où elle peut être invoquée, en ce qui a rapport aux baux des biens ruraux, il ne reste à consulter les anciennes coutumes et usages des lieux que pour ce qui a trait aux baux à loyer (aux habitations). Voici sur ce sujet les textes des diverses coutumes qui traitent cette matière :

Les articles des coutumes d'Aire et de St-Omer qui contiennent des dispositions sur la tacite reconduction sont transcrits textuellement à la section Ire du présent titre. St-Omer. Aire,

« Les louages des maisons et héritages par delà les Quatre-Ponts se » payent à quatre termes à l'an, St-Remy, Noël, Pâques, St-Pierre et » St-Paul. Lille, ville, ch. 15, art 3.

» En dedans lesdits Quatre-Ponts à deux termes, Noël, St-Pierre et » St-Paul. »

« Si après l'expiration de la ferme, le fermier demeure en possession » sans qu'il lui ait été donné congé avant l'échéance de l'expiration, il » continuera l'année commencée au même prix et conditions de la ferme » précédente. » Lagorgue, rub. 9, art. 83

« A l'égard des maisons dans la ville, les locataires sont tenus à la fin » de leur louage, en étant sommés à cet effet au plus tard après le terme » de Pâques, le mardi d'après le Quasimodo et après le terme de St-Bavon, » en dedans les huit jours suivants... Mais n'étant pas sommés ils peuvent » continuer dans la jouissance desdites maisons dans les prix précédents » pour le temps d'une demi-année à l'égard des maisons dans la ville, et » d'un an pour les maisons situées en dehors. » Bergh-Saint-Winoc, rub. 7, art. 10.

« Les quatre termes ordinaires pour l'échéance des loyers sont les fêtes » de Noël, l'Annonciation de la Vierge, la Nativité de St-Jean-Baptiste et » la St-Remy (1er octobre). » Cambrai, t. 19, art. 4.

« Qui tient maison à louage sans terre ou avec, après que le terme est » passé, n'est tenu de vider les lieux, s'il ne lui est fait commandement » par justice trois mois auparavant. » Art. 1er.

Orléans, Art. 420.

« Il y a lieu à tacite reconduction lorsque le locataire est demeuré huit » jours depuis l'expiration du bail, sans que le locateur lui ait pendant la » huitaine signifié de déloger. »

Rheims, art. 390.

« Si un locataire a habité et tenu une maison jusqu'au jour de St-Jean-» Baptiste (auquel jour commence à Rheims l'an de louage de maison), et » que ledit locataire continue outre le jour de St-Pierre et St-Paul (29 juin) » qui est cinq jours après ledit St-Jean-Baptiste (24 juin), il est censé et » réputé avoir repris louage pour tout l'an qui est entamé, au même prix » que l'an précédent. »

Bourbonnois, ch. 13, a. 124.

Suivant l'article 124 de la coutume du Bourbonnois, la tacite reconduction résulte non-seulement de la continuation de jouissance depuis l'expiration du bail, mais de cela seul qu'aucune des parties n'avait dénoncé à l'autre, avant l'expiration, qu'elle n'entendait plus continuer la location; cette dénonciation peut se faire le dernier jour du terme.

La coutume de St-Flour exige que la dénonciation soit faite six mois avant l'expiration du bail.

Celle d'Auxerre, quinze jours auparavant.

A l'égard des localités des départements du Nord et du Pas-de-Calais, qui ne sont pas régies par les coutumes ci-dessus, d'après les règles posées en la section IV du titre IV ci-devant, il faut, pour se fixer sur les effets de la tacite reconduction se reporter à la section II du titre VII, qui traite de la durée des baux sans écrits.

SECTION IV.

Obligations du fermier pendant la jouissance et au moment de la sortie.

Les art. 1728 et 1777 du Code civil *obligent le fermier à cultiver en bon père de famille et à laisser lors de sa sortie, à son successeur, toutes les facilités convenables pour faire les travaux de culture de l'année suivante, d'après l'usage des lieux.*

Les dispositions de quelques coutumes ci-après transcrites, m'ont paru de nature à éclairer les magistrats qui auront à se prononcer sur les difficultés qui peuvent naître au sujet de l'application de ces dispositions du code civil :

Lille, salle, baill. banl. et châtellenie, ch. 16, art. 9, de la banl. ch. 16, a. 1er de la chât.

« Quand un censier a labouré et ensemencé après sa cense expirée, il » doit jouir trois ans en suivant, aux mêmes prix et conditions du bail » précédent, à moins qu'on ne lui ait signifié congé avant qu'il ait labouré » et ensemencé, ou après les avoir ensemencé en dedans le jour et fête de

» la Chandeleur précédant la dépouille, en offrant audit censier de le rem- » bourser des frais de labours, fers et de semences. » *(Cet article n'est donné qu'à titre de renseignements, ayant été abrogé par l'article* 1737 *du code civil).*

« Un censier à bail de neuf ans, a droit en chacune roye de terre à » trois dépouilles de blé, trois dépouilles d'avoines et trois ghesquières. Art. 5.

» Un censier peut couper haies fesant clôture, à bouche d'homme, et » épincer bois montants à six ans, hallots à tête à trois ans et couper bois » à pied à six ans; le tout en temps convenable. » Art. 6.

« Tous fermiers doivent déloger au mois de mai, le fermier qui doit » entrer peut labourer auparavant s'il est nécessaire. Furnes, t. 33, art. 7.

» On entend par ré-août, une nouvelle récolte de mars, de froment et » d'orge. Art. 11.

» Tous fermiers, à la fin des baux, doivent abandonner par expertise, » avant la mi-mars, le surplus du taillis qui est trouvé au-dessus du prix » qui y est mis. *(Ceci fait présumer une estimation faite à l'entrée en jouissance).* Art. 23.

« Ils doivent également offrir, à dire d'experts, tous les bois durs ou » tendres par eux plantés durant leur bail. Si le propriétaire refuse, les » fermiers les enlèvent (1). Art. 24.

» On ne peut mettre pâturer en marais comme en l'avenant de son oc- » cupation, une vache sur une mesure, une genisse sur une demi-mesure. art. 28.

» Les entrées en jouissance et expiration des baux pour les terres à » semer, a lieu à St-Bavon (St-Remy), et pour les prés et pâturages, à » Noël. Pour les maisons et terres conjoints, au 1er mai. Pour les mai- » sons à mi-mars. Bailleul rub. 18, a. 7.

» Lorsqu'il n'y a pas de jour fixé par le bail pour le paiement, il est » entendu écheoir au jour de St-Martin pour les terres et à chacune » demi-année pour les maisons dans la ville. Bourbourg, rub. 16, art. 8.

» Les fermiers ne peuvent, à la dernière récolte, jouir des prairies plus » longtemps que jusqu'au 1er janvier exclusivement. Le propriétaire ou » fermier qui succède peut, après ledit jour, en faire son profit, et con- » cernant les terres à semer lorsque les fruits sont enlevés. Art. 9.

(1). Les arbres plantés par un fermier sur l'héritage qu'il a pris à ferme n'appartiennent pas au propriétaire, à moins qu'il ne veuille en payer la valeur au fermier. (Arrêt du Parlement de Bretagne du 17 octobre 1575).

tit. 10. « Si le fermier rompait prairies sans le consentement du maître, il se» rait privé du bail et payerait double loyer, et si c'était à la dernière » année du bail, il payerait trois fois autant que porte le bail de la terre » rompue.

Bergh-Saint-Winoc, rub. 7, art. 7. « Tous fermiers à fin de baux doivent vider les lieux, savoir : à la mi» mars pour les maisons et pâturages, et pour les terres à labour semées » de blé à la St-Bavon (1er octobre), après le dernier août de leurs baux, » et des autres aussitôt que les fruits en sont ôtés, en étant judiciairement » sommés.

Art. 8. « Si un fermier restait malgré cette défense, il en payerait double » loyer.

Art. 9. « En cas où il ne lui serait pas fait de défense et que le propriétaire » garde le silence, la ferme précédente est sous-entendue tacitement con» tinuée pour un an sur le prix du bail. »

(*Ces trois articles sont donnés comme renseignements*).

art 17. « Les échéances sont :

» Pour les baux à ferme et rentes foncières, à la St-Martin ; pour les » maisons dans le plat pays et juridiction, à la mi-mars.

» Mais dans l'enclos de la ville de Bergh, à Pâques et à la St-Bavon, » sauf stipulation contraire.

art. 29. « Les fumiers faits à la cense doivent être employés aux terres de cette » cense.

art. 30. « Le fermier sortant doit laisser le fumier fait dans les deux dernières » années, étant récompensé à dire d'experts.

Hondschoote, rub. 11, art. 3. « Personne n'a la faculté de semer plus du tiers des terres qu'il a à » ferme.

Art. 6. « A la fin du bail on doit sortir, savoir : des maisons aux champs, au » mois de mai ; des maisons sur la chaussée et des prairies, à la mi-mars.

« Bien entendu que le fermier qui doit sortir demeurera en la jouissance » des vergers clos jusqu'à mai et des labours semés de froment jusqu'à » St-Bavon ou St-Remy précédent..., et des autres aussitôt après que les » fruits auront été enlevés.

Cambrai, tit. 19, art. 5. « Les fumiers d'une cense doivent être employés à fumer les terres de » ladite cense et ne doivent être transportés autre part.

« Laboureur ayant champs de blé l'un contre l'autre est tenu, en la » moisson, de les séparer d'avec leurs voisins, pour éviter toutes que- » relles. » Péronne, Mondidier, Troye, art. 12.

Un grand nombre de coutumes et règlements font défense de faire paître bêtes à laines et pourceaux dans les pâturages. Amiens, art. 10. Artois, a. 56, et autres

Les diverses dispositions qui précèdent peuvent servir de règle pour les localités dont les coutumes sont muettes sur ces matières. Ainsi :

De l'article 5 de la coutume de Lille qui détermine le droit qu'a le fermier d'enlever trois dépouilles de blé, trois dépouilles de mars et trois Ghesquière en chacune roye, découle légalement ; dans les pays à tierces soles, le droit d'enlever après l'expiration du bail soit une dépouille de blé, soit une dépouille de mars, suivant qu'il a été privé à son entrée en jouissance soit d'une dépouille de blé, soit d'une dépouille de mars.

Les prescriptions de l'article 6 de la même coutume doivent également être suivies dans les lieux où il n'y a pas de coutumes locales à cet égard.

Les articles 23 et 24 de la coutume de Furnes sont encore de nature à être généralement observés.

L'article 28 de la coutume de Furnes, les articles 29 et 30 de celle de Bergues, l'article 10 de Bourbourg, l'article 3 de celle d'Hondschoote, et la coutume de Cambrai, enseignent, sur des faits déterminés, la pratique des principes posés en l'article 1728 du Code civil, qui exige que le fermier cultive en bon père de famille.

Les indications d'entrée et de sortie peuvent très facilement servir de règle dans les lieux dont les coutumes et le sol ont analogie avec les lieux où ces coutumes existent.

La sagesse des dispositions que contiennent ces diverses coutumes ne laisse aucun doute sur les connaissances pratiques des hommes, parfaitement au fait de la culture du pays, qui les ont rédigées. Elles protègent d'ailleurs si bien les besoins de l'agriculture, qu'elles continuent à être observées dans les provinces qui composent les départements du Nord et du Pas-de-Calais, ainsi que cela est constaté par les deux enquêtes administratives citées ci-devant.

SECTION V.

Réparations locatives.

Art. 1754 C. c. *Les réparations locatives ou de menu entretien sont celles désignées comme telles par l'usage des lieux, et entre autres celles à faire aux âtres, contre-cœurs, chambranles et tablettes de cheminées; — au récrépissement du bas des murailles des appartements et autres lieux d'habitation, à la hauteur d'un mètre; — aux pavés et carreaux des chambres, lorsqu'il y en a seulement quelques-uns de cassés, aux vitres, à moins qu'elles ne soient cassées par la grêle ou autres accidents extraordinaires et de force majeure; — aux portes, croisées, planches de cloison ou de fermeture de boutique, gonds, targettes et serrures.*

Art. 1755 C. c. *Aucune de ces réparations n'est à la charge du locataire, lorsqu'elles sont occasionnées par vétusté ou par force majeure.*

L'art. 1756 laisse le curement des puits et celui des fosses d'aisances à la charge du bailleur.

Bergh-Saint-Winoc, rub. 8, a. 22. Peu de coutumes contiennent des dispositions sur les réparations locatives; néanmoins, la coutume de Bergh-St-Winoc porte que « le fermier » doit entretenir aire de plancher, de pieux et de renduits depuis la gou- » tière d'en bas à leur charge, pourvu qu'à leur entrée il leur ait été livré » en réfection convenable... Le ramonage des cheminées et les vidanges des » lieux restent à la charge du propriétaire. » Il en est de même dans la ville d'Hondschoote.

Paris, art. 229. « Les enduits et crépis de maçonnerie faits à vieux murs se toisent à » raison de six toises pour une toise de gros mur. »

L'énumération des objets qui doivent être réparés par les occupeurs est trop étendue pour être admise dans la rédaction d'un Code comme celui qui nous régit; il faut, dans de telles circonstances, s'en rapporter aux usages locaux. Je donne ci-après la plupart des réparations qui sont généralement reconnues comme étant à la charge du locataire, savoir :

Desgodets. Au parquet, lorsque les panneaux ou battants sont cassés par violence, les pavés des grandes cours et des remises quand il s'y trouve quelques pavés hors de place; dans les écuries, les propriétaires doivent s'attendre à des détériorations provenant du piétinement des chevaux, elles restent donc à leur charge ; dans les petites cours où il n'entre pas de voitures, l'occupeur doit remplacer les pavés qui sont cassés et ceux qui manquent. Lorsque les vitres tiennent à des panneaux de plomb, la réparation du plomb reste à la charge du propriétaire ; à l'égard des verges de fer qui soutiennent les panneaux de plomb, le locataire est tenu de les remplacer si elles manquent. Le locataire est responsable des glaces qui garnissent la maison. Les contrevents, volets, chambranles de portes, embrâsures de cheminée, lambris et autres menuiseries, sont à la charge du locataire, si elles sont endommagées par sa faute. Le locataire doit remplacer en entier les planches soit d'une porte, cloison, etc., s'il a fait percer un trou de chatière ou autre.

Dans les écuries, l'entretien des aires, mangeoires, des rateliers, piliers et barres séparant les chevaux, le ramonage des cheminées, le carreau des fourneaux, il doit remplacer les réchauds potagers quand ils sont cassés et leurs grilles quand elles sont brûlées; l'aire du four et la voûte de briques qui le couvre, les pierres à laver lorsqu'elles sont écornées ou cassées de son fait; la réparation des grilles à l'orifice des tuyaux; les poulies des puits et les mains de fer; les poulies des greniers; dans les jardins, l'entretien des arbres, arbrisseaux qui doivent être rendus en même espèce et en même nombre, les vases de faïence ou de fer, les caisses et les bancs de bois, aux pistons des pompes et au balancier.

Les lits, les bancs des écuries, ainsi que les établis, crochets et autres objets qui reçoivent les harnais, les perchoirs des poulaillers, échelles tournantes des colombiers, les aires des granges, les parquets destinés au battage de certaines graines, les chantiers des caves et selliers lorsqu'ils sont emmanchés, les greniers aux foins et fourrages, les pétrins, pelles, fourgons et autres ustensiles de boulangerie, les crépis des murs intérieurs des remises, hangards et bûchers. Enq. d. Pas-de-Calais.

Le couronnement des toits en paille, le balayage des cheminées et des fours, le faîte et le plâtrage des paillotis, l'entretien de la toiture en chaume. Enq. d. N.

En règle générale, le locataire ou le fermier doit la réparation des dommages quels qu'ils soient qui proviennent de sa faute et qui ne sont pas le résultat immédiat et prévu de sa jouissance.

MOULINS A VENT ET A EAU.

Art. 519 C. c. *Les moulins à vent ou à eau, fixés sur piliers et faisant partie du bâtiment, sont immeubles par leur nature.*

Art. 145 de la coutume d'Artois : *La croisée, estache, arbre, gayothe et le gisant d'un moulin à vent sont réputes héritage, et le demeurant meubles... Et le moulin à eau, la maison et beffroy, le gisant et le tayère sont réputés héritage et le demeurant meuble.*

Réparations locatives.

L'usage est de faire dresser, avant l'entrée en jouissance, un état des lieux avec estimation des objets nécessaires à l'exploitation du moulin; pa- Desgodets.

reille opération a lieu à la fin du bail; le propriétaire et le locataire se paient réciproquement la différence qui existe entre l'une et l'autre de ces estimations, et il est d'usage que tous les objets qui n'ont pas été estimés, sont à la charge du propriétaire. Voici les objets qui doivent être estimés :

MOULINS A EAU.

1° Les palées de ces moulins, qui se composent d'une rangée de pieux enfoncés les uns après les autres et derrière lesquels sont attachés des planches, ainsi que les palis (espace entouré de palées) formant des espèces de coffres que l'on remplit de pierres pour serrer le canal de l'eau et en activer la rapidité;

2° Les réparations aux vannes;

3° Les tournants et travaillants du moulin qui se composent : 1° de l'arbre gisant et ses accessoires; du rouet avec ses embrasures, bosses, parements, chaussures des chevilles et autres accessoires; 2° de la volée, garnie de ses petits bras et autres accessoires; 3° l'arbre qui est debout avec sa potence et ses frettes, sa souche garnie de sa palette, de ses pars, contre-fiches, embraiements, coins et fermetures; ce même arbre a pour accessoires, un boutteau avec crettes en fer, une chaussure de fuseaux, des moires, un noyau et sa frette, un hérisson de bois d'orme et ses courbes, embrasure et chaussure de chevilles, une chaise et un palier avec son pars, sa palette, son noyau, ses coins et fermetures;

4° La lanterne en bois avec ses frettes, sa queue d'aronde, sa chaussure de fuseaux, son fer garni de la fusée, de la nille et de ses quatre bras;

5° La meule gisante, sa boîte, son boutillon et accessoires, les pièces d'enchevêtrures, les archures et conversaux avec équerre, crochets par haut et par bas, crampons et planches;

6° La meule courante et ses accessoires;

7° Les deux trémions, les porte-trémions, le chapeau, l'orgueil et les coins de levée;

8° La trémie avec ses angets et frayons, ses quatre branches de fer et ses platines;

9° Et enfin la huche destinée à recevoir les farines, le baille-blé avec ses bajous et petits moulinets, l'arbre du tambour garni d'une gacaunonce avec sa poulie et son boulon.

Dans les moulins pendants, dont la roue peut se hausser et se baisser, les tournants et travaillants comprennent en outre une charpente qui sert à élever ou baisser la roue, qui se compose d'une reille de lotoire avec boulons, rondelles, clavettes de fer, planches siernes, suspotreaux, chevilles de reilles, écharpe et poulie d'une reille du gros bout d'amont-l'eau, garni de ses boulons, rondelles et clavettes, clous à hune, de sa clef par bas, de son suspotreau par haut, et de ses chevilles de reilles ;

D'une reille du gros bout d'aval l'eau, garnie de fer, boulons, rondelles et clavettes, clous à hune, suspotreau et chevilles de reilles ;

D'une reille de menu bout d'aval l'eau, garnie comme on l'a dit ci-dessus ;

De deux pars, trois arbalétriers du gros bout, de trois arbalétriers du menu bout, de godivelles du gros bout et du menu bout, de chevreciers du gros et du menu bout. (Par gros et menu bout, on entend les deux bouts de l'arbre gisant et qui ne sont pas de même grosseur).

Outre les tournants et travaillants, les ustensiles et objets mobiliers servant à l'exploitation du moulin, sont à la charge du locataire. Dans un moulin à eau, ce sont ordinairement les câbles, les vérins, les pinces de fer et le treuil garni de ses bras, le câble à lever les meûles, les vingtaines sur les tambours et pour la lotoire, les escaliers pour monter à la trémie, et les treuils servant à suspendre les meûles du moulin, des corbeilles à engrener, un crible de fil de fer, une banne de treillis, les marteaux à rhabiller les meûles, le marteau à pannes, les masses, les ciseaux et la petite échelle à monter la farine.

Pour les moulins établis sur bateaux, les locataires, outre l'entretien des objets désignés ci-devant, sont responsables de tous dommages arrivés aux bateaux ainsi qu'au corps même du moulin.

Dans les moulins à vent, les tournants et travaillants, ainsi que les ustensiles sont également à la charge du locataire.

Les tournants et travaillants sont les volants de dehors et leurs toiles, les volants de dedans et l'arbre tournant ; le marbre, le frein, le rouet et le gros fer ; les trois palliés, qui sont le pallié de gros fer, celui du petit collet et celui du heurtoir ; la lanterne, le câble et les quatre pièces d'archures ; les meules courante et gisante, et le cerceau de fer ; le petit fer, la tempure, le pallié du petit fer, la boite et le boitillon, le babillard, la petite et la grande huche, le bluteau et le moulinet ou engin à monter le blé.

Quant aux ustensiles et objets mobiliers, ils sont ordinairement : les quatre marteaux à rhabiller les meules, une pince ou queue de fer, une corbeille, une mesure, un picotin ou petite mesure et des échelles ; la nille de fer, une armoire de la queue, un trané à peser, une brouette, la garoine ou grouanne, les garouanes et la rouette, les crocs, les pieux et le cableau pour l'escalier.

Si le corps d'un moulin à vent éprouvait des dégradations par la force du vent, le locataire en serait responsable, s'il était prouvé qu'il a négligé de tourner le moulin comme il convenait pour éviter l'accident.

Les ustensiles peuvent varier selon les lieux et la nature des moulins : dans tous les cas, ils doivent être rendus par le locataire dans le même état qu'il les a reçus ; c'est pourquoi il est nécessaire de les comprendre dans la prisée qui est faite, avant de mettre le locataire en jouissance.

TITRE VIII.

Objets divers.

Il était superflu de faire figurer, comme ayant force de loi, les dispositions des coutumes et règlements qui ont cessé ou cesseront bientôt d'exister, attendu que déjà différentes lois et décrets traitent des mêmes objets et que bientôt ils seront probablement tous abrogés par les lois que prépare le Conseil d'Etat sur cette matière. Néanmoins, je crois devoir, pour compléter ce recueil, offrir au public, comme renseignements, les documents que j'ai pu me procurer sur différents sujets qui peuvent l'intéresser.

SECTION Ire.

Dépouilles de blé, avêties.

La dénomination *blés* comprend le blé, le seigle, le méteil, l'orge, le scourgeon, l'épéante ou épéautre, le blé de Turquie, le maïs, le millet, le sarrasin et l'avoine. Mailliart.

La dénomination *avêties* comprend les pois, les fêves, la bisaille, la vesce, le lin, le colzat, la rabète, la navette, les naveaux, les carottes, ramolas, les rayforts, les oignons, le tabac, le sainfoin et le trèfle.

« Les blés verds et autres advestures sont réputés catheux et nature » de meubles après la mi-mars, et auparavant ce temps ils appartiennent » au fonds. » Artois, Art. 141. Saint-Pol. t. 4, art. 2.

« Tous blés et grains de mars sont nature de fonds, savoir : les blés » jusqu'au mi-mars et les mars jusqu'au jour de St-Jean-Baptiste. » Boulenois, 1550. t. 29, art. 139.

SECTION II.

Des abeilles.

« Si aucun wèpes ou mouches à miel s'envolent de leur vaisseau et que » celui à qui ils appartiennent les poursuit jusqu'à ce qu'ils soient assis, » iceux wèpes lui demeurent et n'en perd la propriété, ainsi les pourra prendre et enlever, en requérant en dedans les vingt-quatre heures le consentement du seigneur ou de ses officiers, etc... » St-Omer baill. art. 16. St-Omer, ville. art. 39.

Hesdin, art. 13

« Quiconque s'ingère de prendre et lever mouches à miel, arrêtées et » assemblées à quelque arbre ou autre chose, trouvées en la juridiction du » seigneur vicomtier, il commet pour chacune fois amende de 60 sols » parisis et est tenu de restituer lesdites mouches à ~~miel~~. »

Montreuil-sur-Mer, art. 39.

« Celui à qui appartiennent les mouches à miel qui s'envolent, peut les » poursuivre et les reprendre. »

Dans ce moment, les droits du propriétaire sont définitivement fixés par l'article 5, section III, de la loi du 28 septembre, — 6 octobre 1791, ainsi conçue : « Le propriétaire d'un essaim a le droit de le réclamer et » de s'en ressaisir tant qu'il n'a point cessé de le suivre, autrement l'es- » saim appartient au propriétaire du terrain sur lequel il s'est fixé. »

SECTION III.

Trous à marne.

St-Omer 1509. art. 20.

« Quiconque fait puits à marles doit le reboucher bien et duement, de » manière qu'il n'arrive accident, dès l'instant qu'il ôte le trieulle avec le- » quel il retire la marle. »

Boulenois, 1495, art. 59.

« Amende de 60 sols parisis pour trous à argiles et puits à marnes non » bouchés. »

Montreuil, art. 21.

« Celui qui a puits à marles doit le boucher dès que l'attachement est » ôté. »

Péronne. Mondidier. Troye, a. 11.

« Celui qui fait puits à marnes, même au lieu de passages, est tenu de » le remplir et retouper en dedans un mois après l'ouverture. »

Artois, Art. 49.

« Amende de 60 sols parisis pour puits à marles non-retoupé aussitôt » après l'enlèvement du tourniquet. »

Il résulte de toutes ces dispositions et des arrêtés pris sur cet objet par MM. les Préfets, que celui qui laisse un puits à marne ouvert sans l'entourer d'un mur ou d'une palissade assez solide pour éviter tous accidents, s'expose non-seulement à des poursuites de simple police, mais encore à des dommages et intérêts qui peuvent être très considérables, suivant la nature des blessures de la personne qui aurait été victime de cette imprudence.

SECTION IV.

Nouvelles éteules, glanage.

La défense de faire pâturer les nouvelles éteules, sans un délai quelconque, a pour but de protéger le glanage et de conserver, pour les pauvres seulement, l'épi traînant. Ce principe résulte des dispositions ordonnées à cet égard par les anciennes coutumes, dont voici plusieurs textes :

« Défense de faire pâturer nouvelles éteules. Se nomment nouvelles éteules depuis que les gavelles sont liées, jusqu'au troisième jour en suivant, à peine d'amende de 60 sols parisis. » St-Omer baill. 1509, art. 10. 1531, art. 43.

« Amendes de nouvelles estuelles et puich à marle non retoupé sont de 60 sols parisis et se disent nouvelles estuelles jusqu'à trois jours après que les ablais sont mis en coigeaux ou digeaux. » St-Pol. art. 8. t. 1er,

« Amende de 60 sols parisis pour nouvelles éteules de trois jours. » Boulenois, Art. 59.

« Défense de faire pâturer en nouvelles éteules, qui se compte depuis que les gavelles sont liées jusqu'au troisième jour suivant. » Montreuil, art. 20.

« Le seigneur vicomtier a connaissance des bestes trouvées ès nouvelles esteulles. » Artois, art. 48, 49, 50

« Amendes des nouvelles esteulles sont de 20 sols parisis. Se disent nouvelles esteulles jusques trois jours après les abblays emportez hors du camp où ils sont creus. »

Les laboureurs ne doivent pas faire glaner pour eux ni laisser paître des bestiaux pendant ces trois jours accordés aux pauvres pour glaner. Maillart, p. 501.

A l'appui de cette opinion de Maillart, il existe des arrêts cités par M. Clément, page 219 : 1° un placard du 12 juillet 1557 pour l'Artois ; 2° ordonnance du Conseil d'Artois du 13 août 1725 ; 3° jugement du Conseil d'Artois du 9 août 1780 ; 4° arrêt du Parlement de Flandres du 25 juin 1778 ; 5° un arrêt du Parlement de Paris du 11 juillet 1782 ; et 6° un arrêt du Parlement de Paris du 16 février 1784, qui *interdit le glanage à tous autres qu'aux gens vieux et débilités de membres, petits enfants et autres gens qui n'ont ni force de scier ou de piquer, sous peine d'être punis comme larrons.*

MM. les Maires devraient donc tenir sévèrement la main à l'exécution de cette dernière ordonnance et, en outre, dresser et faire afficher chaque année, ainsi que je l'ai fait pendant mon administration et que le font plusieurs de ces fonctionnaires, la liste des pauvres autorisés à profiter du glanage. Cette dernière mesure empêcherait, d'une part, les cultivateurs de glaner ou faire glaner à leur profit ou à celui de leurs ouvriers ce dont ils profitent indirectement ; et, d'autre part, en respectant le droit exclusif des pauvres au glanage, elle permettrait d'être plus sévère envers ceux qui se livrent à des vols de récoltes abattues ou sur pied.

Les divers arrêtés qui ont été portés par les Préfets, sur ce sujet, sont la consécration de ces divers règlements, qui continuent à être en vigueur.

SECTION V.

Affouages et marais communs.

Maillart, p. 513. Du principe que les marais sont présumés appartenir aux communautés des lieux où ils se trouvent, dérive le droit dont jouissent les habitants d'y faire paître leurs bestiaux et d'y faire palées, gazons, molingues, tourbes et wades....

Arrêt du grand Conseil de Malines, rendu le 8 octobre 1541, au sujet du marais de Pont-à-Vendin, au profit des habitants de ce lieu, d'Estèves et d'Annay.

Arrêt du 27 juin 1621, au profit des habitants de Hangard en Picardie.

Boulenois, art. 29 et 41, « Les flégards, rietz, le friche, le marjet, sont des lieux publics et incultes à l'usage de chacun. »

§ 1.

BOIS ET FORÊTS.

Tournehem. chât. art. 5. « Les bourgeois et habitants de la ville et banlieue de Tournehem ayant part à la commune de bois de ladite ville, nommé le Carnoy, ne peuvent vendre leur part sur peine d'amende, et d'être privez de leur part pour l'année. »

Art. 6. « Nul habitant ne peut mener le bois de ladite commune hors l'étendue dudit échevinage et banlieue, sur peine de 40 sols parisis d'amende pour la première fois et déchéance du droit de bourgeoisie en cas de récidive. »

Pernes. Un article de la Coutume de cette ville donne aux habitants le droit de prendre chaque année, dans les bois appartenant à Madame de *** (seigneur de Pernes), « fagots de 9 palmes de tour, 7 pieds de ville et 7 pieds de cotterie du vif bois, tel qu'il est à coupe, pour 8 sols parisis à chacun cent, prins audit bois et durant certain temps, tant que le droit de labourée a cours, pour l'usée et dépense dudit bourgeois dudit lieu. » (*Il y avait en compensation des corvées et servitudes, qui ont été abolies par les lois postérieures à 89*).

Niell-lez-Boulenois, « Les habitants ont le droit d'aller couper, dans le bois du seigneur, une botte ou deux de vergues pour recouvrir et clore leurs bâtiments.

« Ladite communauté de Nielles a aussi certaine portion de bois nommé le bois commun, où chacun ménage, natif du village ou y ayant héritage depuis l'espace d'un an, a sa portion et fœuille par chacun an. »

L'ordonnance de 1669, titre 25, contient les dispositions suivantes sur les bois, prés, marais, landes, pastis, pêcheries et autres biens appartenant aux communautés et habitants des paroisses :

« Le quart des bois communs sera réservé pour croistre en futaye dans les meilleurs fonds et lieux plus commodes, par triage et désignation du grand maistre ou des officiers de la maîtrise, par son ordre. » Ord. du 13 août 1669, tit. 25, art. 2.

« Ce qui restera, la réserve étant faite, sera réglé en coupes ordinaires de taillis, au moins de dix ans, avec marque et retenue de seize baliveaux de l'âge du bois, en chacun arpent, des plus beaux brins de chesne, hestre ou autres de la meilleure essence, outre et pardessus les anciens, modernes et fruitiers. » Art. 3.

Les articles 4, 5 et 6 règlent les droits respectifs des seigneurs et des habitants, et n'ont plus raison d'être. Art. 4, 5 et 6.

« Si dans les pastures, marais, prez et pastis écheus au triage des habitants, ou tenus en commun sans partage, il se trouvait quelques endroits inutiles et superflus dont la communauté pût profiter sans incommoder le pasturage, ils pourront estre donnez à ferme après un résultat d'assemblée faite dans les formes, pour une, deux ou trois années, par adjudication publique, sans frais, et le prix employé aux réparations des paroisses ou autres urgentes affaires de la communauté. » Art. 7.

« Défendons aux seigneurs, maires, eschevins, sindics, marguilliers et habitants des paroisses, sans distinction, de faire aucune coupe au triage du quart réservé pour la fustaye ; et aux officiers de permettre ou souffrir, à peine de deux mille livres d'amende contre chacun particulier contrevenant, et en outre contre les officiers, de la privation de leurs charges ; sauf en cas d'incendie ou ruine notable des églises, ports, ponts, murs et autres lieux publics, sans notre autorisation. » Art. 8.

« Les coupes seront faites à tire et aire à fleur de terre, par gens entendus, choisis aux frais de la communauté et capables de répondre de la mauvaise exploitation, pour être ensuite distribué suivant la coutume, et en cas de plainte ou contestation sur le partage ou distribution, le grand maistre y pourvoira. » Art. 11.

« Si, pour le plus grand avantage de la communauté, il était jugé à propos par le grand maître qu'il se fist vente des coupes ordinaires, il en renvoyera l'adjudication au juge du lieu. » Art. 12.

Art. 13. « Les bois abroutis seront recepez aux frais de la communauté, et tenus en défense comme tous les autres taillis, jusques à ce que le rejet soit au moins de six ans. »

Art. 14. « Enjoignons aux habitants de préposer annuellement un ou plusieurs gardes pour la conservation de leurs bois communs. »

Art. 17. « La part des habitants en la pesche, sera donnée par adjudication publique... sans frais ni droits, pour être employée aux besoins de la communautez des habitants. »

Art. 18. « Défendons à toutes personnes autres que les adjudicataires, de pescher en aucune sorte, même à la ligne, à la main ou au pannier ès-eaux, rivières, estangs, fossez, marais et pescheries communes, nonobstant toutes coutumes et possessions contraires, à peine de trente livres d'amende et un mois de prison ; en cas de récidive, à cent livres d'amende et bannissement de la paroisse. » (1).

La même ordonnance, dans son titre 19, règle les droits de pâturage dans les bois et forêts de l'État, ainsi qu'il suit :

Droits de pâturage et panage (1).

Ord. du 16 août 1669, tit. 19, art. 1er. « Permettons aux communautez, habitants particuliers, usagers denommez en l'estat arrêté en notre conseil, d'exercer leurs droits de panage et pasturage pour leurs porcs et bestes aumailles, dans toutes nos forêts, bois et buissons, aux lieux qui auront été déclarez defensables par les grands maistres faisant leurs visites, ou sur les avis des officiers des maîtrises, et dans toutes les landes et bruyères dépendantes de nos domaines. »

Art. 2. « Les habitants usagers donneront déclaration du nombre et de la quantité des bestiaux qu'ils possèdent, ou tiennent à louage, dont sera fait rolle, contenant le nom de ceux à qui ils appartiendront, etc.

Art. 3. « Les officiers assigneront à chacune paroisse, hameau, village ou communautez usagère une contrée particulière, la plus commode qu'il se pourra, en laquelle ès-lieux défensables seulement, les bestiaux puissent être menés et gardés séparément, sans mélange de troupeaux d'autres lieux, le tout à peine de confiscation des bestiaux et d'amende arbitraire contre les pastres. »

(1) En règle générale, les conditions, pour avoir droit à l'affouage communal, sont : 1° d'être français ou naturalisé ; 2° d'être habitant domicilié ou résidant ; et 3° d'avoir un feu et un ménage particulier dans la commune.

(2) Droit que l'on paie au propriétaire d'une forêt pour avoir la permission d'y mettre des porcs qui s'y nourrissent de glands, de faines, etc., etc.

« La déclaration des contrées et de la liberté d'y envoyer en pasturage sera publiée l'un des dimanches du mois de février de chacune année, avec défense aux usagers et à tous autres d'envoyer paistre leurs bestiaux ès-autres lieux, à peine de confiscation, et privation de leurs usages. » Art. 4.

« Le nombre des bestiaux sera réglé, eu égard à l'estat et possibilité des forêts. » Art. 5.

« Tous les bestiaux appartenant aux usagers d'une même paroisse seront marquez d'une même marque, avant que de les pouvoir envoyer au pasturage, et chacun jour assemblez en un lieu qui sera destiné pour chacun bourg, village ou hameau, en un seul troupeau et conduit par un seul chemin qui sera désigné par les officiers de la maîtrise, sans qu'il soit permis de prendre un autre chemin, à peine de confiscation des bestiaux et amende arbitraire contre les propriétaires des bestiaux. Art. 6.

» Les particuliers seront tenus de mettre au col de leurs bestiaux des clochettes, dont le son puisse avertir des lieux où ils pourront s'échapper et faire dégast... » Art. 7.

« Ne sera loisible à aucun habitant de mener ses bestiaux, à garde séparée, par sa femme, ses enfants ou domestiques, à peine de **10** livres d'amende.... » Art. 8.

« Les pastres et gardes seront choisis et nommez annuellement à la diligence par les notables assemblés en présence du juge des lieux... » Art. 9.

« Ne pourront, les usagers, prester leurs noms et maisons aux marchands et habitants des villes et paroisses voisines pour y retirer leurs bestiaux, à peine de 50 livres d'amende, et, en cas de récidive, privé de tout usage. » Art. 10.

« S'il y avait de jeunes rejets en fustayes ou taillis, le long des chemins où les bestiaux doivent passer, il devra être fait des fossés larges et profonds pour leur conservation, entretenus aux frais et dépens des paroisses usagères par contribution, à proportion du nombre de bestes qu'ils envoient en pasturage. » Art. 12.

« Défendons aux habitants de paroisses usagères et à toutes personnes ayant droit de panage dans nos forêts et bois, ou en ceux des ecclésiastiques, communautez et particuliers, d'y mener ou envoyer bestes à laine, chèvres, brebis et moutons, ni même ès-landes et bruïères, places vaines et vagues, aux rives des bois et forêts, à peine de confiscation des bestiaux et de 3 livres d'amende pour chacune beste ; et seront les gardiens condamnez à l'amende de 10 livres et bannis du ressort de la maîtrise en cas de récidive ; les maistres des bestiaux et pères de famille civilement responsables. » Art. 13.

Art. 14. « Les usagers ne jouiront pas du droit de pasturage et de panage pour les bestiaux dont ils font trafic et commerce. »

Art. 15. « Le maistre particulier ne pourra mettre plus de huit porcs à la glandée, et le lieutenant, notre procureur et garde-marteau chacun six, le greffier quatre et le sergent à garde trois, à peine de confiscation. »

Le titre 20 abolit tous droits de chauffage et autres usages de bois tant à bâtir qu'à réparer.

Les droits de pâturage et de panage dans les bois et forêts de l'Etat, dans le Boulenois, sont réglés particulièrement par lettres-patentes du 11 septembre 1714 (1).

§ 2.

MARAIS. — COUTUMES LOCALES.

Amiens, baill., art. 89, 104. Amiens, ville, art. 10. Les deux coutumes d'Amiens bailliage et d'Amiens ville, défendent « de faire paistre bestes à laines dans les marais, à peine de 60 sols parisis d'amende. »

Artois, art. 56. « On ne peut mettre en pasture aucunes bestes à laine ès-marais communs, à peine de 60 sols parisis d'amende. »

Ord. 1669, tit. 19, art. 13. « Défense de mener ou envoyer paître bestes à laine, chèvres, brebis et moutons ès-landes, bruières, places vaines et vagues, à peine de 3 livres d'amende. »

Hesdin, baill., art. 3. « Es-marais et communautez, toute manière de gens, de quel lieu et état qu'ils soient, en passant ou repassant, peuvent sans meffait hanter et faire paître les bestes chevalines, à cornes et asnes, de jour et non autrement, sur peine de confiscation des bestes ou de 60 sols parisis d'amende.

Art. 4. « Mais les demeurants ès-villes et villages, où sont assis lesdits marais et communautez, peuvent tant de jour que de nuit, sans meffait, avoir et tenir pâturans en iceux marais et communautez, lesdites bestes chevalines, à cornes et asnes, et chacun ménage jusqu'à neuf bestes à laines et non plus, pour son usage et non pour en faire marchandise, sur peine d'amende comme dessus. »

Art. 5. « Si pourceaux sont trouvez esdits marais et communautez, iceux sont confisquez au droit de mondit sieur comte, ou ceux à qui ils appartiennent sont tenus de payer l'amende de 60 sols parisis, au cas toutefois que lesdits pourceaux ne soient enannelez au growin. »

(1) Deux lois votées par le Corps législatif, le 18 juillet 1860, autorisent la vente d'une portion des forêts de l'Etat pour subvenir à l'établissement de routes forestières, départementales et vicinales pouvant servir à l'exploitation des coupes de bois dans les forêts domaniales, et pour couvrir les frais de reboisement des montagnes.

« Si aucun charic, fauche, pique ou hauwe, ou autrement emprend sur lesdits marais et communautez, sans grâce et congé de mondit seigneur le comte, son bailly ou lieutenant dudit Hesdin, il commet pour chacune fois amende de 60 sols parisis. » Art. 6.

« Peuvent, les habitants de Biache, conduire chevaux, poulains, juments, vaches, veaux ès-pâtures et marais de Vitry, en payant par an 2 deniers royaux, le mercredi de Pentecôte; les habitants qui veulent scier audit marais de Vitry, sont pareillement tenus de payer 2 deniers royaux par chaque personne. » Biache, art. 15

« Au franc-marais de Biache, on n'y peut faucher que de la St-Remy au mi-mars, et scier à la faucille depuis le 1er mars jusqu'à la St-Remy. » Art. 16.

« On ne peut mettre dans ces marais des chevaux morveux, farsineux, roigneux ou autres bestes qui portent fye boulant, comme chevaux, juments, vaches, veaux; les chevaux ne doivent pas être ferrés des pieds de derrière ; il est défendu d'y conduire des brebis et des pourceaux. » Art. 18.

« Aux habitants de ladite paroisse appartient certain marais qui est grand et spacieux, où ils peuvent faire pâturer leurs bestiaux et y prendre à la faulx et à la faucille herbes et bottes, et faire tourber pour leur usage.... Pour l'entretien des ponts et voies, ils sont autorisés à planter arbres et les haloter. » Enneulin, art. 8.

« Ont les habitants divers marais : premièrement, un qui se nomme le Grand-Marais auquel ils ont le faulx et le dent, et le droit d'y faire paître leurs bestiaux, y prendre l'herbe dont ils ont besoin et y faire tourbes, mais ne peuvent laisser le foin plus de trois jours et peuvent y planter halots. Bouvain, art. 15.

» Deuxièmement, un autre marais, nommé le Petit-Marais, auquel nul ne peut prendre droit s'il n'est résident sur le village dudit Bouvain. Art. 16.

« Et troisièmement, un autre marais tenant à la coutume de St-Vaast jusqu'à la rivière, là où iceux de Bouvain peuvent faire tourbes, pesches, faucques et tous autres aigements vers la rivière de Meurchin. »

« Les droits ci-dessus sont personnels, aussi les habitants ne peuvent rien vendre des produits desdits marais. » Art. 17.

RÈGLEMENTS DU SOUVERAIN.

Marais de la province d'Artois.

Le Roi en son conseil a jugé à propos de régler l'administration, police Arrêt du cons. du 26 août 1768.

et juridiction des marais communaux de la province d'Artois par l'arrêt dont la teneur suit :

Art. 1er. « La règle des fruits et revenus desdits marais et biens communaux de ladite province, continuera d'être faite par les mayeurs, échevins et gens de loi de chaque communauté, conformément à l'article 4 du projet de règlement proposé par les Etats de cette province, conformément à l'arrêt de son conseil du 11 mai 1764. »

Art. 2. « La quantité de tourbes nécessaire pour le chauffage des habitants desdites communautés, ainsi que la longueur et l'épaisseur desdites tourbes, seront, à l'avenir, réglées et fixées chaque année par les gens de loi de chaque communauté... Ainsi que le lieu du marais dans lequel la matière à faire les tourbes sera extraite, et le terrain sur lequel elles seront moulées et séchées, sans toutefois que ladite tourbe puisse être extraite plus près que cinquante toises des bords des rivières et canaux navigables et de trois toises des autres rivières, canaux ou ruisseaux. »

Art. 3. « Il sera procédé tous les ans, en la forme accoutumée, à l'adjudication au rabais, tant de la quantité de tourbes qui aura été fixée par ledit procès-verbal, que d'un tiers en sus de ladite quantité, lequel sera destiné au paiement des frais de l'extraction desdites tourbes. »

Art. 4. « Une copie de cette adjudication sera remise aux adjudicataires pour qu'ils aient à s'y conformer. »

Art. 5. « Ladite extraction sera faite depuis le 1er mai jusqu'au 10 juillet de chaque année, il sera, à ce sujet, inséré une clause expresse au procès-verbal d'adjudication. »

Art. 6. « Lorsque lesdites tourbes seront sèches et en état d'être enlevées, la distribution de la quantité extraite pour le chauffage de la communauté, sera faite par lesdits gens de loi à chaque chef de famille ; à l'effet de quoi il en sera fait des lots qui seront tirés au sort par lesdits chefs de famille, en présence desdits gens de loi. »

Art. 7. « A l'égard du tiers en sus de la quantité de tourbes nécessaires au chauffage des habitants, il sera vendu et adjugé par lesdits gens de loi au au plus offrant ; pour le prix être remis aux receveurs desdites communautés et employé au paiement de celui qui aura extrait lesdites tourbes..... »

Art. 9. « Fait Sa Majesté très-expresse inhibitions et défenses à tous habitants desdites communautés, d'extraire à l'avenir la tourbe par eux-mêmes, ou par d'autres, même pour leur usage ; comme aussi de vendre aucunes tourbes, même de celles provenantes du tiers en sus de la quantité nécessaire au chauffage d'iceux, à autres qu'à des habitants de ladite province :

leur défend pareillement de faire dans lesdits marais communaux aucunes palées ou plaquettes, le tout à peine de cinquante livres d'amende ou autre plus grande s'il y échoit. »

« Ceux desdits marais communaux qui seront propres au pâturage, seront divisés par les gens de loi de chacune desdites communautés, en trois parties égales, dont deux seront destinées, chaque année, à faire paître les bestiaux, et la troisième alternativement sera réservée, sans que lesdits bestiaux puissent y pâturer, et sans que, sans aucun prétexte, il soit permis aux particuliers desdites communautés de scier ou faucher, pour leur compte, aucune desdites trois parties. » Art. 10.

« Ladite partie réservée sera mise en valeur, et la récolte qui en proviendra, sera vendue aux enchères au profit de ladite communauté pour le prix en provenir être employé à l'acquit de ses charges et principalement à la nourriture de ses pauvres. » Art. 11.

« Lesdites gens de loi veilleront à l'entretien de ces pâturages et s'il y avait des travaux à faire pour en augmenter le produit, il en sera délibéré en assemblée générale de la communauté. » Art. 12.

« Il est fait défense à tous et un chacun de mettre leurs bestiaux dans lesdits marais communaux avant le 1er avril, ni après le 1er octobre de chaque année, comme aussi d'y en mettre, en aucun temps, qui appartiennent à d'autres qu'aux habitants de leur communauté ; à peine de six livres d'amende pour chacun des bestiaux pris en contravention. » Art. 13.

« Il est fait aussi défense de conduire dans lesdits marais et pâturages, des bestiaux attaqués de maladies contagieuses, à peine de trente livres d'amende pour chacune des bêtes attaquées desdites maladies. A cet effet visite sera faite par un maréchal-expert : sur le vu de son procès-verbal, les propriétaires de bestiaux gâtés seront tenus de les retirer sur le champ ; faute de quoi, si le cas est urgent, ils seront tirés hors du pâturage, mis à mort et enterrés aussitôt. » Art. 14.

« Défend en outre, Sa Majesté, de mettre dans lesdits marais et pâturages aucuns chevaux entiers, oies, canards, moutons, porcs ou autres animaux qui puissent nuire à la reproduction des herbes et aux plantations qui sont ou seront faites dans lesdits marais pour le profit des communautés, à peine de cinquante livres d'amende. » Art. 15.

« Pour accélérer les procédures et diminuer les frais, Sa Majesté commet les sieurs Crépiœul, Stoupy, Gosse, Camp et le Soing, anciens avocats, pour connaître en première instance, sauf l'appel en son conseil, de toutes les contestations, etc., etc..... » Art. 16.

Partage des marais de la Flandre gallicane.

Arrêt du conseil du 27 mars 1777, enregistré au Parlement de Douai, le 14 novembre suivant :

Art. 1er. « Tous les prés, marais et pâturages communs des châtellenies de Lille, Douai et Orchies, soit qu'une ou plusieurs communautés d'habitants en jouissent entre elles en commun, seront partagés par portions égales entre tous les ménages existants, par feu, sans distinction d'état, c'est-à-dire de mariage, de viduité ou de célibat. »

Art. 2. « Les seigneurs ne seront admis à prélever le tiers, avant le partage, qu'en renonçant aux cens, redevances, droits de plantations et tous autres qui pourraient être dus pour raison de la concession des marais, sans néanmoins qu'ils puissent être forcés à l'abandon de ces droits, qu'ils pourront conserver en renonçant au triage. »

Art. 3. « Avant de procéder au partage, toutes les communautés qui justifieront y avoir droit seront tenues de fournir un état arrêté, dans une assemblée générale, des dettes de chacune d'elles, ainsi que de leurs charges ordinaires, à effet de prélever sur les marais, en raison de leurs droits respectifs, la quantité qu'il sera nécessaire d'affermer ou même d'aliéner pour 25, 35 ou 45 ans, afin de payer les dettes ou remplir les charges avec le produit que l'on en tirera.

» Les marais qui formeraient l'objet d'un litige demeureront au même état jusqu'au jugement définitif de la contestation. »

Art. 4. « Avant de procéder au partage, il sera fait par arpenteur juré, choisi par les communautés, mesurage particulier de chacun des marais, avec plans figuratifs de leurs consistances et désignation de la nature, quantité et étendue du marais. »

Art. 5. « Lors du mesurage, chaque marais sera divisé en trois portions égales dont l'une écherra par le sort au seigneur pour lui appartenir, en cas que le triage ait lieu. »

Art. 6. « Il sera fait, dans chaque communauté, un rôle de tous les ménages ou feux qui la composent; on y comprendra tous les habitants actuels, en état de mariage, de viduité ou de célibat, mâles ou femelles, ayant ménage ou feu particulier. Ce rôle sera remis à l'arpenteur pour faire autant de parts qu'il y aura de feux ; bien entendu que pour régler chacune part, il se conformera à la nature et qualité du terrain, en sorte que le produit puisse en être à peu près égal. Après quoi toutes les portions seront tirées au sort par chaque ménage, pour en jouir jusqu'au décès du dernier vivant du mari ou de la femme, sans qu'aucun ménage puisse jouir de deux portions. »

« Personne ne pouvant retenir deux portions à la fois, si deux portionnaires viennent à se marier ensemble, ils seront tenus d'en abandonner une à leur choix. » Art. 7.

« Au décès du dernier vivant, du mari ou de la femme, leur portion passera à un autre ménage par ordre d'ancienneté ; et s'il y en avait de vacantes, elles seraient louées au profit de la communauté pour trois ans seulement. » Art. 8.

« Si le nombre de feux augmente, les feux surnuméraires attendront qu'il y ait des portions vacantes, et ils en seront pourvus par rang d'ancienneté. » Art. 9.

« Pour succéder aux portions qui viendront à vaquer dans chaque communauté, il faudra en être natif ou avoir épousé une fille ou veuve qui ait cette qualité, et y demeurer avec elle. » Art. 10.

« Les successeurs aux portions ménagères devront faire raison, à dire d'experts, aux héritiers de leurs prédécesseurs de l'avêtie sur terre, ainsi que des engrais, labours et semences, même des sèves et des rejets, s'il y échet. » Art. 11.

« Chaque ménage est tenu de mettre sa portion en valeur de la manière la plus convenable au terrain. » Art. 12.

« Défense, sous peine de 300 livres d'amende, d'extraire doresnavant des marais aucune espèce de chauffages, etc., etc. » Art. 13.

« Chaque portionnaire est tenu de payer, par forme de rente foncière, franc et net argent, à la communauté, à raison d'un demi-havot de blé froment au cent de terre par an, sur le pied de la prisée de la St-Remy de l'épier de Lille, de Douai, d'Orchies, selon la situation des terrains dans l'une des trois châtellenies de Lille ; et, faute de paiement, elle sera prise l'année suivante sur les fruits, sans formalités de justice. » Art. 14.

« Les cantons qui ne seront pas susceptibles d'être aisément partagés, ou mis en culture, seront laissés en commun et plantés au profit de la communauté. » Art. 15.

« La communauté aura seule le droit de planter sur les bords des fossés qu'elle aura fait faire ; elle jouira de ces arbres et les fera abattre à son profit et remplacer par d'autres. » Art. 16.

« Les chemins et fossés que la communauté a faits, ainsi que ceux qu'elle ferait faire par la suite, seront entretenus par les occupeurs riverains dans leurs largeurs et profondeurs, et en bon état. » Art. 17.

Partage des marais de la province d'Artois.

Arrêt du Conseil d'Etat, du 25 février 1779, qui règlemente le mode de transmission des parts de marais dans la province d'Artois :

« Sur ce qui aurait été représenté au Roi, étant en son Conseil, par les Etats de la province d'Artois que par différents arrêts, Sa Majesté avait permis à plusieurs communautés de ladite province, de défricher et de partager leurs communaux ; que ces partages fondés sur l'humanité et l'utilité publique ne pouvaient produire que les meilleurs effets ; d'un côté ils assureront aux pauvres une subsistance, et de l'autre ils parviendront à procurer un desséchement général, bien nécessaire dans la province, pour la salubrité de l'air ; mais que, pour en retirer tout le fruit il était à propos de rendre inaliénables les parts qui écherront par le sort et d'*empêcher qu'un même chef de famille, ou ménage n'en puisse réunir plusieurs à la fois, au préjudice des autres ; que cependant cet inconvénient arriverait si Sa Majesté laissait subsister la faculté accordée par lesdits arrêts, de disposer de sa part par dons entre vifs ou testamentaires,* en faveur de qui on jugerait à propos, habitant du lieu ; parce qu'il pouvait se faire que, sous ces *donations* on fit des conventions, des traités et de véritables ventes ; qu'il était encore nécessaire de n'admettre pour recueillir les parts que les seuls héritiers en ligne directe, et, dans cette ligne, l'aîné des enfants, afin d'éviter la division des parts ; et, dans le cas où il n'y aurait que des héritiers collatéraux de faire retourner les parts aux communautés, pour être assignées aux chefs de famille, et parmi eux, aux plus anciennement domiciliés ; et Sa Majesté voulant, sur ce, pourvoir, ouï le Rapport du sieur Moreau de Beaumont, conseiller d'Etat ordinaire, et au Conseil royal des finances, le Roi étant en son Conseil, réformant et interprétant en tant que besoin serait, les arrêts rendus au profit des différentes communautés de l'Artois concernant le partage de leurs marais communaux a ordonné et ordonne : « que les parts qui écherront ou qui sont échues à chaque habi-
» tant par l'effet des partages, seront inaliénables, que nul habitant ne
» pourra en posséder deux, et que l'aîné mâle de chaque famille, et à dé-
» faut de mâles, l'aînée des femelles seront seuls admis à succéder aux-
» dites parts ; que dans le cas de mariage entre deux portionnaires, ils se-
» ront tenus d'opter une des deux parts à eux appartenantes pour abdiquer
» l'autre. Veut Sa Majesté que dans le cas où un chef de famille ne laisse-
» rait, en décédant, aucun héritier direct, la portion de marais dont il aura
» joui, retourne à la communauté, pour être assignée aux chefs de famille
» qui n'en posséderont aucune, et parmi eux, aux plus anciennement domi-
» ciliés dans la communauté ; et que si le portionnaire a fait quelques im-
» penses et améliorations extraordinaires sur sa portion, ses héritiers seront

» libres de les emporter sans dégrader ; si mieux n'aime celui qui sera en-
» voyé en possession de la portion, leur en payer la valeur suivant l'esti-
» mation, comme si elles étaient séparées du fond.

» Ordonne, Sa Majesté, que sur le présent arrêt toutes lettres nécessaires
» seront expédiées.

» Fait au Conseil d'Etat du Roi, Sa Majesté y étant, tenu à Versailles,
» le 25 février 1779.

» Signé : Le Prince de MONT BARREY (1). »

Lettres-patentes ou arrêts du Conseil du 13 novembre 1779, enregistrés au Parlement de Paris, le 25 du même mois :

« Toutes les terres, prés, marais, landes ou friches appartenant aux communautés de notre province d'Artois seront partagées par portions égales en valeur, entre tous les chefs de famille de chaque lieu, mariés ou célibataires, sous la dénomination de chefs de famille, le curé de la paroisse sera compris, pour jouir seulement pendant son séjour dans sa paroisse, pour retourner à son successeur ; Art. 1er.

» Distraction néanmoins sera faite au profit du seigneur, du tiers desdites terres, prés, marais, landes et friches qui seront de concessions gratuites et du sixième en faveur de ceux à qui, à raison de ladite concession, il est dû des redevances »

Il paraîtrait que cette ordonnance du 13 novembre 1779 n'a pas été mise à exécution : les biens communaux partagés depuis cette époque ont été divisés par tête d'habitant en vertu de la loi du 10 juin 1793, abrogée par un décret du 9 brumaire an XIII. Quant aux marais qui ont été partagés avant l'ordonnance précitée, le mode de jouissance et celui de transmission ont été réglementés par un arrêt du Conseil du 25 février 1779 et par l'arrêt du Conseil du 27 mars 1777 ci-dessus transcrits. Quant aux marais non partagés, ils doivent continuer à être administrés suivant les prescriptions des lettres-patentes ou arrêts du Roi, en son Conseil privé du 26 août 1768, dont le texte se trouve en entier à l'alinéa intitulé : *Réglements des Souverains* (2).

(1) M. Billet, avocat, a publié en 1832 une brochure sur cet arrêt et depuis lors M. Legrand, avocat à Lille, en a publié une de son côté ; mais c'est surtout M. Legentil, juge au Tribunal d'Arras, qui a publié en 1855 un ouvrage complet sur la législation des portions ménagères de marais.

(2) Le Corps législatif a voté, le 19 juillet 1860, une loi sur la mise en valeur des marais et des terres incultes appartenant aux communes. Cette loi pose en principe :

SECTION VI.

Mesures de police.

R. St-Amand. Le règlement des magistrats de St-Amand, de 1742, prescrit les dispositions suivantes qui rentrent dans les attributions de la police locale :

« Art. 1er. Tous propriétaires de maison ou autres bâtiments situés en cette ville de St-Amand, à quelque usage qu'ils servent, seront tenus de les faire couvrir de tuiles ou d'ardoises au dedans le mois d'août prochain ; leur défendons de faire à l'avenir ou de conserver des toits de paille ou ou autres matières combustibles après ledit mois d'août, à peine de 50 florins d'amende et démolition desdits bâtiments à leurs frais. »

« Art. 12. Personne ne pourra fermer son héritage à front de rue soit par simple muraille ou par des frontispices de maisons, sans nous avoir demandé et obtenu un plan figuratif ou avoir eu notre approbation par écrit sur celui qui nous aura été présenté ; défendons aux maçons, charpentiers et autres, de percer des murailles, nouvelles portes et fenêtres dans les frontispices des maisons ou murailles à front de rue, même de hausser et baisser lesdites murailles sans notre permission écrite. »

1° L'interdiction formelle du partage de ces biens ;

2° Leur vente facultative et non obligatoire ;

3° Travaux de mise en valeur exécutés par l'Etat, envers lequel les communes qui n'ont pas assez de ressources pour rembourser le Trésor de ses avances pourront se libérer en lui abandonnant la moitié des terrains améliorés ;

4° Amodiation *(donner à ferme)* qui peut être rendue obligatoire par l'autorité supérieure ;

5° En cas de dissentiment sur les moyens à employer pour la mise en culture, des enquêtes seront prescrites, les conseils municipaux et les conseils généraux seront consultés, et le jugement définitif prononcé par le Conseil d'Etat.

D'après les explications données par M. Baroche, président du Conseil d'Etat, il y a en France 58,000 hectares de marais et 2,700,000 hectares de biens communaux dont le gouvernement ne fera exécuter le défrichement qu'avec une grande réserve.

Il est bien à désirer que l'Etat persiste dans cette résolution, afin de ne pas ajouter aux difficultés qu'éprouvent les fermiers dans l'exécution des travaux les plus urgents de leurs cultures. Les récoltes incertaines et chèrement achetées des terres incultes communales ne pourraient compenser le déficit qu'éprouveraient les produits des champs, dont la culture serait négligée, si on employait aux travaux de défrichement les bras nécessaires et indispensables aux exploitations agricoles.

« Art. 13. Tous propriétaires de maisons seront tenus de faire retirer, en dedans le mois d'août prochain, toutes les goutières volantes sur les rues, chacun en proportion de ce qui le regarde; et, pour en recevoir les eaux, de faire mettre contre les murailles un tuyau de plomb ou de fer-blanc et à pied et demi du rez du pavé, qu'ils feront garnir de planches par le bout, à peine de 50 florins d'amende. »

« Art. 14. Et pour d'autant plus assurer l'exécution du présent règlement, nous déclarons que les propriétaires, locataires, les maîtres des ouvriers qui y contreviendraient seront condamnés pour chacune contravention en l'amende de 50 florins, dont les maîtres-ouvriers seront responsables pour leurs journaliers, et qui ne pourra être remise ou modérée sous tel prétexte que ce soit : applicable, un tiers à l'officier qui en fera la poursuite, un tiers à la bourse commune des pauvres, et l'autre tiers au dénonciateur, s'il y en a. »

Cet article est aussi applicable à ceux cités au titre des murs mitoyens.

« Art. 15. Pour empêcher l'incommodité que cause la puanteur des immondices et fumiers que plusieurs particuliers qui ont des bestiaux et autres font placer dans quelques rues et ruelles, au lieu de les faire transporter hors la ville, nous leur ordonnons de les faire transporter dans la huitaine et de n'en faire aucun amas; leur défendons de les faire placer à l'avenir dans lesdites rues ou ruelles, à peine aussi de 50 florins d'amende applicables comme dessus. »

RESSORT DIRECT DE LA COUTUME DU BOULENOIS.

Lieux composant la sénéchaussée et comté de Boulogne.

Affrenguc, hameau. Aix-en-Issart. Alincthun. Alette. Ambleteuse, ville. Atin. Audenbert. Audinghem. Audrezelles. Auteux ou Zoteux.

Baingthun. Baïenghem le Comte ou le Preux. Bazinghem. Beaucoroy, hameau. Bécourt. Belle. Bernieulle, relevant de l'abbaye de Samer. Bertenclair. Beussent. Beuvreghem. Bezinghem. Bolemberg, hameau. Boulogne, ville haute et basse. Bouquinghem, hameau. Bournonville. Boursin. Bourthes. Brequezent.

Camiers. Carly. Clenleu. Collemberg. Condette. Cons. Cormont. Courset. Crémarest. Croix (la), les sept voies Drionville en partie.

Dannes. Desvres, ville. Dignopré. Doudeauville, abbaye.

Engoudsant. Ergny. Esclinghem. Estaples, ville. Estovane. Estréelles.

Ferques. Fiennes. Frencq.

Halinghem-lez-Frencq. Hardinghem. Herly, en Boulenois. Hesdin-l'Abbé. Hetroye (la), hameau.

Inquexent. Isque.

Landrethun-le-Noir. Leubringhem. Leulinghem, en Boulenois. Lianne. Ligny-lez-Aire, enclavé en Artois. Londefort, situé à Wière-Effroy. Longfossé. Longueville. Laquin, en litige avec Ardres.

Maninghem-au-Mont. Maninghem-sur-Mer. Manneville. Manoir (le), hameau. Marle. Marquise, bourg. Mont-Cavrel ou Mailly. Ménage (le), hameau. Monthulin, fort ruiné.

Nédonchel, enclavé en Artois. Neufchâtel. Neuville, près Montreuil.

Offrethun. Outreau.

Parenty. Pernes, en Boulenois. Preures ou Preurele.

Quesques.

Raventhun. Rebergues, en partie. Rety. Rinquexent. Rumilly-le-Comte.

St-Etienne-au-Mont. St-Inglevert. St-Léonard-lez-Boulogne. St-Michel. Samer, abbaye et ville. Selaq (pont de). Selles. Sempy. Senlecques. Sombres, en Witsant.

Tardinghem. Tatincloud, enclavé en Artois. Tiembronne. Tingry, Tiremande, hameau de Ligny, enclavé en Artois. Tubersent.

Verchocq.

Warcourt. Westrehem, enclavé en Artois. Wière-au-Bois. Wière-Effroy. Wière-Vigne. Wimille. Wiquinghem. Witsant ou Blanc-Sable.

Dans le Boulenois, le pied était de 12 pouces.

LOCALITÉS QUI ÉTAIENT DU RESSORT DIRECT DE LA COUTUME DE LA SÉNÉCHAUSSÉE DU COMTÉ DE SAINT-POL,

Et qui pour les cas non-prévus par elle devaient suivre la coutume du Boulenois, aux termes de l'article 1er de cette coutume.

Agnès-Grandcamp, hameau de St-Michel. Ambricourt, en partie. Ambrine, en partie. Amette, en partie. Ampliez. Antin et Antineul, hameau et cense. Arevins (les deux) Argœule. Arleux (le mont d'). Aubercourt. Aubin, en Beaurains. Auchy-au-Bois. Averdoin, en partie. Aumermont. Aumerval. Autencoste, hameau de Nuncq. Azincourt.

Bacuel, grand et petit. Baillelet, prieuré. Bailleul-aux-Cornailles. Bailleul-lez-Pernes. Barlin. Baudricourt, en partie. Bealencourt. Beaumetz, hameau de Laire. Beauquene, hameau de Fief. Beaurains (les), ville. Beauvois, en partie. Belval. Belvalet. Berguineheuse. Berle-Monchel, en partie. Bermicourt. Bétencourt-lez-Tenque. Bethonval, hameau. Bethonvalet, ruiné, près Laire. Blaingel, près Blangy. Blangermont. Bristel, Brouilly, Bureville, hameau. Blangerval, en partie. Bisjoye-lez-Aubercourt. Boiswarin. Bomy. Bourech-sur-Canche, en partie. Boyaval. Bryas, comté. Buis-lez-Pernes. Buneville. Buscamp.

Callimont, cense près St-Pol. Camblin-Câtelain, en partie. Campagne-lez-Hesdin. Canettemont. Canlers. Canteleu, cense. Canteraine, hameau. Capendu, hameau. Carnin ou Carembaut. Carnoy (la)-lez-Fléchinel. Cauchy-à-la-Tour. Caveron-lez-Aubercourt. Caumenil. Cercamp-sur-Canche. Céricourt. Chelers, en partie. Ciracourt, en partie. Comteville. Coupèles (les deux) vieille et neuve, en partie. Courchèle. Couture (la), cense. Couvin, en partie. Crépy, Crépieul. Créquy, en partie. Cressonière (la). Croisette, en partie à Thérouanne. Croix-le-Grand, en partie. Croix-le-Petit (car le château de Croix-le-Grand ressort d'Hesdin). Croq (le), près St-Pol.

Dantreville ou Osterville. Demoniau, cense près Amiens. Dostrel, hameau d'Hauteville. Duisans. Eps et Herboval. Ergny-St-Julien. Erigny. Erin. Esclimeu, grand et petit. Escoivre, en partie. Espenchain, hameau. Esquire-lez-Berguineheuse. Estrée-sur-Canche, abbaye, et Wamin en partie.

Falèque (la) lez-St-Pol. Famechon, Riquelieu et Hurtebize. Farbus. Febvin-Palfart. Fief, en partie. Fleuringhem. Fleury, en partie. Fontaine-lez-Boulaps. Fontaine-lez-Heuchin. Fonstin et Ternas-lez-Ricamez. Framecourt. Falempin, hameau de Wavrans. Frémicourt-en-Comté. Fressin, bourg. Froideval, cense. Fruges, bourg.

Gauchin-Legal, en partie. Gauchin-lez-St-Pol. Geneste, cense. Gœudiempré. Gouy-en-Ternois. Gouy-lez-St-Andrieu, en partie. Granges, près Planques. Grenas. Greuppes, hameau de Bomy. Griboval, seigneurie dans Lisbourg. Gricourt, près Pernes. Grincourt-lez-Pas. Grossart, hameau de Bryas. Grozeliers-lez-Lisbourg. Guernonval. Guignecourt.

Haloy-lez-Orville, hameau. Haute-Coste, Hesdin prétend. Hamel, cense près du Valhuon. Hamel, près Rebreuve. Hautecloque, en partie. Hesdin. Hautpas, cense près Pierremont. Hémond, en partie. Hénu. Herbèque. Herbeval-lez-Hestru. Héricourt-lez-Hestru. Héricourt-lez-Croisette. Héripré-lez-Caucourt. Herlincourt, en la paroisse d'Herlin-le-Sec. Herlin-le-Sec. Herlin-le-Verd, en partie. Hernicourt. Hestru, en partie. Heuchin, bourg. Hézèque. Honval. Houvelin. Houvigneul, en partie. Houvin, en partie. Humbercamp. Humereuil. Hucqueliers-lez-St-Pol. Hurtebise-lez-Fevin. Hurtebise, cense lez-Pas.

Incourt. Ivrégny-lez-Lucheux, en partie.

Lanay, hameau de Verloin. Libesart ou Livosart. Ligny-St-Flochel, en partie. Ligny-Vandeli-Campagne, en partie. Ligny-sur-Canche, en partie. Lamontisié, près Cercamp. Lamotte, près Bailleul-aux-Cornailles. Lacouture, près Rebreuve. Lebrusle, cense près St-Pol. Lisbourg, bourg. Lugy.

Magnicourt-sur-Canche. Magnicourt-en-Comté, en partie. Maisoncelle-lez-Azincourt. Maizerole, en partie. Mardenchon, hameau. Maresquel, près Beaurains. Maret-lez-Pernes. Marquais. Marquais-lez-Beaurains. Marteloy-sur-Canche. Mauriaucourt. Mazière, en litige avec Arras. Mazinghem. Mesnil-lez-Ligny-sur-Canche. Mesnil-lez-St-Pol. Mesnil-lez-Anvin. Milfaux, cense. Monchaux. Monchel-le-Petit. Monchy-Breton. Monchy-Cayeux. Mons-lez-Monchaux. Mons-lez-Rolencourt. Mont-d'Arleux. Mordricourt. Mortaigne-lez-Rebreuve-sur-Canche.

Nœuville-au-Cornet. Nœuville-Planquète. Nœuville-lez-Couverts, cense. Nœuviræuil-lez-Douai. Noyèles. Noyèle-lez-Bours. Noyèle-lez-Hesdin, en partie. Nuncq.

Oeoche, hameau de Roilecourt. Œuf-en-Ternois, partie. Offin, le grand et le petit. Opy, en partie. Orlencourt. Orville.

Pas-en-Artois, bourg. Penin, en partie. Pequigny-lez-Bomy. Pernes, ville. Pierremont. Planque-lez-Fressin. Pommera-Ste-Marguerite. Pressy-lez-Sachin. Prudefin-lez-Heuchin. Pronay-lez-St-Pol, paroisse de Ramecourt.

Quatreveaux. Quenel (le) lez-Averdoing. Queransart ou Querausart, en partie.

Rachie (la), bois et seigneurie en Lisbourg. Radinghem. Ramecourt. Rebreuve-sur-Canche et Rebreuvielte. Riquebourg-sur-Authie. Ricametz. Rimboval. Roilecourt. Rocourt-au-Bois, autrement dit St-Laurent. Rocourt-en-l'Eau, près de Créquy. Rolencourt. Rolecourt-St-Laurent, hameau de Roilecourt. Rozemont, hameau près St-Pol. Royon, près de Créquy, Rozereau, cense, sur Canche. Rozière-sur-Canche. Ruisseauville, abbaye. Rulecourt-Grand-lez-Avesne, en partie.

St-André-au-Bois, abbaye. Sains-lez-Créquy. Sains-lez-Pernes. Sains-lez-Hautecloque. St-Aubin-lez-Hautecloque, St-Martin-Eglise. St-Martin-lez-St-Pol, château. St-Michel-lez-St-Pol. St-Pol, ville, échevinage. St-Remy-au-Bois, en partie. St-Wandrille. St-Veest-lez-Lebiez, en partie. Sart. Santricourt, hameau de St-Michel. Senlis. Serny, partie à Aire. Sibiville. Souich, en partie. Sus-St-Leger, en partie, l'autre partie est d'Avesnes. Sarton, prieuré.

Tangry, en partie, et partie d'Avesnes. Taillencourt, hameau de Roilecourt. Teneur. Ternas. Tieuloy (la), hameau de Monchy-Breton. Tièvre-sur-Authie, en partie. Tilly-Capèle. Tierlet, cense près Herlin-le-Verd. Torchi. Tramecourt. Troisveaux, près du bosquet de Castimont, où le comte de St-Pol venait recevoir l'hommage du comté d'Epinoy.

Vacquerie (les trois), en partie. Valdulieu, hameau près Lisbourg. Valhuon ou Yvon. Vaux-lez-Rolencourt. Vimi (les deux), grand et petit.

Wachin-lez-Tieuloy. Wailly-lez-Vièle-Coupèle. Wandone. Warlincourt. Watimez, cense, lez St-Michel et St-Pol. Wavrans-lez-Conteville. Werchin. Wignacourt.

Yvergny-lez-Lucheux, en partie, l'autre partie est d'Arras.

RESSORT DIRECT DE LA COUTUME DE CALAIS,

Reconquis sur les Anglais en 1558, sous le règne de Henri II, doit suivre la coutume de Boulogne pour les cas non-prévus par la sienne.

Andres, abbaye, en litige avec Montreuil. Attaques (les).

Balinghem. Boningue, en litige avec Ardres. Blanc-Pignon (le). Boucre.

Calais, ville. Calimottes (les deux), hameau de Saingatte. Campagne. Campagne, grande et petite. Chaussée, hameau de Coquelle. Coquelle. Coulogne. Courgain, le petit.

Escales, haut et bas.

Folemprise. Fretun.

Guemp Guines, ville : à son midi, le camp du Drap-d'Or du 20 juin 1520.

Hames. Hèmes (les), dans les dunes. Hervelinghem. Hermitage (l').

Leulingue.

Marcq. Montoires (les), en partie.

Nielles-lez-Calais. Nouvelle-Eglise. Nortausque : l'occident est de Calais, le clocher sur l'Artois.

Offequerque, église primitive. Oye, bourg.

Paradis (le). Peuplingue. Pihem. Planche-Tournoire (la).

Rouges-Cambres, fief de Coquelle.

St-Tricas. Sangatte. St-Pierre-lez-Calais.

Tourelle (la).

Vendins (les deux). Vieille-Eglise ou Oudekerke : le canal du Drak y sépare l'Artois du Calaisis. Vieux-Coulombier.

Waldame. Wale, petite.

Dans le Calaisis, le pied était de 12 pouces.

RESSORT DIRECT DU BAILLIAGE D'AMIENS, ÉTABLI A MONTREUIL-SUR-MER,

Qui jugeait suivant la coutume de Montreuil et, à son défaut, suivant la Coutume d'Amiens, avec appel au Parlement de Paris.

Abéhen (la ferme d'). Argoulle ou Ergoule par possession, car originairement c'est Artois. Aubin (saint) sur mer, il était originairement Artois. Authye (la ferme d'). Balance, Mez-outre et Maurepas (les fermes).

Beaumery. Berg sur mer, les fermes de Bignopré y sont jointes. Bloville et les Bergeries. Bois-Jean (le). Brimeux. Bruyères (les). Buire. Bus de Marles.

Caloterie (la). Campigneulles, les grandes et petites. Capelle (la) sous Josse pour la partie qui était d'Artois. Chemin, petit, par possession, car c'est Artois. Colent (ferme). Dominois, par possession. Dompierre sur Authie. Ecuires. Espine (L'). Espinoy (d') partie.

Groffliers sur mer. Magdeleine (la). Maintenay (Buire). Merlimont sur mer. Montreuil ville. Nempont-St-Firmin, en partie. Noyelles-sur-Authie, en partie. Puy-Beraut (le). Ray et Rapoye (en partie). Romont. Roussent.

St-Aubin-lez-Waben. St-Josse sur mer, en partie. St-Martin, Esquinecourt. Sorus. Temple (le) en partie.

Valloire, abbaye. Veron, en partie. Verton, près la mer.

Wailly en partie.

BAILLIAGE D'ARDRES,

Dont les officiers du bailliage de Montreuil avaient la provision.

Alembon. Alquines, bourg. Andres, abbaye en litige avec Calais. Ardres, ville. Audrehem (on a écrit Audenehem dans la vie d'Arnoult, sire de ce lieu, décédé maréchal de France, en décembre 1370).

Boningue, en litige avec Calais. Bouquehault. Bouvelinghem en partie. Breme.

Courte-Bourne. Cresèque. Cuhem.

Ferlinghem.

Herbinghem. Hocquinghem. Holinghem.

Journy, prétendu par St-Omer.

Landrethun. Lique, bourg. Loquin, en litige avec Boulogne. Loste-Barne. Louche. Nielles-lez-Ardres. Rebergue. Recousse (la). Rodelinghem.

Sainghem. Surques, en partie.

Zoasque. Zuafe, partie à Montreuil, partie à St-Omer.

RESSORT DIRECT DE LA COUTUME DE SAINT-OMER.

Acquembrouck, chateau. Acquin. Aldinghem ou Ledinghem. Arquimghout, ferme entre Tatinghem et Westrehem. Arque. Assinghem, entre Wavrans et Rémilly. Assonval. Audincthun, hameau de Zudausque. Audincthun, paroisse. Angle (le pays de l'), composé de 1° Sainte-Mariekerque, 2° St-Nicolas, 3° St-Folquin, 4° St-Omer-Capele. Avroult, hameau. Audenfort, le Val, l'Hamel, le Héricat et le Vitre, hameaux.

Beaufort-lez-St-Omer. Bayenghem-lez-Seninghem. Bayenghem-lez-Eperlecques. Barbinghem, hameau. Baudringhem, hameau de Campagne-lez-Wardrecq. Beaumont-lez-Bléquin, hameau. Barlinghem, hameau près Matringhem. Beaurepaire, cense près la Wostine. Bauriet, château, paroisse de Bayenghem-le-Comte. Beausart-au-Bois, hameau près Renty. Beausart-en-l'Eau, hameau près de Renty. Belle-Fontaine, hameau. Blessy, relève de Renty, mais le ressort est contesté par Aire. Berques. Bienque, hameau de Pihem. Bilque. Blaringhem, partie Artois, partie Flandre. Blendeque. Blequin. Boisdinghem. Bois (le) grand et petit, paroisse d'Helfaut. Bonningue, en partie. Bonnelinghem. Bouvelinghem, en partie. Bredenærde (le pays de), se compose de : 1° Audruicq, 2° Nort-Kerke, 3° Zud-Kerke, 4° Polinchove. Brimeu, St-Pol. Buire-au-Bois, hameau entre Surques et Escuille. Burques, hameau entre St-Martin-au-Laërt et Salperwick. Buscamp.

Camberg, hameau de Nort-Ausque. Chartreux (les) près St-Omer. Campagne-lez-Boulenois. Campagne-lez-Wardrecq. Campagne et Campinele, hameaux de Wavrans. Capelle-sur-le-Lis. Cauchy-d'Esque, hameau. Carnoie (la), ferme près d'Enguinegatte. Cauroy (le), hameau près de Renty. Clairmarest, abbaye. Clarque-lez-Thérouane. Cléty, paroisse. Cauchy-Regnault. Clerque, paroisse. Chimen. Créqui, en partie. Cloquant, hameau près St-Liévin. Cormète. Coubronne, hameau. Coudraye (la cense de) près Nort-Bécourt. Coulomby. Coupelle-Vieille. Coupelle-Neuve, hameau de Fruges. Coyecque, Crehem, hameau près Cléty. Cuhem, hameau entre Esperleck et Nort-Bécourt. Danebreuq. Difque. Difque (petit), hameau. Dohem, partie à Hesdin. Drionville, près Wismes, en partie. Delettes, partie Aire et partie St-Omer.

Ecque. Elvinghem, hameau de Bayenghem-lez-Eperlecque. Embry. Enguin-lez-Fléchinel. Enguinegatte. Enle ou Henne. Enonville, hameau. Eskelbecq et Ledringhem, en Flandre, il n'y a d'Artois que le féodal, qui relève de Fauquembergue; mais le reste est de Cassel en Flandre. (Note de Maillart). Escoire, château près d'Ecque. Escouëuille, paroisse; Esques-lez-Westecques. Esperlecque, châtellenie. Epinoy (L'), hameau de Pihem. Esquerdes.

Fasque. Fauquembergue, bourg comté. Fléchinel, hameau près Waudringhem. Forestel, hameau près Marcq-St-Liévin. Fort-du-Rietz (le) près Coupelle-Neuve. Fouquesole, château en la paroisse d'Audrehem. Four-de-Beq, hameau.

Galopin, hameau près de Ledinghem. Gondardaine, hameau près de Wizernes. Gournay, Guemy. Guzelinghem, hameau près de Moringhem.

Hafringue. Halenne. Hallingues. Hamel (le) hameau près Fauquembergue. Hamelet (le) hameau près Marcq-St-Liévin. Harlète, hameau près Colomby. Haspe, hameau. Halsoy (le) paroisse de Zudausque. Haie (la) château à Bayenghem-le-Comte. Hegrie (la) cense à Coyecque. Helfaut. Herbelle. Herlinghem. Hervare, château près Marq-St-Liévin. Heuringhem. Hocquinghem. Hollande, hameau. Hollande (petite) hameau d'Éperlecque. Hongrie, cense à Leulinghem. Hornettes. Horninghem. Hoquet (le) hameau de Blandecques. Houlle. Houve.

Inglebert, hameau de Quesme. Inglehem, cense à Nortbécourt. Inguehem. Journy. Labiette, Leval, Lanoy, censes à Acquin. Ledinghem ou Aldinghem. Lilète, hameau de Danebreucq. Leulinghem-lez-Estrehem. Leuline, hameau de Zudausque. Leuligne, hameau de Tournehem. Lieuze, hameau de Moringhem. Longuenesse. Lumbre.

Maisnil-Boutry, hameau. Maisnillet, hameau de Marcq-St-Liévin. Maisnil-Dohem, hameau. Malfiance, château. Marais, hameau de Coupele-Vielle. Marcq-St-Liévin. Matringhem, depuis 1664. Mentca. Mentque. Mentque-Nieurlet, hameau de Bayenghem. Millefaut, château à Danebreucq. Motteville, hameau de Coupele-Vieille. Mencove, hameau de Bayenghem. Montifault, hameau. Montoires (les) hameau, en partie. Moringhem. Mote (la) château à Bayenghem. Mote-Warneque, château à St-Liévin. Moule. Mutsem, château de la paroisse de Westeque. Mussens.

Neuf-Manoir, hameau de Bléquin. Niele-lez-Blequin. Niele-lez-Thérouanne. Nordausque. Nort-Bécourt. Nortkerme ou Noircarme. Nort-Leulinghem. Nouveauville, hameau de Coyecque. Neuve-Couppelle. Noyelle-Œulle.

Pihem. Piquendal, hameau de St-Liévin. Planque (le) hameau. Ploich (le) hameau de Wallerans. Ponche, hameau de Coyecque.

Quelmes. Quercamp, hameau. Querval (le) cense.

Racquinghem. Radomez, cense. Reberque, en partie. Reclinghem. Recque. Remilly-Werquin. Remy-lez-Aubin. Renty, marquisat. Rimboval. Rimeux, hameau. Riole (la) hameau de Reclinghem. Rolet (le), hameau de Fasque. Ronville (la) hameau. Rond, château à Ecque. Rougefort, hameau sur le Neuffossé. Roussoy (le) cense à Ledinghem. Rudemont, hameau de Bléquin. Ruhoult (le) château ruiné et bois. Rumilly-le-Comte. Rumilly-Willeguin. Ruminghem, relève du château d'Eperlecques, en Artois; néanmoins, la cour de Bailleul en a le ressort : mais le féodal devrait être Artois, à cause de la règle *la justice suit le seigneur*.

Saint-Augustin, abbaye vers Thérouaune. St-Gilles, hameau de Coupele-Vieille. St-Jean-au-Mont, cense, paroisse de Thérouanne. St-Liévin-Marq, St-Martin-d'Ardinghem. St-Martin-au-Laërt. St-Momelin, partie Artois, partie Cassel. St-Philibert, château à Rimboval. St-Pierre à Saint. St-Wandrille, hameau de Coupelle-Vieille. Sambletun (grand et petit), cense à Coyecque. Samète, hameau de Lumbres. Schoubroucq et Cloquète. Seninghem. Serque. Setque. Solperwick. Soyèque, cense à Blendecque. Surque, partie St-Omer, partie Montreuil.

Tassencourt, hameau de Verchocq. Tatenghem. Térouanne, ville détruite en 1553. Tilques. Tourdausque, seigneurie *olim aleio-villa*. Tournehem, ville et châtellenie.

Val-lez-Acquin, hameau. Val-du-Bois (le), château entre Bayenghem et Seninghem. Valtencheux, château. Vrolant (le) château en Rèque.

Upen-d'Amont. Upen-d'Aval.

Wailly, hameau de Coupelle-Vieille. Warecque ou Wardecque. Wastine (la), hameau. Waudringhem. Wavrans. Waterdal, hameau. Werchocq. Wiermes. Westbécourt, près d'Acquin. Westecque. Westestrehem, hameau près Delète. Welzy (le) hameau de Tournehem. Wilquin. Wiegumghem. Windal (le), hameau de Nortbécourt. Wildingue, hameau de Wavrans. Willamez, hameau de St-Martin-d'Ardinghem. Winch. Windringhem, paroisse de Wavrans. Winque, paroisse d'Harles. Wins, hameau de Blendecque. Wirquin. Wismes, avec les hameaux de Salweck et de Cantemerle. Wisque, château et hameau. Wissocq, hameau d'Audrehem. Wizernes.

Zeltun, hameau de Polinchove. Zuafe, partie à St-Omer, partie à Montreuil. Zudausque. Zucquote. Zudrove et Bas-Cornet, hameaux de Serque. Zuthove, hameau de Boidinghem.

LIEUX QUI ÉTAIENT RÉGIS PAR LA COUTUME D'AIRE.

Aire, ville, bailliage. Ames, partie à Lillers. Auchel.

Bèvre, hameau de Lambre. Blessel, château à Blessy. Blessy.

Calonne-sur-le-Lys. Carnoie (la), cense sur Fléchinel. Chocquel (le), hameau de Rebeque. Crecque. Criminil, château à Estrée-Blanche. Cuhem, partie Aire et partie Lillers.

Delette, partie Aire et partie St-Omer.

Enquin, partie à St-Omer. Estrée-Blanche, partie à Thérouane.

Fief, partie à St-Pol. Fléchin. Fléchinel. Fontes, hameau de Norrent-Fontes. Fréfaye, hameau, paroisse d'Ames, partie à Lillers.

Garlinghem, hameau de St-Martin. Glominghem.

Hamel, cense de St-Martin. Houleron, hameau d'Aire.

Lajumelle, hameau de St-Martin. Lambre. Le Lac, hameau d'Aire. Lenglet, hameau d'Aire. Leneufpré, id. Lietre, village avec château. Lierette, partie à Lillers. Ligny, partie d'Aire et partie du Boulenois. Linguehem, partie à Lillers.

Mamez, village avec château. Marthe. Mazinghem, partie à Lillers et à Thérouane. Molinghem, partie à Lillers, partie à Thérouane.

Nielle, partie à Thérouane. Norrent, partie à Thérouane.

Pecqueur, hameau d'Aire. Pont-à-Hame, hameau de Quiestède.

Quernes, partie à Thérouane. Questède-*le*-Graud, partie orientale du village; l'autre partie est de Thérouane.

Rebecque. Rely. Rincq. Rombly. Roquestoire, partie à Thérouane.

St-André, prieuré, indépendant de l'abbaye qui est de St-Omer. St-Martin, village. St-Quentin, autrefois Blety. St-Venant, autrefois village, à présent revêtu de fortifications comme une ville. Serny.

Tanay, cense, autrefois château à Mazinghem. Tiremande, partie au Boulenois.

Warnes, hameau de Rincq. Wavrans-lez-Elnes, jadis de Thérouane, appartient à Aire depuis le traité des limites de 1664. Wicte, village. Widelbroucq, hameau de St-Martin, mi-partie à la châtellenie de Cassel. Wittrenesse.

Ysbergue ou Isbergues, village.

LIEUX DÉPENDANT DE LA RÉGALE DE THÉROUANE.

Arnouval.

Bellefontaine, partie à St-Omer. Belleriette. Blessy (fait partie du bailliage d'Aire). Bourech (du baillage de Lillers).

Capendu. Chapelle (la) sur le Lis. Clercques (du bailliage de St-Omer). Cottene (du bailliage de Lillers). Croisette (en partie à St-Pol).

Dallettes, en partie. Dardinghem, St-Martin. Doresville.

Elle ou Henne. Emonval. Enquin, partie St-Omer et partie Aire. Enguinegate, du baillage de St-Omer. Esquedecques, partie à Lillers. Estrée-lez-Fléchinel, en partie à Aire.

Floury, en régale. Fontaine, en régale.

Henne.

Inguehem, du bailliage de St-Omer.

Lierres, partie à Lillers. Ligny-lez-Rely, partie à Aire. Lilette, du bailliage de Lillers.

Matringhem, du bailliage de St-Omer. Mazinghem, partie Aire, partie Lillers. Meuca, du bailliage de St-Omer. Molinghem, en régale, partie Aire, partie Lillers. Moringhem, du bailliage de St-Omer. Mussens, du bailliage de St-Omer.

Nédon, partie de Lillers. Nielle, partie Aire. Norrent, partie Aire. Noyelle-lez-Thérouane, du bailliage de St-Omer.

Quernes, partie Aire. Quiestède-le-Petit.

Randomez, bailliage de St-Omer. Roquestoire, partie à Aire.

Thérouane, ancienne ville, démolie en 1553 par Charles-le-Quint.

Upen d'Amont et Upen d'Aval, du baillage de St-Omer.

Vincly.

Wavrans-lez-Elnes, du bailliage d'Aire.

La coutume de la régale de Thérouane n'ayant aucunes dispositions régissant les matières pour lesquelles le code civil renvoie aux anciens réglements et usages locaux ; les localités de cette régale suivaient sans aucun doute la coutume d'Aire dans les cas non prévus et à son défaut celle d'Hesdin.

LIEUX QUI ÉTAIENT RÉGIS PAR LA COUTUME D'HESDIN.

Aboval. Aix-en-Issart. Allette-en-Artois. Amy-en-Artois. Auchy-lez-Moines. Aubromez ou le Bromet. Audentun-lez-Fauquembergue. Auxi-le-Château.

Bourg, le côté d'Artois est Hesdin; mais depuis le milieu de la rivière d'Autie il est de Pontieu. Bachimont. Barly-Moncheau. Beauvoir-en-Artois. Beauvoir-lez-Bonnière, en rivière. Belleville, cense. Biencourt-sur-Autie. Biez (le). Blainsel, en rivière. Boffles. Bois-St-Jean, les Auchi-les-Moines et Wamin-au-Bois, cense. Bonnières. Bourrech-sur-Canche-lez-Frévent. Boubers-lez-Hémond. Boubers-lez-Flers. Boubers-sur-Canche. Boubers-la-Capelle. Bouin. Bovin-Bresvillers. Boyelles, en bailliage. Branli. Brévillers. Brimeu-sur-Canche. Buires-au-Bois.

Carnoye (la), cense. Caveron. Caumont-Caurois. Ceriennes. Chapelle (la) lez Hesdin. Conchy-Contes. Contes. Courières, en bailliage. Cousture (la) lez Dourier. Crocquisart.

Dommars. Dohen, partie à St-Omer. Douriers.

Esquière-lez-Fontaines. Erembaucourt. Esclimeu-le-Petit. Esquières-lez-Fontaine.

Faidoie (le), cense. Filièvres. Flamermont et Flers. Fontaine et Erquières. Forestel (le). Framecourt. Fresnoy (le).

Gène et Ivregny. Galamez. Gouy-St-Andrieu. Grigny. Guigny. Guisy.

Hamel (le). Hardenthun. Haultecloque-en-Artois. Haulteville. Haulte-Maisnil. Hautes-Costes, St-Pol y prétend. Hémond. Hermes-lez-Filièvres. Hestru, partie à St-Pol. Huby-St-Leu. Huranville-lez-Hesdin. Humières. Humbert.

Ivregny et Gène.

Labroye. Lambus. Ligny-sur-Canche, partie à St-Pol. Loison.

Maiserolle, partie au Ponthieu. Marant, Marœul, en partie. Marconne. Marconnel-lez-Maisnil. Marenla, en partie. Molinet (le). Monchaux-Barly. Monchel. Mourier.

Nœufz-les-Boffles, enclave de Picardie en Artois. Noyelles-lez-Hesdin, partie à St-Pol.

Obin-en-Artois. Offine en-Artois.

Petite-Croix. Parc (le) lez Hesdin. Plumoison. Ponchel (le).

Quatrevaux. Quesnoy (le). Quierrieu. Quœux.

Regnauville. Rimage, cense, lez Rebreuve sur Canche. Rochefay ou Rougefay. Rollepot, enclave de France en Artois.

Ste-Austreberte. St-Josse. St-Georges, prieuré, lez Hesdin. St-Josseau-Bois, abbaye de Dommartin. St-Leu, près Hesdin. St-Remy-au-Bois. St-Veest. Saint-de-Neuf ou Sains-de-Nœux. Sauchoy (le), en bailliage. Selande, en la paroisse de Gène.

Tolent. Tortefontaine.

Vacquerie (la) le Boucq. Vacquerie (la) lez Hesdin. Vallières.

Wail. Wamin-lez-Auchy-lez-Moines. Wamin-sur-Canche. Wavrans-sur-Autie-lez-Auchi-le-Château ; le reste est du Ponthieu. Willemant. Willencourt-sur-Autie. Winguehem.

Zeauvis.

LIEUX COMPOSANT LA CHATELLENIE DE LILLERS.

Ames, partie à Aire. Amette, partie à St-Pol.

Beaumez. Bécourt-Lepesses. Berguettes. Boncourt. Bourg-d'Aval, hameau de Lillers. Bourech-lez-Lillers. Busnes, depuis 1664. Burbures.

Canteraine, hameau de Lillers. Cottènes. Cuhem, partie à Aire.

Engueville. Esque, en partie. Esquedecque, partie à Thérouanne.

Flandrie (la), hameau de Lillers. Fontaine-lez-Hermant. Fauquinghem. Frefaye, partie à Aire. Fresnes (le), hameau de Lillers. Fresnoy en la Haie (ou la Haie), hameau de Lillers.

Garbecque.

Héricourt. Ham, village et abbaye. Hermant. Heuringhem, en partie.

Laires. Lestrem. Lepesse. Lières-lez-Aire, régale de Thérouanne. Liérettes, partie à Aire. Lillette, régale de Thérouanne. Linguehem, partie à Aire.

Mazinghem, partie à Aire et à Thérouanne. Metz-sur-Turque. Monessel. Molinghem, partie à Aire et partie à Thérouanne.

Nédon, partie à Thérouanne. Nédonchel, enclave du Boulenois, suit la coutume du Boulenois.

Orgeville.

Pipemont. Pire (le), hameau de Lillers.

Queret. Quiernes, partie à Aire. Quiestède-le-Grand, du bailliage d'Aire.

Rely, en partie : il y a une partie enclave du Boulenois. Rieu (le), hameau de Lillers. Robecq, de Lillers depuis 1664. Rombly, cense. Rue-du-Pire, ou Milquerie, hameau de Lillers.

St-Floris. St-Hilaire. Sumets.

Tailli (le), hameau de Lillers.

Waringhem-lez-Norrent. Wicques. Wictres. Wiez-Marquez, hameau de Lillers.

LIEUX DÉPENDANT DE L'ADVOUERIE ET GOUVERNANCE DE BÉTHUNE.

Achiez-le-Petit, enclavé dans le bailliage de Bapaume. Allouagne. Annezin. Aublinghem ou Oblinghem. Angres, partie à Lens.

Beuvry. Brouay. Busne, cense lez-Annezin.

Chocque, avec abbaye. Coupigny. Couture (la). Cuincy-lez-Labassée.

Drouvin-lez-Labassée.

Ervillers, partie à Bapaume. Esque, en Pugnoy.

Festhubert. Fouquerœul. Foucquières-lez-Béthune.

Gosnay, chartreux et chartreuse. Gonnehem.

Harnes, Annay et Loisin. Hersin. Hesdignœul. Hinges. Hingettes.

Locon. Lozinghem. Labeuvrière. Labuissière. Lapugnoy.

Montbernenchon. Montéventé, cense.

Nœux.

Ourton, en partie, à cause de la Beuvrière, le surplus à Lens.

Quesnoy (le) et Corbeaumont.

Richebourg-l'Avoué. Richebourg-St-Vaast.

Sars ou Essart-lez-Sevelengh. Sevelengh et Sonpont. Servin, partie à Lens.

Vieille-Capelle, partie Béthune et partie Lens. Vendin, partie à Lens.

Werquin, Werquigneul, Wis-à-Marles, partie à Lens.

LIEUX COMPOSANT LA PRINCIPAUTÉ D'ÉPINOY.

Beausart, ferme près Libercourt. Bélone, partie à Lens. Bersée, avec les fiefs de Raisse, Mote, le Vincourt et Esteulle.

Carvin, chef-lieu.

Epinoy, hameau considérable de la paroisse de Carvin.

Guarguetel, hameau de Carvin.

Libercourt, hameau.

Meurchain.

Nœuvireul.

Oignies.

Tourmignies.

Wavrechin, hameau de Carvin. Willerval.

LIEUX COMPOSANT LE PAYS DE LALLŒU (LALLEU).

Fleurbaix.

Laventie. Lagorgue.

Sailly, plusieurs hameaux et censes.

LIEUX DÉPENDANT DU BAILLAGE DE LENS.

Ablain-St-Nazaire. Acheville. Aix-en-Gohelle. Angre, partie à Béthune. Annecquin. Aubertlieu. Auby ou Oby. Auchy-lez-Labassée. Auchiel, en partie. Avion. Austricourt ou Ostricourt.

Baie, cense lez-Courchelle. Beaumont-lez-Hénin-Liétard. Belleforière, Bellone, partie à Epinoy. Benifontaine. Berle-lez-Berlette. Bertricourt. Bersées. Bertincourt. Biach-lez-Eleuz, Billy-en-Gohelle-lez-Hennin. Billy-Berclau. Blocu-de-Haine. Boïeffles. Boisbernard. Bourchœul, cense. Boursc-lez-Sailly. Bouvignies-en-Gohelle. Brailles-lez-Brebière. Brebière. Builly-en-Gohelle. Burbure-en-Oresmieux.

Calonne-Ricouart. Cambrin. Carenchy. Cariœnte (le), cense lez-Souchet. Corbehem. Courchelles-lez-Hennin. Courchelettes. Courières. Croisseaux, cense lez-Ribaucourt. Cuinchy-Bauduin. Cuinchy-Prévost.

Dourges. Douvrin-lez-Labassée. Draucourt.

Esleuz-Lauète. Esvin, en partie. Esquerchin.

Flers. Forest. Foucquières-en-Lens. Fresnoy-en-Lens.

Gamand, cense lez-Hersin. Garguetel, cense. Givenchy-en-Gohelle. Givenchy-lez-Labassée. Givenchizel. Gouy-en-Gohelle.

Haines. Herlies-en-Lens. Hinges. Hingettes. Hocron, cense lez-Brouay. Hulluch.

Illies, en partie. Isez-lez-Ekerchin.

Lambres-lez-Douai. Lauwin. Lières-en-Lens. Liévin. Liez, haut et bas. Ligny, grand et petit. Lohos ou Loos : sur les riez de Loos, la fâmeuse bataille de 1648 (prince de Condé). Lohettes et Lorgies.

Maisnil-Louchepoix, Mallemaison, cense lez-Evin. Marles. Marqueffles-lez-Bouvigny. Mazengarbe. Maurille (détruit). Méricourt. Montigny.

Nœuve-Capelle. Nœuville-en-Bourjonval. Noyelle-sous-Bélone. Noielle-Godault. Noielles-lez-Aix. Noielles-lez-Vermelles. Noielles-sous-Lens. Noielette-en-Gohelle.

Opy, partie à St-Pol. Oresmieux. Ourton, partie à Béthune à cause de Labeuvrière.

Paluel, cense lez-Beuvry. Piétre-lez-Auberah. Planque, près Douai. Ploich (le), près Hinges Pumeraux.

Rotz. Riencourt, près Bapaume. Rouvroy, en partie. Rutoire, partie à Houdain.

Sailly-lez-Bourse. Sainghem, en Weppe. Sains-en-Gohelle. Salan. Sauchoy (le). Servin, grand et petit, partie à Béthune. Souchets (les). Souchets, en bailliage.

Téluch.

Vaquerie, la petite. Vincourt (le), château. Vermelles, partie à Housdain. Villers-en-Oreillemont, en partie. Violaines-lez-Labassée. Vieille-Capelle, partie à Béthune. Vendin-lez-Béthune, partie à Béthune.

Wagnonville. Warendy-lez-Ribaucourt. Wandricourt. Weppes-Sainghem. Wiz-à-Marles, partie à Béthune. Wictres et Oresmieux. Wingles.

Les lieux dépendant de la châtellenie de Lillers, de l'advouerie et gouvernance de Béthune, de la principauté d'Epinoy, du pays de l'Allœu et du bailliage de Lens, à cause de la conformité de leurs habitudes avec les localités des bailliages d'Hesdin, de St-Omer et d'Aire, résultat immédiat de la nature du sol et des mœurs des habitants, sont présumés avoir suivis les dispositions des coutumes de ces bailliages qui sont visiblement rédigées dans le même esprit en ce qui a rapport aux objets qui ont été traités dans les divers titres ci-dessus. Cette présomption est au surplus conforme aux affirmations des personnes compétentes en ces matières et aux titres anciens qui constatent des travaux ou des plantations faits à des époques éloignées (1).

Les autres localités de l'Artois qui étaient de la dépendance directe des diverses juridictions établies à Arras, du bailliage d'Aubigny-Lecomte, de celui d'Aubigny-la-Marche, de celui d'Avesnes-le-Comte, de celui de Bapaume et du comté d'Oisy, suivaient, d'après les renseignements fournis par des hommes de loi et aussi d'après l'enquête administrative du 5 décembre 1855, la coutume du Boulenois...... au surplus, cette coutume ainsi que celles d'Hesdin, de St-Omer et d'Aire prescrivent les mêmes distances pour les plantations, et contiennent, en général, les mêmes dispositions à l'égard de toutes les autres matières pour lesquelles le code civil renvoie à l'usage des lieux. Enfin, en se réglant sur le principe de droit coutumier, qu'à défaut de dispositions sur un cas quelconque dans la coutume locale, on suivait les coutumes des pays voisins dont les usages avaient le plus d'analogie avec cette localité, il sera, au moyen de quelques recherches comparatives, facile de résoudre la plupart des difficultés qu'entraînent l'application des articles de lois, coutumes et règlements qui sont cités dans cet ouvrage.

---

(1) On trouve sur plusieurs propriétés des bornes placées en-dehors des haies qui indiquent que, à l'époque de leurs plantations, on avait laissé, du côté du levant et du midi, deux pieds et demi pour le rejet desdites haies. A ma connaissance, M. Castelin, maire de Cauchy-à-la-Tour, arrondissement de Béthune, ancien comté de St-Pol, possède une propriété qui se trouve dans ces conditions.

TABLE DES MATIÈRES.

PREMIÈRE PARTIE.

Connaissances usuelles commerciales.

SECTION Ire.

Des comptes d'intérêts.

SECTION II.

Système décimal.

SECTION III.

Jurisprudence commerciale.

DEUXIÈME PARTIE.

Des monnaies, des remboursements de rentes, et des mesures de longueur et agraires.

SECTION Ire.

Des monnaies.

SECTION II.

Mesures de longueur.

TROISIÈME PARTIE.

Motifs et but du commentaire des anciennes coutumes.

TITRE Ier.

ARRAS, TYPOGRAPHIE ET LITHOGRAPHIE DE A. COURTIN,
Rue du 29 Juillet.

www.ingramcontent.com/pod-product-compliance
Lightning Source LLC
Chambersburg PA
CBHW072309210326
41519CB00057B/3127
* 9 7 8 2 0 1 4 5 2 1 9 2 4 *